ro
ro
ro

Eine höllische Diagnose: An seinem achtzehnten Geburtstag wird bei Ryan Knighton Retinitis pigmentosa diagnostiziert, eine angeborene Krankheit, die zunächst durch Nachtblindheit und Tunnelblick gekennzeichnet ist und schließlich zur völligen Erblindung führt. In diesem eindringlichen und mutigen Buch erzählt er die Geschichte seiner fünfzehn Jahre währenden Erblindung und gibt den Blick frei für die Eigentümlichkeiten in der Welt der Sehenden. Unsere Kultur, Identität und Sprache wie auch unsere Ängste und Träume erscheinen plötzlich in einem anderen Licht. Der Autor nimmt uns schnell gefangen, hin- und hergerissen zwischen Nachdenklichkeit und schwarzem Humor und zeigt eindrucksvoll die rigorose Selbstüberprüfung eines Mannes, der sich einer Verwandlung unterziehen muss.

Ryan Knighton, Jahrgang 1972, gilt als eines der größten Autorentalente in Nordamerika. Er lehrt Creative Writing in Vancouver. Das Buch wird von Jodie Foster verfilmt.

Ryan Knighton

Augenzeuge – Die Geschichte meiner Erblindung

Deutsch von Hucky Maier

ROWOHLT TASCHENBUCH VERLAG

Die Originalausgabe erschien 2006
unter dem Titel «Cockeyed» bei Penguin, Canada.

Veröffentlicht im Rowohlt Taschenbuch Verlag,
Reinbek bei Hamburg, August 2010

Lektorat Bernd Gottwald

Umschlaggestaltung ZERO Werbeagentur, München,
nach dem Original der Penguin Group, Gestaltung Chika Azuma
(Foto: Brad Cran)
Satz DTL Haarlemmer PostScript (InDesign)
bei Pinkuin Satz und Datentechnik, Berlin
Druck und Bindung Druckerei C. H. Beck, Nördlingen
Printed in Germany
ISBN 978 3 499 62431 5

Für mein Mädchen

Anderes war dem anderen feind: in dem selbigen Körper / Übete Kaltes den Kampf mit Hitzigem, Feuchtes mit Trocknem, / Weicheres rang mit Hartem, und Lastendes gegen das Leichte.

Ovid, Metamorphosen

Dieses Buch basiert auf Lebenserinnerungen. Alle Leute, Orte, Begebenheiten und Neurosen sind ein repräsentativer Querschnitt von Fakten. Begegnungen mit verblichenen Philosophen inklusive. Sollte ein Leser zu dem Schluss kommen, der Autor sei nicht behindert, so setze er sich bitte mit den zuständigen Stellen in Verbindung. Gerne wäre der Autor bereit, bei zukünftigen Betrachtungen dieser Art seine Blindheit ersatzlos zu streichen.

Ryan Knighton

Inhalt

Wie man zu einer Geschichte kommt:
Ein Vorwort 9

Vorspiel 13
Höllische Diagnose 17
König Pontiac 35
Ryan allein zu Haus 61
Das klingt grau 76
Was ist los? 97
Hier? Da? Dies? Das? 119
Ich warte auf dich 128
Die Kakerlake von Pusan 150
Rory fehlt 192
Dschungel-Spaß 219
Was mir zu Ohren kommt 258
Ikealismus 277
Das Gesicht verlieren 296
Danksagung 303

Wie man zu einer Geschichte kommt: Ein Vorwort

Seitdem *Augenzeuge* zunächst in Nordamerika erschienen war, hat sich das Buch langsam und unbemerkt zur Drehbuchvorlage gemausert. Was alles andere als in dieser Form vorgesehen war. Ich kann mir das nur so erklären, dass das Buch eine derart positive Resonanz hervorgerufen hat, dass die kinematographischen Entscheidungsträger zu dem Schluss kamen, sogar mich am Drehbuch Hand anlegen lassen zu können.

Lassen Sie mich kurz schildern, was passierte, als ich das Drehbuch schrieb, und was mich dies wiederum über das Geschichtenerzählen lehrte. Die Quintessenz ist so einfach wie aufschlussreich: Geschichten entstehen, wenn man nicht hinsieht.

Der Prozess einer fortschreitenden Erblindung hält im Laufe der Zeit etliche Lektionen für einen bereit. Manche habe ich ignoriert, andere aus purem Eigeninteresse verinnerlicht. So weiß ich zum Beispiel, dass man an einem Fußgängerüberweg besser beraten ist, die Ohren nach herannahenden Autos zu spitzen als auf das akustische Signal der Fußgängerampel zu vertrauen. Hätte ich diese Lektion nicht gelernt, wäre ich wohl längst platt wie eine Flunder.

Andere Lektionen lernte ich langsam, Stück für Stück. Und das war gut so. Ich verlor mein Augenlicht schleichend über fünfzehn Jahre hinweg. Wie gesagt, langsam. Ich bin von Natur aus langsam. Meine Netzhaut und der Rhythmus ihrer genetisch bedingten Selbstzerstörung waren auf langsam programmiert. Manchmal erfordert meine Krankheit, Retinitis pigmentosa, mehr Geduld, als man sich vorstellen kann. Und die Fähigkeit, loszulassen.

Ich musste mich von vielen Dingen verabschieden, musste loslassen: vom Autofahren, dem Anblick meines eigenen Gesichts, von Anmut, Adlerblick, ausländischen Filmen, von Fenstern. Von Rot, Braun, Beige (wobei Beige nun wirklich kein Verlust ist) und, was mir am schwersten fiel, von meinem früheren Ich. Ein Typ, der sehen kann und den ich als Ryan kannte. Den habe ich seit Jahren nicht mehr gesehen.

Heute bleibt mir auf einem Auge ein Sehvermögen von einem Prozent. Wenn mir dies auch noch abhandenkommt, was jederzeit passieren kann, fällt mein letzter Vorhang zur Welt der visuellen Eindrücke da draußen endgültig. Wie verabschiedet man sich von so etwas? Es ist schwer und doch so einfach.

Aber ich bin nicht allein. Geduld war in diesen Jahren des langsamen Wandels mein Weggefährte und Ratgeber. Ich warte, harre der Dinge, die da kommen, und die Gewissheit, dass immer etwas passiert, ist ermutigend. Das meine ich mit loslassen. Man muss imstande sein, Geschichten passieren zu lassen.

Nehmen wir mein Missgeschick beim Sundance Screenwriter's Lab, zu dem ich 2008 eine Einladung erhielt, um das Drehbuch für den Film zu *Augenzeuge* zu schreiben. Genau, ein blinder Typ schreibt das Drehbuch zu einem Film. So tief ist die Branche inzwischen gesunken. Der Workshop fand im Skigebiet Sundance Resort im US-Bundesstaat Utah statt. Zwanzig Autoren logierten dort in der Abgeschiedenheit der verschneiten Wälder in Blockhütten. Jeden Tag traf man sich in der Lodge, dem Hauptgebäude des Resorts, das über einen Fußweg und viele – endlos viele – Stufen erreichbar war.

Schon nervös? Am ersten Morgen trat ich aus meiner Hütte und machte mich auf in Richtung Lodge. Meinen Gastgebern hatte ich versichert, den Weg allein zu finden. Ich mag zwar blind sein, aber ich bin fünfunddreißig und Kanadier. Verdammt nochmal, natürlich kann ich den Weg durch den Wald allein finden, um frühstücken zu gehen. Wäre doch gelacht, oder?

So weit, so gut. Langsam – wie gehabt – stakste ich den Weg mit seinen Stufen und Windungen entlang, wobei ich mich am Plätschern eines Gewässers orientierte, das immer näher kam. Ich wusste, dass die Lodge an einem Bach lag. Der Schnee tat ein Übriges und dämpfte sämtliche Geräusche meines weißen Stocks, die für mich vermutlich aufschlussreich gewesen wären. Befand ich mich nun auf einem befestigten Feldweg oder einem naturbelassenen Trampelpfad? Mein sonst so verlässlicher Stock vermittelte mir nichts anderes als Schnee allerorten. Schließlich spritzte es auf, als ich mit dem Stock auf eine Wasseroberfläche schlug. Ich hatte den Bach erreicht. Musste wohl gleich da sein.

Aber als ich mich umdrehte und die Lage peilte, konnte ich nur Wasser rauschen hören. Ich war von Wasser umgeben. Ein Wassergraben? Ich schwang meinen Stock und machte ein paar Schritte in verschiedene Richtungen, was jedes Mal dazu führte, dass Wasser aufspritzte. Meine Verwirrung war vollkommen. Könnte es sich um eine Insel handeln? Eine Sturzflut vielleicht? In mir stieg Panik auf. Befand ich mich überhaupt noch in Utah? Ich wägte meine Optionen ab. Mir blieb nur eine.

Ich stand da. Und wartete. Und ließ los. Ich pfiff auf jeglichen Ehrgeiz, den Weg zum Frühstücken oder zurück nach Utah allein zu finden, und spekulierte darauf, dass einem meiner Drehbuchautorenfreunde auffallen würde, dass der bornierte Kanadier fehlt. Sie würden nach mir suchen. Und insgeheim vielleicht auch mit den Filmrechten an meiner Geschichte liebäugeln.

Nach einer halben Stunde – ich war bereits ordentlich durchgefroren – hielt ein Geländewagen neben mir, aus dem mexikanische Mariachi-Musik dröhnte. Eine zierliche Frau osteuropäischer Herkunft stieg aus und fragte, ob ich Hilfe brauchte. Sie musste klein sein, so viel stand fest, da ich ihren Akzent von irgendwo unterhalb des Eiszapfens vernahm, der mein Kinn zierte.

«Entschuldigung, ich suche die Lodge», sagte ich.

Schmunzelnd nahm sie mich am Ellbogen und führte mich. Wir gingen zehn Schritte scharf nach links. Dann öffnete sie die Tür zur Lodge. Der Schlüssel, loslassen zu können, lag auch in diesem Fall wie immer in meinem Leben und auf meinen Reisen darin, mich als Teil einer Geschichte zu verstehen. Eine Sache ergibt die andere. Also keine Panik! Der beständige Wandel liegt dem Drama, der Komödie, einer Welt bewegter Materie zugrunde. Das ist der Stoff, aus dem gute Filme und gute Bücher sind.

Lassen Sie sich das von einem Mann sagen, der bald völlig in die Welt der Finsternis eintreten wird.

Was zählt, ist der Wandel, nicht der Verlust. Danke für diese Erkenntnis, Sundance mit deiner wunderbaren Wildnis. Ich werde auch weiterhin Teil einer Geschichte sein – einer Geschichte, die über diese Seiten hinausgeht.

Ryan Knighton
Januar 2009

Vorspiel

In meiner Kindheit fuhren wir jeden Sonntag mit der ganzen Familie ins Umland von Langley, meiner Heimatstadt in British Columbia. Meine Großeltern betrieben dort direkt an der Grenze zu den USA eine Hobbyfarm. Auch mein Onkel und seine Freundin waren immer mit von der Partie, und sogar meine Urgroßeltern kamen regelmäßig zu Besuch. Unser Abendessen an diesen Sonntagen war beste britische Hausmannskost: Yorkshire Pudding, Kartoffelpüree mit Bratensoße, Roastbeef und verschiedene Beilagen, und ich ließ mir jeden Bissen schmecken. Wie ich überhaupt alles in jenen Tagen genoss.

Für meine beiden Brüder, meine Schwester und mich ließ die Farm nichts zu wünschen übrig – Schrotflinten, Kuhfladen, Elektrozäune, Pferde und ein altersschwacher Toyota-Pick-up, den wir nach allen Regeln der Kunst malträtierten und mit dem wir auf dem Ackerland hinterm Haus herumdüsten. Unsere Spritztouren endeten immer damit, dass ich im hohen Gras Pirouetten drehte und sich meine Geschwister am Dach und an der Heckklappe festkrallten.

In frühester Jugend war mein Onkel Brad so etwas wie ein Idol für mich. Er hatte lange Haare und trug einen Achtziger-Jahre-Pornobalken-Bart. Er war fast zwei Meter groß, fuhr einen orangefarbenen, aufgemotzten Chevy Nova und stapelte Pornohefte unter seinem Bett. Konnte es für einen Jungen etwas Größeres geben?

Als ich zwölf war, schenkte er mir eine Akustikgitarre,

trotzdem (oder vielleicht gerade deshalb) war mir entgangen, dass er bis zu seinem dreißigsten Lebensjahr nur herumgegammelt hatte. Außerdem war mein Onkel Bassist in einer Band; einer Band, die sich – Achtung: festhalten! – «Filmriss» nannte. Onkel Brad, *mein* Onkel Brad mit dem Nova, rockte also mit seiner Band «Filmriss». Der Typ von Mann, der sich schlichtweg weigerte, älter zu werden. Genau das war es wohl, was mich am meisten beeindruckte. Man konnte ihn in keine Schublade stecken.

Da ich ihn so sehr anhimmelte, schmerzte es umso mehr, als er mich eines Abends bloßstellte. Während der Pubertät befand ich mich in einer schrecklichen Zwickmühle. Ich wollte mehr als Kumpel wahrgenommen werden und nicht als Kind, als Gleicher unter Gleichen, und deshalb wünschte ich mir nichts mehr auf der Welt, als vor Brad cool zu wirken. Ich musste einfach irgendwie auf Augenhöhe mit ihm und seinen Bandkollegen sein.

Die ganze Familie saß am Abendbrottisch beim Essen. Ich mampfte gerade einen furchtbar bitter schmeckenden Bissen Rosenkohl, als mein Onkel eine Grimasse in meine Richtung schnitt, ein dämliches Popeye-Gesicht mit der dazu passenden Comic-Stimme. Es ist schwer, als potenzieller Roadie wahrgenommen zu werden, wenn dich dein Idol wie einen Fünfjährigen hänselt, für den er dich immer noch hält.

«Aaargh», sagte er, als imitierte er einen Piraten. Wahrscheinlich war er wieder mal zugekifft. «Was schaust du mich so schräg an, du Schurke, du willst dich wohl über mich lustig machen? Ich massakriere dich gleich mit meinem Enterhaken!»

Er zog die linke Hand so weit zurück, bis aus dem langen Hemdsärmel nur noch seine Gabel herausschaute. Daran zappelte ein Stück Schinken, während er wild in der Gegend herumfuchtelte. Ich stellte mir unwillkürlich vor, der Schinken sei ein Fetzen meines Gesichts, den er mit seinem Enterhaken herausgerissen hatte. Allein der Gedanke daran erzeugte bei mir einen noch größeren Brechreiz als der Rosenkohl. Es war mir ein Rätsel, was die Nummer mit seinem Piratengehabe sollte, und so schaute ich in die Runde, um herauszubekommen, ob irgendjemand einen Schimmer hatte, was zum Teufel er eigentlich wollte. Dem war jedoch ganz offensichtlich nicht so.

Dann kam er zum Punkt. «Schaut ihm einmal ins Gesicht», sagte er. «Ryan hat einen Silberblick oder so was, seht euch nur das linke Auge an. Seht ihr das? Er schielt irgendwie.»

Sofort richteten sich alle Blicke auf mich, und die versammelte Mannschaft gaffte mich an. Meine Mutter war die Erste, die ihm recht gab, und stieß diesen Betroffenheit signalisierenden *Mein Gott, tatsächlich*-Laut aus. Einer der Anwesenden sinnierte, mein sonderbarer Gesichtsausdruck könnte mit dem Rosenkohl zu tun haben, ein anderer meinte, ich würde einfach nur blinzeln. Witze oder sarkastische Bemerkungen können in unserer Familie traditionell nur zwei Dinge bedeuten: Zuneigung oder Besorgnis.

Ich entschuldigte mich für einen Moment, stand vom Tisch auf und bemühte mich, nicht im Laufschritt ins Badezimmer zu rennen, was ich dann allerdings doch tat. Es stimmte tatsächlich, was Onkel Brad gesagt hatte. Mein linkes Auge schielte mich aus dem Spiegel an, und das Augenlid hing träge und schlaff herunter, viel weiter jedenfalls als beim rechten Auge. Ich zog es so weit nach oben, bis meine Gesichtszüge optisch gleichmäßig erschienen, aber als ich losließ, sank es aus dem vermeintlichen Normalzustand sofort wieder nach unten. Ich muss wohl gute fünfzehn Minuten mit den Korrekturmaßnahmen an meinem Auge beschäftigt gewesen sein, als meine Mutter an die Badezimmertür klopfte.

Sie wollte sich das Ganze einmal näher ansehen. Ich erklärte ihr, dass mir nichts weh täte und ich auch nicht unscharf sehen würde. Ich merkte nicht einmal, dass ich schielte. Meine Mutter sagte, sie würde einen Termin beim Augenarzt vereinbaren, und beschwichtigte mich, dass wahrscheinlich alles in Ordnung sei. Unsere Verwandtschaft mütterlicherseits hat seit jeher nicht die allerbesten Augen, und auch ich trug bereits Brillengläser, die eher den Böden von Flaschen glichen. Wahrscheinlich bedurften sie einfach nur eines kleinen Upgrades zu Ferngläsern, und der Fall war erledigt.

Da alles gesagt war und es auch nichts mehr zu tun gab, gingen wir zurück zu Tisch. Unser sonntägliches Abendessen ging mit dem gewohnt ausgelassenen Trubel über die Bühne, nur ich hatte irgendwie ein ungutes Gefühl. Als kleine Wiedergutmachung für seinen Piratenwitz blinzelte mir mein Onkel zu, und mein kleiner Bruder Rory lamentierte, dass ich immer alles bekäme und dass er auch einen Silberblick haben wollte, wenn ich schon einen hätte.

In der darauffolgenden Woche ging meine Mutter mit mir zum Augenarzt. Mein neues Brillenrezept änderte allerdings nichts an meinem Silberblick, und der Arzt konnte auch keine weiteren Beschwerden feststellen. Nichts Besorgniserregendes, meinte er. Vielleicht litt ich nur unter Krämpfen der Augenmuskulatur. Und das ginge vorbei. Damit war die Sache erst einmal ad acta gelegt und geriet schnell in Vergessenheit. Um mein Gesicht optisch gleichmäßig erscheinen zu lassen, setzte ich, wenn nötig, einen trägen Schlafzimmerblick auf. Die perfekte Tarnung. Mein veränderter Gesichtsausdruck schien niemanden weiter zu kümmern. Außer mir. Mein Silberblick hielt sich hartnäckig, war immer präsent, als wolle er ein Problem ins Blickfeld rücken, das mir entgangen war. Zumindest bis jetzt.

Höllische Diagnose

> Vladimir: «Ich frage dich, ob es dich unversehens überkommen hat.»
> Pozzo: «Ich wachte eines schönen Tages auf und war blind wie Fortuna.»
>
> *Samuel Beckett, Warten auf Godot*

Im Sommer 1987 – damals war ich vierzehn – zog ich meinen ersten richtigen Ferienjob an Land. Es war einfach genial. Alle meine Freunde mussten die nervtötende Routinearbeit in Vorstadt-Betrieben oder die üblichen Demütigungen in irgendwelchen Franchise-Läden ertragen, nicht so ich. Jason arbeitete fünf Tage die Woche Nachtschicht an einer Tankstelle und betankte meist die Monster-Trucks von echten Landstraßen-Cowboys mit Bierfahne. Jason sah sich nebst anderen paranoiden Hirngespinsten seiner Kundschaft mit dem Vorwurf konfrontiert, er würde sie verliebt anschauen. Also bitte nicht zu freundlich beim Saubermachen der Windschutzscheibe!

Andere Freunde von mir, unzählige McFreunde, wie wir sie nannten, standen an vorderster Front in militärisch straffgeführten Fast-Food-Lokalen. Die bekannten Markennamen hatten auch bei uns in Langley Einzug gehalten und drängten das heimische Ackerland zurück. Verwaiste Parkplätze und schwindsüchtige Ladenstraßen verunstalteten immer mehr das Stadtbild. Bald war ihr Anblick alltäglicher als die alten, heruntergekommenen Milchläden oder die üppigen, satten Moorgebiete. Aber was interessierte uns das schon? Wir waren vierzehn und hatten keine Kohle. Jede Neueröffnung kam hauptsächlich uns zugute. Jeder neue Franchise-Laden bedeutete einen Ferienjob und außerdem eine Anlaufstelle, wo man am Freitagabend seine Freunde treffen konnte, wenn man nicht gerade arbeitete. Essen und die Zeit totschlagen. Wir waren die neue Fast-Food-Generation.

Mein Ferienjob bedeutete einen völligen Paradigmenwechsel. Ich nahm eine Tätigkeit in Angriff, die die elitärste Nische aller nicht ganz alltäglichen, ja geradezu exotischen Berufe zu sein schien, die mir oder meinen Freunden bekannt war, einen echten Job, eine sagenumwobene Beschäftigung, die Engagement und wahrhaftiges Verantwortungsgefühl erforderte. Ich war Staplerfahrer.

Außerdem verdiente ich bei einem Stundenlohn von sechs Dollar fünfzig zwei Mäuse mehr als jeder andere, den ich kannte. Als wäre die gute Bezahlung nicht schon Anreiz genug gewesen, wurde in der Anzeige der *Langley Times* mit der Überschrift «Aushilfe gesucht» beschrieben, dass Staplerfahren eine der Hauptaufgaben im Außenbereich der Lagerhalle sei. Da stand ich nun, gerade einmal vierzehn, und hatte schon einen Fahrerjob, um nicht zu sagen, meine fahrerischen Qualitäten wurden nachgefragt, und wurde dafür auch noch bezahlt. Soll das etwa Arbeit sein? Die Glücksgöttin Fortuna hatte es gut mit mir gemeint, dachte ich mir, wirklich gut. Mein Vater verbrachte die meiste Zeit seines Arbeitstages ebenfalls hinterm Steuer, er taxierte Industriezaun-Anlagen in Vancouver und Umgebung. Damals gefiel mir die Vorstellung außerordentlich, wie wir beide auf Augenhöhe einem Sommer entgegensahen, der alles verändern sollte, einem Sommer, in dem wir uns der neuen Bande bewusst würden, die uns fortan verbinden sollten. Wir wären nicht mehr nur Vater und Sohn, sondern quasi Berufskollegen mit der gleichen, eigenartigen Bräune. Wissen Sie, in der Art, wie man sie bei Leuten sieht, die beim Fahren immer einen Arm lässig aus dem Fenster hängen lassen. Dies würde mein Sommer werden. Und nicht nur das, ich würde jedes Wochenende bis zum Abwinken Autoscooter fahren. Ich würde mit Staplerfahren mein Geld verdienen und es für Crashs im Vergnügungspark ausgeben.

Mein Arbeitgeber war Great West Pool & Spa, ein Hersteller von Swimmingpools und Whirlpools. Die Firma bot alles aus einer Hand, von der Vinyl-Auskleidung des Pools bis hin zur Entwicklung von Wellness-Systemen, die den größtmöglichen Massageeffekt garantieren oder was es da sonst noch an Spielereien gibt. Im Versand prangte ein schlichter Satz an der Wand, in blauen Lettern war da zu lesen *Wir arbeiten, damit Sie sich wohl fühlen*, wobei jeder Buchstabe einer Meereswoge nachempfunden war. Außer mir war wohl niemand so naiv, diesen Satz für bare Münze zu nehmen. Hätte Great West Pool die Möglichkeit gehabt, Wasser und Luftblasen als Zubehör zu verkaufen, hätten sie das ohne mit der Wimper zu zucken getan. Den bescheidenen Minivan des Firmeninhabers zierte ein eigens für ihn angefertigtes Nummernschild, das ihn als «KÄMPFER» identifizierte. Damit sollte sein freier Unternehmergeist zum Ausdruck gebracht werden, bei mir allerdings beschwor das Wort nur Bilder eines Mannes herauf, der mit seinem Dodge heldenhaft einem Atomschlag getrotzt hatte.

Mein Jubel über den Staplerfahrer-Job war verfrüht. Da ich neu war, fuhr ich in den ersten paar Wochen keinen Meter selbst. Stattdessen stand ich auf der Hubvorrichtung – oder besser gesagt: hielt mich krampfhaft daran fest – und fuhr mit, wenn Pat den Stapler bewegte, wobei ich mich nicht selten direkt unter dem Hallendach wiederfand. Dort oben suchte ich unter den unzähligen akkurat eingelagerten Kartons mit Pool-Auskleidungen nach der richtigen Nummer. Hatte ich sie gefunden, musste ich die Zwei-Zentner-Kiste irgendwie auf die

Staplergabel wuchten. Ich ächzte und fluchte unter dieser Last, schickte manchmal sogar Stoßgebete zum Himmel, als würden die Kisten dadurch auch nur um ein Gramm leichter. Das Ganze spielte sich in einer Höhe von etwa fünfeinhalb Metern und zudem auf wackligem Untergrund ab. Weshalb ich bei der Arbeit wohl eher das Bild einer billigen Karnevalsattraktion abgab – ein Mann, der auf einem Drahtseil balanciert und sich dabei gleichzeitig einen Ringkampf gegen einen Koloss von Frau liefert. Aber das beunruhigte mich nicht so sehr, weniger jedenfalls, als es angebracht gewesen wäre. Pat war es, der mir Angst einjagte, vor allem, wenn er auf die Bremse stieg und sich bepisste vor Lachen. Ich musste mich an die Staplergabel klammern, um mein Leben nicht aufs Spiel zu setzen.

Ihn zusammenzustauchen war zwecklos. Einmal versuchte ich nach besten Kräften, meiner pubertierenden Stimme etwas von einem sonoren Befehlston zu verleihen. Stellen Sie sich Scooter aus der *Muppet Show* vor mit seiner Klüsenbrille, dem Strebergesicht und der Fistelstimme, wie er schäumt vor Wut, stellen Sie sich vor, wie er wirklich außer sich ist und Ihnen einen ordentlichen Anschiss verpasst – so oder so ähnlich müssen Sie sich auch die hilflos-weinerlichen Bemühungen vorstellen, die ich zustande brachte.

«Pa-at!», winselte ich. «Pa-at! Hör endlich auf mit dem Scheiß! Ich fall noch runter! Noch einmal, und ich … ich sag's Greg!»

«Pa-at», äffte er mich nach, «hör auf, Pa-at, ich fall runter.»

Mein Vater hatte mich vor dieser Art von Vorkommnissen gewarnt, und zwar indirekt durch die Anekdoten, die er jahrelang beim Abendessen über seine Zeit als Lagerfuzzi zum Besten gab. Das Leben als einfacher Arbeiter ist voller skurriler Grausamkeiten, sie sind die kulturelle Norm. Friss oder stirb. Was in vielen Fällen keinen Unterschied zu machen schien. Ich erinnere mich an einen Abend, als ich sieben oder acht war, wir beim Essen saßen und mein Vater über einem Teller Bohnen mit Wiener Würstchen erzählte, wie er mit den anderen Malochern die vergangene Nachtschicht im Teilelager zum Kriegsspektakel umfunktioniert hatte. Um den Kick zu erhöhen, hatten sie mit dem Brecheisen die Sicherheitsvorrichtungen der druckluftbetriebenen Nagelpistolen entfernt und lieferten sich eine Schießerei, wobei sie hinter Ölfässern oder schweren Drahtrollen Deckung suchten. Später ließen sie es dann etwas ruhiger angehen und schossen nur noch auf ihren Proviant. Am nächsten Morgen entdeckte die Frühschicht Sandwichs mit Fleischwurst oder Erdnussbutter, die an der Tür des Aufenthaltsraums festgenagelt waren. Mir wurde klar, dass Lagerarbeit ernsthafter Unfug sein kann. Jetzt stand ich hier auf der Staplergabel, meine Loyalität war in Frage gestellt, ein Hauch von Schikane war unverkennbar, und ich wollte meinem alten Herrn keine Schande machen.

«Hier, ich habe eine gute Idee», meinte Pat weiter, was so viel bedeutete, dass es aus meiner Sicht nur eine schlechte Idee sein konnte. «Ich helfe dir runter, und du gehst gleich zu Greg und erzählst ihm deine Tränendrüsen-Geschichte.»

Er knallte den Rückwärtsgang rein, gab Vollgas, sodass wir uns mit einem kräftigen Ruck in Bewegung setzten, und stieg wieder auf die Bremse. Die Gabel schwankte gewaltig zurück, und der Stapler bäumte sich auf wie ein scheuendes Pferd. Die Fliehkräfte ließen mich gegen die ölige Stahlhydraulik des Staplers knallen. Ich machte mir fast in die Hosen und klammerte mich fest.

Heute ist mir im Rückblick klar, dass Pats Spielchen ausgesprochen lehrreich waren. Auch wenn es mir schwerfällt, aber ich muss zugeben, dass er mich schnell und gründlich in die Gesetze dieser neuen Kultur eingeführt hat. Ab damals überlegte ich es mir zweimal, ob ich jemanden verpetzen sollte, und mein Platz in der neuen Hierarchie war bald gefunden.

Das heißt, ich war auf mich allein gestellt, und eine neue Hierarchie gab es nicht. Oder besser gesagt, sie war schnell geklärt. Entweder man behielt die Oberhand, oder man musste sich unterordnen. Einer stand auf der Gabel, der andere saß am Steuer, was für den Erstgenannten bedeutete, dass sein Arbeitstag den Charakter eines Überlebenstrainings annahm. Es gehörte zu meinem Job, dies alles mit Fassung zu tragen. Ich hier oben klammerte mich in der Regel an den kalten, öligen Hydraulikstahl, während Pat dort unten sein dämliches Grinsen aufsetzte. Was blieb mir auch anderes übrig? Wie sollte ich sonst bei Greg petzen, wenn ich mir zuvor auf dem Hallenboden den Schädel zermanschte?

Die Gabel schwankte vor und zurück, bevor sie schließlich stillstand. Pat kam am Steuer aus dem Lachen gar nicht mehr heraus. Pat mit seinem ärmellosen T-Shirt und den lila Nylon-Shorts, Pat mit seiner Vokuhila-Frisur, der mich den Hallengang fegen ließ, während er hinter den eingelagerten Sprungbrettern eine rauchte. Pat, der eine Woche später mit dem Stapler rückwärts in den KÄMPFER-Van rauschte.

Nach dem Unfall wurde er von jeglicher Staplertätigkeit entbunden, außer von dem Job auf der Gabel. Mir passte das ganz gut in den Kram. Schließlich musste ja jemand fahren. Ich stand als Nachfolger bereit und war eine logische Alternative, dachte ich, nicht unbedingt aus Gründen ausgleichender Gerechtigkeit, sondern weil es für mich aus irgendeinem Grund fast schon zur Gewohnheit geworden war, die großen schwarzen Rechnungsnummern falsch abzulesen, was Greg irritierte.

Ich mochte Greg, meinen Chef. Er war Ende zwanzig und seit fünf oder sechs Jahren in der Firma. Als Junge vom Land hatte er ein ausgesprochen autoritäres Verständnis von Arbeitsethik. Irgendwie konnte er auch uns davon überzeugen, dass diese ethischen Normen uns allen eine faire und vernünftige Perspektive eröffneten. Das gelang nicht vielen Chefs. Ich konnte ihn nur bewundern und seinem Beispiel folgen, auch wenn es mir manchmal schwerfiel. Die Arbeit musste einfach ohne Murren erledigt werden, ohne Zeit zu verschwenden mit genervtem Gejammer. Würde ich mich über die Hitze in der Lagerhalle beklagen, würde er wahrscheinlich sagen: «Das tut mir aber leid! Wäre es dir vielleicht lieber, morgen zu arbeiten, wenn die Wetterbedingungen etwas angenehmer sind?»

Aus dem Mund jedes anderen wäre dies einer schonungslosen Abrechnung gleichgekommen, nicht so bei Greg. Er ging mit gutem Beispiel voran, war immer höchstpersönlich in der Halle präsent und sich nicht zu schade, auch einmal einen Besen in die Hand zu nehmen oder aufzuräumen, wenn es sonst nicht viel zu tun gab. Durch sein Verhalten und seinen Umgangston lebte er uns immer wieder vor, dass Arbeit nichts anderes als Pflichterfüllung ist und dass es schwer ist, sich vor seiner Pflicht zu drücken, ohne Respekt einzubüßen. Tagsüber arbeitete Greg bei Great West Pool selbst wie ein Pferd, und abends und am Wochenende half er seinem Vater, die beiden Rennpferde der Familie zu versorgen. Kurz gesagt, Pflichtbewusstsein prägte weitgehend seinen Charakter, und dafür musste ich ihm Respekt zollen.

Gregs Sinn für Humor war ähnlich derb wie der von Pat, kam aber ohne die Schikanen aus, denen ich mich ausgesetzt sah, wenn ich vorne auf der Gabel stand. Greg verstand sich mehr als Schauspieler, so belud er oft Sattelschlepper in bester Monty-Python-Manier oder brach in wildes Pferdegewieher aus, während er im Galoppschritt Kisten vom Lager zum LKW schaffte. Ich wusste nie so recht, was ich mit dieser Art von Auftritten anfangen sollte. Sie waren peinlich und einfach nur doof, hatten aber auch ihr Gutes. Vielleicht hatte seine Art von Humor nicht zuletzt mit der Tatsache zu tun, dass er vom Land stammte, jedenfalls passte sie zu seinem Arbeitsstil. Und diesen galt es auf Schritt und Tritt zu verinnerlichen. Da war keine Zeit, um einen Witz zu erzählen; und man konnte nicht einfach alles stehen- und liegenlassen, um auf sein Essen zu ballern. Keine Zeit für so was. Aber dieses bescheuerte Gewieher und der dazugehörige Galoppschritt beim Kistenladen waren für Greg und den Rest von uns gleichermaßen unterhaltsam, und so belud sich der Anhänger fast wie von selbst.

Greg war außerdem von der konservativeren Sorte. Das erfuhr ich am eigenen Leib, als ich einmal im Mittelpunkt seiner Überlegungen stand. Alles begann damit, dass er mich eines Tages nicht mehr Knighton nannte, sondern sich für die Variante «Arschgesicht» entschied. Genauer gesagt war es an dem Tag, als mir Pats Schlüssel für den Stapler in die Hände fiel. Allerdings erst nach hitzigen Diskussionen. Greg wollte mich partout nicht fahren lassen, also musste ich ihn überlisten und griff in die rhetorische Trickkiste.

«Tja, also das heißt, dass ich ab jetzt fahre, oder was?»

«Jetzt mach mal langsam, Junge. Ich weiß nicht, ob das eine besonders gute Idee ist», sagte Greg und strich über seinen dünnen Schnurrbart.

Pat, Greg und ich saßen an dem dreckigen Tisch im Aufenthaltsraum, hinter uns hing ein Kalender mit Bildern einer drallen Miss Juni. Es ging schon auf Mitte Juli zu. Pat lehnte sich in seinem Stuhl – Marke Geschäftsführer – zurück, hatte die Füße, genauer gesagt seine schmuddeligen Turnschuhe, auf dem Tisch, die Beine verschränkt und stierte auf den Kalender. Ein süffisantes Lächeln umgab seine Mundwinkel. Sein Gesichtsausdruck ließ direkt auf seine Gedanken schließen: Entweder ich würde den Traumjob als Fahrer nicht bekommen, oder aber er würde ihn auf meine Kosten zurückbekommen. Beide Optionen keine schlechte Perspektive.

«Nun komm schon, Greg! Du hast gesagt, du lässt mich bald fahren, und jetzt brauchst du einen Fahrer.»

«Weiß nicht. Weiß echt nicht, ob das gutgeht. Du bist mir manchmal zu schusselig, Arschgesicht. Du musst zugeben, dass du schon einiges verbockt hast.»

Ich wusste nicht, wie ich mich zur Wehr setzen sollte. «Was meinst du damit, von wegen ich hätte schon einiges verbockt? Ich arbeite hart, meinst du nicht?»

«Ja, das schon», sagte er, «aber obwohl Pat hier ein Totalausfall ist, neigst du zu Unfällen, und das sind nun mal nicht die allerbesten Voraussetzungen für einen Job als Fahrer.»

Pat nickte klugscheißerisch-jovial.

«Komm schon, das kann dir doch nicht entgangen sein», fuhr Greg fort. «Manchmal stolperst du über irgendwelchen Kram, der direkt vor deiner Nase steht, wie diese Kiste mit den Schrottteilen heute Morgen, die die Tür zum Vertriebsbüro blockierte. Oder wie neulich, als ich auf den Behälter mit diesem Chemie-Zeugs zeigte und dir sagte: ‹Knighton, reich mir das Teil da mal rüber›, und du meintest: ‹Welches Teil?›, und ich wieder darauf zeigte und sagte: ‹Den Behälter dort. Steht doch gleich da drüben, mitten im Gang›, und du meintest: ‹Wo?› So was bringt mich einfach auf die Palme! Dann das Thema mit den Auskleidungen für die Pools. Ständig schleppst du die falschen Dinger an. Ich weiß ja nicht, vielleicht solltest du mal zum Optiker gehen oder so, aber Herrgott nochmal, du liegst viel öfter daneben als Pat, und …»

Greg hielt inne, vielleicht weil er spürte, dass er eine Grenze überschritten hatte. Was als konstruktive Kritik gedacht war, artete in eine Schimpfkanonade aus. Ich lief puterrot an, schämte mich und war verunsichert, was nicht Gregs Absicht gewesen war, weshalb er versuchte, den angerichteten Schaden auf eine Art zu beheben, mit der alle Beteiligten leben konnten. So bekam auch Pat noch sein Fett weg.

«Gut, ich meine, du liest die Nummern öfter falsch ab als Pat, aber du weißt so gut wie ich, dass Pat Analphabet ist. Ich will einfach nur, dass du ihn nicht ständig besser dastehen lässt, als er ist.»

Pat schoss aus seinem Sessel hoch, stürmte aus dem Aufenthaltsraum und verzog sich in den Versandbereich. Minuten später dröhnte aus unserem Ghettoblaster Pats Lieblings-Herz-Schmerz-Ballade, «Black Dog» von Led Zeppelin.

In diesem Augenblick wurden mir zwei Dinge klar. Erstens wusste ich, dass ich nicht den Rest meines Lebens als Staplerfahrer arbeiten wollte. Lagerarbeit war ein harter Mistjob, die Bezahlung lausig; und Typen wie Pat waren viel zahlreicher vertreten als Typen wie Greg. Und zweitens war mir klar, auch wenn ich es nicht zugeben wollte, dass Greg Menschenkenntnis besaß. Er hatte den Nagel auf den Kopf getroffen, als er mich einen Trottel nannte. Tief in meinem Innersten wusste ich, dass er recht hatte. Wie konnte es nur so weit kommen? Ich war nicht immer so trottelig gewesen, weder zu Hause noch in der Schule. Ich bemerkte als Erster den neuen Haarschnitt von Judy aus dem Verkauf, und beim Football fing ich die Bälle immer sicher; ich hatte ein gutes Auge. Also tat ich das Naheliegendste und versuchte, mich aus der Sache herauszuwinden, anstatt nach einer Erklärung für meine Flops zu suchen.

«Was die Auskleidungen für die Pools angeht», legte ich los, «es ist einfach so düster dort oben. Es ist echt schwer, die Nummern zu erkennen, verstehst du? Schwarze Ziffern und dann noch diese Dunkelheit, das ist das ganze Geheimnis. Und als ich über die Kiste gestolpert bin, schleppte ich gerade einen Karton mit Filtern und konnte um mich herum nichts sehen, und dann … na ja … jedenfalls werde ich in Zukunft besser aufpassen, Greg, und hart arbeiten.»

Gregs Mittagessen stand immer noch unberührt zwischen uns auf dem Tisch. Er nahm ein Sandwich aus der braunen Tüte und wickelte es aus. «Ich habe nie gesagt, du würdest nicht hart arbeiten, Ryan. Ganz im Gegenteil.» Sein Ton war plötzlich ein anderer. Er klang viel ruhiger, ja, fast besorgt. «Wenn hartes Arbeiten der Maßstab wäre, würde Pat sicherlich vor dir rausfliegen. Aber ich weiß einfach nicht, ob ich dir am Steuer trauen kann, wenn du dich so … wie soll ich sagen … ungeschickt anstellst. Tut mir leid, aber ich weiß echt nicht, wie ich das sonst nennen soll. Jedenfalls brauchen wir einen Fahrer für die paar Wochen im Sommer, wenn die meiste Arbeit anfällt, das heißt, entweder muss ich dir als Fahrer vertrauen können oder jemanden neu einstellen, was leider auf Kosten deiner Stundenzahl und auch der von Pat ginge.»

Er biss von seinem Sandwich ab und kaute, wobei er mich keines Blickes würdigte. Ich wusste nicht, was ich dazu noch hätte sagen sollen, und so wartete ich erst einmal ab. Während Greg in aller Ruhe zu Ende aß, starrte ich auf Miss Januar und Miss Februar an der Wand hinter ihm. Great West Pool hielt nicht das, was die Firma versprach. Mein Job machte mich zu einer sonderbaren, tollpatschigen Version meiner selbst, zu jemandem, dem alles misslingt. Ich kam mir vor, als würde ich hilflos an der Gabel eines Staplers herumbaumeln. Mein erstes Tief im Hochsommer.

Greg zerknüllte die braune Essenstüte und warf sie im Stile eines Basketballspielers in den Abfalleimer. Dann setzte er eine Monty-Python-Stimme auf.

«Tach auch, der Herr. Ich bin hergekommen wegen eines Streits. Hätten Sie einen für mich, einen Streit? Ich hätte gern einen Streit, bitte.»

«Nein», nuschelte ich. «Hab ich nicht. Keinen Streit mit dem Deppen der Kompanie.»

«Nun gut, mein Herr, sagen wir, ich mag Sie, legen wir also den Streit vorübergehend ad acta und lassen uns überraschen, was Sie in den nächsten Tagen für eine Figur abgeben. Sie werden fahren, legen Sie sich also ins Zeug, und vor allem –

und das meine ich so, wie ich es sage – passen Sie verdammt nochmal die ganze verdammte Zeit verdammt auf, der Herr.»

Wie gesagt, ich mochte Greg.

«Und halte dich fern vom Van des Chefs», fügte er hinzu.

Was ich dann auch tat. An den folgenden Tagen hängte ich mich voll rein und passte auf, wie man nur aufpassen konnte. Wie versprochen, erledigte ich meinen Job in sicherer Entfernung des KÄMPFER-Vans. Die Sache fing an, mir Spaß zu machen. Bis ich Pat über den Haufen fuhr.

Ich weiß nur noch, wie ich an der Halle mit Karacho um die Ecke fuhr und eine Kiste mit Pool-Auskleidungen auf der Gabel transportierte, die ich, dienstbeflissen, wie ich war, so schnell wie möglich in den wartenden Sattelschlepper verladen wollte. Ich hatte es eilig, weil mehrere Posten auf der Bestellliste am falschen Platz eingelagert waren und ich dadurch immer mehr in Zeitnot geriet. Als ich an der Halle um die Ecke bog, sah ich nichts außer einem kerzengeraden Weg zum LKW – von Pat weit und breit keine Spur.

Vor mir auf der linken Seite sah ich unter dem Dachvorsprung die zwei oder drei Stapel Holzpaletten im Schatten der Lagerhalle stehen und ungefähr dreißig Meter weiter vorne den mattgrauen Sattelschlepper in der strahlenden Sonne. Aber obwohl zwischen uns zwanzig Meter lagen, war mir Pat entgangen, der im Halbdunkel unter dem Hallendach damit beschäftigt war, eine Palette vom Stapel zu ziehen. Gute fünf Sekunden lang muss ich ihn wohl angestarrt haben dort vorne zwischen meinem Stapler und dem LKW, während ich auf ihn zurauschte. Auf einmal blitzte sein Bild vor mir auf. Mein Auge hatte Pats Körper realisiert, als er sich links von der Staplergabel mit einem akrobatischen Sprung in Sicherheit brachte. Er blieb unverletzt, kochte aber vor Wut.

Anstatt Vollgas zu geben, den LKW links liegenzulassen, das Werkstor zu passieren und auf die 200. Straße Richtung

Süden abzubiegen, um nach Hause oder nach Mexiko oder sonst wohin an einen sicheren Ort zu entkommen, trat ich Trottel auf die Bremse und hielt an, um zu sehen, ob mit ihm alles in Ordnung war.

«Hey, sorry, tut mir leid.»

Pat flippte völlig aus.

«Das hast du absichtlich gemacht, du Arschloch!» Er stürmte auf mich zu. «Das war mit Absicht! Ich bring dich um, Knighton, ich bring dich verdammt nochmal um!»

Eine weitere Lektion in Sachen Lagerjob-Kultur sollte meinen Weg pflastern. Pat riss sich sein T-Shirt vom Leib. Dann rannte er los und ballte die Fäuste. Er stieß wüste Drohungen aus und prophezeite mir einen längeren Krankenhausaufenthalt, um – wie in der Branche üblich – mit drastischen Mitteln im Hauruckverfahren die Gerechtigkeit wiederherzustellen. In dieser Art von Verfahren ist eine Laderampe der Gerichtssaal, und Argumente werden in Form von handgreiflichen Auseinandersetzungen ausgetauscht. Eine Tracht Prügel war die einzige Instanz, um Differenzen auszuräumen oder alte Rechnungen zu begleichen. Und die Kollegen wohnten dem Spektakel nicht mit der Distanz von Geschworenen bei, sondern bildeten eine lautstarke Kulisse von Schlachtenbummlern. Sie wollten Blut sehen, egal, von wem.

«Nein! Pat, nein, das war keine Absicht. Echt nicht!», flehte ich. «Es war ein Versehen, Pat. Es war ein Versehen!»

Um meinem Dementi Nachdruck zu verleihen, wedelte ich mit den Händen aufgeregt in der Luft hin und her, als wollte ich den Unfall wie einen imaginären Fleck wegwischen. Meine Beschwörungen machten ihn jedoch nur noch wütender. Er stürzte weiter wie von Sinnen auf mich zu, wie eine Furie mit entblößtem Oberkörper und dazu wild entschlossen, mir kräftig eins auf die Mütze zu geben. Er schnappte sich aus vollem Lauf eine schwere Rolle Klebeband, die auf dem Boden lag, und schleuderte sie auf mich. Ich duckte mich und hörte nur noch das Geräusch, wie die Rolle Klebeband über meinen Kopf hinwegsauste.

Greg musste auf der Ladefläche des LKWs wohl alles mitgehört haben. Plötzlich war er von hinten zur Stelle, stieß mich zur Seite und stellte sich mit ausgestrecktem Arm und einem Handzeichen wie ein Schülerlotse Pat in den Weg. Auch wenn die Geste eher nur angedeutet war, genügte sie, um Pat in Schach zu halten. Pat hielt inne und rotierte vor Wut. Er reckte den Kopf von einer Seite zur anderen und versuchte, rechts oder links an Greg vorbeizuschauen, wobei er mir martialische Blicke zuwarf und mich mit den Worten «Los, Mann, komm schon!» zum Showdown herausforderte.

«Was zum Teufel geht hier vor?», fragte Greg.

Pat zog eine Show ab. «Geh mir aus dem Weg, Greg, ich warne dich, ich mache diesen Typen platt.»

Er unternahm einen neuen Anlauf, mir an den Kragen zu gehen, kam aber nicht weit. Greg änderte seine Taktik, verzichtete kurzerhand auf die Erforschung des Sachverhalts und nahm Pat in den Schwitzkasten.

«Lass los, Greg, lass mich los! Das Arschgesicht wollte mich über den Haufen fahren.»

Greg sagte, dass er Pat loslassen würde, wenn er sich beruhigte. Es dauerte eine Minute, und Pats Kopf klemmte noch immer wie ein Football unter Gregs Achsel, bis Pat zusehends schlapper wurde in Gregs Würgegriff.

«Knighton, geh in den Aufenthaltsraum», sagte Greg. «Ich komme gleich zu dir. Pat, du bleibst hier und beruhigst dich erst einmal. Ich werde das hier regeln, und ihr beiden haltet euch raus. Und wehe, irgendjemand unternimmt was! Herrgott nochmal, wie ich es satt habe mit euch beiden!»

Im Aufenthaltsraum vertrat ich weiterhin meine These vom Unfall.

«Es war ein Unfall, Greg, es war wirklich nur ein Unfall.»

Greg setzte Kaffee auf. Aber die Art und Weise, wie er die Tür zuschlug, die Kaffeekanne auf den Tisch und den alten Filter in den Abfalleimer knallte, verhieß nichts Gutes. Der Unfall ging auf meine Kappe, daran gab es nichts zu rütteln.

«Sei vernünftig, Ryan. Es macht einfach keinen Sinn. Wie zum Teufel kannst du nur Pat oder sonst irgendwen oder -was übersehen mitten auf dieser großen, freien Fläche? Und wie kommst du eigentlich dazu, geradewegs auf ihn zuzuhalten? Das ergibt für mich keinen Sinn. Du bist ein Trottel, so viel steht fest. Niemand, aber wirklich niemand stellt sich auch nur annähernd so bescheuert an wie du. Was du da gemacht hast, war einfach nur dumm.»

Ich wusste nicht, was ich sagen sollte.

Drei Jahre und zwei Monate später, an meinem achtzehnten Geburtstag, sollte ich die Wahrheit erfahren. Ein Augenarzt würde mir eröffnen, dass ich unter einer degenerativen Augenkrankheit litt, der sogenannten Retinitis pigmentosa. Aufgrund einer angeborenen Gen-Mutation vernarbte meine Netzhaut zusehends und zerstörte sich nach und nach selbst. In meinem Blickfeld entstanden immer mehr kleine Löcher, die sich bald wie Wassertropfen auf einem Löschblatt ausbreiten und schließlich zusammenschließen sollten. Meine Sicht würde zu einer Art engem Tunnelblick eingeschränkt werden. Später würde diese letzte Stelle funktionstüchtiger Netzhaut wohl ebenfalls der Krankheit zum Opfer fallen. Jedenfalls wäre ich innerhalb einiger weniger Jahre blind.

Aber damals im Aufenthaltsraum von Great West war mir absolut nichts bekannt von Löchern in meinem Blickfeld. Ich wusste nur, dass mein Leben manchmal Geschichten schrieb, die unerklärliche Aussetzer beinhalteten. Für manche Dinge wie den Unfall mit Pat gab es einfach keine Erklärung. Eine mir wohlvertraute Person – ich selbst in der sehenden Version –

zeigte Ausfallerscheinungen, aber ich wusste nicht, warum. Um Greg schließlich etwas zu antworten und um für mich selbst eine Antwort zu haben, rechtfertigte ich mein Verhalten mit dem einzigen Kniff, der mir in den Sinn kam. Ich log.

«Ich habe ein Problem mit den Augen, Greg.»

Er wandte sich von der Kaffeemaschine ab. Er glaubte mir nicht ganz, noch nicht, aber er war neugierig geworden.

«Was für ein Problem mit den Augen?»

«Ich habe dieses Teil da, wie ein Fleck, durch den ich nicht hindurchsehen kann. Ich wollte dir das eigentlich gar nicht sagen, weil es nicht der Rede wert ist, echt, nur kann es eben vorkommen, dass ich manchmal Dinge übersehe deshalb.»

Hörte sich plausibel an, meine Lüge. Die Unterscheidung war prägnant. Meine Augen hatten die Schuld, nicht ich. Wer würde schon die Diagnose in Frage stellen? Wer hätte überhaupt Ahnung von der Materie?

Greg sprang im Viereck, allerdings war seine Wut diesmal mit einem Schuss Mitleid gepaart. «Warum zum Teufel hast du mir nichts davon gesagt? Du hättest mir das sagen müssen, bevor ich dich fahren oder zu Pat auf den Stapler lasse. Verflucht nochmal! Du hättest herunterfallen können oder …»

«Nein, mit mir ist alles okay, ich habe es … na ja, ich habe es auch erst letzte Woche erfahren, und der Arzt meinte, es sei nicht der Rede wert, echt, eine Kleinigkeit. Wie du schon gesagt hast, ich muss einfach aufpassen. Mehr nicht.»

Er setzte sich an den Tisch und zwirbelte nachdenklich an den Enden seines Schnurrbartes. Greg war kein Dummkopf. Vor wenigen Augenblicken hätte ich unter seiner Aufsicht fast jemanden umgebracht, und ich war so unschuldig, wie nur ein Teenager sein kann. Großzügigerweise gab er mir eine letzte Chance, um den angerichteten Schaden wiedergutzumachen.

«Sag mir, was Sache ist. Und das meine ich so. Bist du sicher, dass du dieses Teil, dieses Problem mit den Augen hast?

Ich meine, es geht in Ordnung, wenn es ein Unfall war; Unfälle passieren nun mal. Sag mir jetzt einfach die Wahrheit.»

Obwohl wir uns gegenübersaßen, konnte ich ihm nicht in die Augen schauen. Ich starrte auf die Pin-up-Girls an der Wand. Miss Juni lächelte verächtlich auf mich herab.

«Wirklich, Greg. Es war ein Unfall.»

«O mein Gott. Kann man denn da nichts machen?»

Schuldgefühle begannen mich zu plagen. Ich beschwindelte jemanden, den ich bewunderte. Ich wollte kein ungerechtfertigtes Mitleid, sondern brauchte nur eine Entschuldigung.

Unterm Strich blieb die Erkenntnis, dass meine Ungewissheit durch die Geschehnisse eher noch größer wurde – vielleicht stimmte mit meinen Augen ja wirklich etwas nicht. Die Realität flackerte kurz auf und verschwand wieder. Ich war vierzehn und unsterblich, einer der neuen Generation. Es konnte nicht sein, dass mit meinen Augen etwas nicht stimmte, weshalb ich noch einen draufsetzte.

«Nein, da kann man nichts machen. Man kann die kleine Sehschwäche nicht rückgängig machen», sagte ich, «aber wirklich, Greg, die Sache ist überhaupt nicht der Rede wert. Es wird nicht schlimmer oder so. Ich muss einfach aufpassen, wie du gesagt hast.»

Gregs Gesichtsausdruck war ebenso mitfühlend wie verwirrt.

«Aber wie willst du auf Dinge achten, die du nicht siehst?»

Ab sofort war dies die Gretchenfrage, die mir eine plausible Antwort abverlangte.

«Weiß ich nicht», sagte ich. Zum ersten Mal war ich ehrlich. «Schätze, das werde ich wohl herausfinden müssen.»

Obwohl ich nie mehr Stapler fuhr, hielt ich mich von Pat fern. Ich und meine Augenprobleme gingen ihm komplett am Arsch vorbei. Er glaubte nicht, dass die Sache mit dem Stapler ein Unfall war. Greg bemühte sich nach Kräften, die Dinge im

Zaum zu halten, und erinnerte Pat immer wieder daran, was er für ein Glück hatte.

«Du bist ein Glückspilz», sagte er dann. «Das Arschgesicht hätte dir die Beinchen brechen können.»

Im Sommer darauf stellte mich Greg wieder ein. Pat war inzwischen nicht mehr in der Firma. Ein paar Monate vor meinem zweiten Gastspiel bei Great West – ich hatte inzwischen die zehnte Klasse in der Tasche, und meine Ungeschicklichkeit nahm stetig zu – musste Pat eine Pool-Auskleidung und verschiedene Teile an einen Kunden in Maple Ridge ausliefern. Als er mit seinem Lieferwagen rückwärts an die für den Pool ausgehobene Grube fuhr, rammte er das Haus des Kunden. Es war das zweite Mal, dass Pat Riesenmist baute und rückwärts irgendwo dagegenfuhr. Greg warf ihn raus und meinte, selbst ich würde ein Haus nicht übersehen.

Ich träumte immer davon, im Sommer den großen Wurf zu landen. Ich hatte gehofft, allein mein ungleich anspruchsvollerer Job könnte mein Erwachsenwerden exponentiell beschleunigen, ja, mich sogar in eine Welt katapultieren, mit der die meisten meiner perspektivlosen McFreunde nie aufwarten könnten. Ich würde mit Staplerfahren beginnen, und es würde nicht lange dauern, bis ich meiner Zeit weit voraus wäre und meiner Heimatstadt für immer den Rücken kehren würde.

Anstatt Reichtum und Wohlstand erwartete mich jedoch ein großer Wurf der anderen Art. Irgendwie war ich in mein Schicksal als Blinder gestolpert, bevor es überhaupt so weit war. Am Anfang meiner Blindheitsgeschichte stand eine Lüge. Rückblickend betrachtet muss ich damals wohl die Qualitäten eines Wahrsagers gehabt haben. Der Blick zurück ist die einzige Sicht, die mir geblieben ist.

König Pontiac

«Sieht man ein Objekt oder den Hinweis darauf nicht, so führt dies nicht automatisch zu der Schlussfolgerung, dass sich an der Stelle auch nichts befindet.»

Hans Blix, The Guardian, Juni 2003

Mit siebzehn, hinterm Steuer des Pontiac meines Vaters, schritt meine Erblindung ohne jedes Wissen meiner Familie, meines Arztes oder der Automobilindustrie zügig voran. Das mag aus Ihrer Sicht schauderhaft klingen, bitte schön! Heute tummeln sich Leute, die kurz vor der Erblindung stehen, mit der gleichen Vorgeschichte im Straßenverkehr, mit dem Unterschied, dass die Katastrophe noch aussteht. Vielleicht machen Sie ja an einer Straßenkreuzung Bekanntschaft mit einem dieser Kandidaten.

Auto zu fahren war ab dem Tag, als ich sechzehn wurde, Ziel und Faszination zugleich, aber meine Eltern hielten es für besser, mich in meinem eigenen Interesse zuerst eine Fahrschule besuchen zu lassen. Einmal. Zweimal. Vielleicht sogar dreimal. Ich war ein hoffnungsloser Fall. Das meiste, was ich damals lernte, habe ich längst wieder vergessen, nicht so meinen Fahrlehrer, einen Mann mit fettigen Haaren, der darauf bestand, dass ich ihn Buddy nannte.

Monatelang holte Buddy mich einmal pro Woche mit seinem roten Fahrschul-Ford ab. Wenn Buddy es mit der Angst zu tun bekam, trat er sein Bremspedal fast durch das Bodenblech. Verkratzt und verbeult, wie der Wagen war, hätte man fast auf die Idee kommen können, die zweite Bremse diente nur dazu, dass Buddy sich in kritischen Situationen abreagieren konnte. Trotzdem kann niemand behaupten, Buddy sei mit seinen Fahrschülern nicht geduldig gewesen, auch nicht, dass in den Fahrstunden die Sicherheit nicht oberste Priorität gehabt hätte. Ach ja, und Ärsche natürlich. Ärsche hatten in seinem Kopf ebenfalls ihren festen Platz.

Wenn Buddy nicht gerade erklärte, wie man um die nächste Kurve zu fahren hatte, gaffte er zum Beifahrerfenster hinaus, als wolle er jeglichen Blickkontakt mit seinem Schützling vermeiden. Warum auch nicht? Wahrscheinlich brauchte er den entspannenden Blick aus dem Fenster angesichts der zahlreichen Tode, die wir bei meinen Fahrkünsten hätten sterben können. An manchen Nachmittagen war der Mann wirklich ein mit Adrenalin vollgepumptes Nervenbündel. Wenn er etwas sagte, schmierte er wie besessen seine fettigen Haare über die kahlen Stellen auf dem Kopf. Seine Gesprächsthemen änderten sich mit atemberaubender Geschwindigkeit, Gedankensprünge von Tod zu Sex und umgekehrt waren an der Tagesordnung. Ihn zeichnete ein Bewusstseinsstrom aus, an dem Freud seinen Spaß gehabt hätte. Auf Gehwegen und Parkplätzen, an denen wir vorbeifuhren, fand sich der Stoff, aus dem seine Träume sind.

«Heilige Mutter Gottes! Hast du die Maus mit den engen Jeans gesehen? Fahr langsamer. Ich meine die dahinten, die in den Shop reinging? Mein Gott, das war knapp! Du musst über die Schulter schauen, achte auf den toten Winkel. Was für ein Arsch! Das macht mich ganz ... fahr etwas weiter rechts, damit du die gelbe Linie nicht überfährst. Gut so, noch ein bisschen, du brauchst keine Angst vor dem Gegenverkehr zu haben. Wie kommt sie bloß in diese Hose rein? Die muss ihr doch das Blut abschnüren! Erst blinken! Wie aufgemalt.»

Manchmal war ich mir nicht sicher, ob Buddy nicht auf seine Art ein perverses Spielchen mit mir trieb. Wollte er durch seine Frage nur herausfinden, ob ich auch wirklich bei der Sache war? Dienten ihm die Ärsche lediglich als Indiz dafür, dass ich außer für das Auto vor mir womöglich noch Augen für andere Dinge hatte? Guten Fahrern, erklärte er immer, entgeht nichts um sie herum. Nichts. Um seinen Standpunkt zu untermauern, strich er sich einmal mehr durch seine fettigen Haare. Manchmal nickte ich und nuschelte zustimmend. Ich wollte ihm demonstrieren, dass ich trotz meiner vorbildlichen Konzentration auf den Straßenverkehr immer noch einen Blick für die Welt der Ärsche hatte. «Ja, Buddy, ein ganz anderer Arsch als der vorhin auf dem Fraser Highway, echt ganz anders.» Letztendlich ließ mich all das aber auch nicht zu einem aufmerksameren Autofahrer werden.

Buddys abschließendes Urteil war unzweideutig. Er empfahl weitere Fahrstunden, wenn ich sichergehen wollte, die Fahrprüfung zu bestehen. Ich übte viel mit meinem Vater, bis meine Eltern davon überzeugt waren, ich sei für die Prüfung gerüstet. Irgendwie bestand ich meine erste praktische Prüfung mit nur wenigen Fehlern, was ein unglücklicher Zufall war.

Aufgrund all dessen verzögerte sich meine offizielle Fahrerlaubnis um ein Jahr. Meinen Führerschein, den ich kurz vor meinem siebzehnten Geburtstag machte, hatte ich jedoch ein Jahr vor meiner Retinosis-pigmentaria-Diagnose in der Tasche. Noch heute stellen sich mir die Nackenhaare hoch, wenn ich an die zeitliche Dramaturgie denke. Ich fuhr dreizehn riskante Monate lang Auto und war praktisch blind. Ich handelte fahrlässig und war mir nicht bewusst, was ich im Straßenverkehr alles übersah. Und ich übersah so einiges.

Bevor ich all die glorreichen Details ausplaudere, sollte ich erklären, wie es überhaupt dazu kommen konnte. Es ist schwer zu rekonstruieren, wie ich einen Führerschein bekommen konnte. Für manch einen kaum zu glauben, dass ein Mensch, der blind oder am Erblinden ist, die blinden Flecke in seinem Blickfeld nicht bemerkt. Inzwischen habe ich dafür mehrere plausible Erklärungen.

Erstens erzeugen blinde Flecke weder Dunkelheit noch Leere an den entsprechenden Stellen im Blickfeld. Diese Vorstellung ist in sich visuell. Versuchen Sie einmal, mit den Füßen auf den Boden zu schauen. Genau so müssen Sie sich Blindheit vorstellen. Man kann sie nicht sehen, man nimmt sie nicht einmal wahr als etwas, das fehlt. Ein fehlendes Bild lässt bei einem so lange nicht die Alarmglocken schrillen, bis man, sagen wir, ein Stoppschild überfährt und das Bild plötzlich aus heiterem Himmel im Augenwinkel erscheint. Erst dann wird einem klar, dass da etwas war, etwas, das nicht im Blickfeld erschien, als es hätte erscheinen sollen. Schwer nachzuweisen.

Eine weitere Erklärung hat spezifisch mit meiner Netzhaut und ihrer degenerativen Struktur zu tun. Ich wurde nie auf Nachtblindheit untersucht. Nachtblindheit ist eine der Frühfolgen meiner Krankheit. Musste ich von der Sehtafel ablesen und Verkehrszeichen erkennen, verrichteten meine Augen ganz normal ihren Dienst. Die gleichen Verkehrszeichen unter einer Straßenlaterne an einem trüben Septemberabend wären ein ganz anderes Phänomen, und zwar eines, das ich gar nicht wahrnehmen würde.

Ich erinnere mich, wie der Fahrschulmensch meine periphere Sicht prüfte. Er ließ ein paar Lämpchen hell aufblitzen, die nur aus den Augenwinkeln wahrgenommen werden sollten. Kein Problem. Dann prüfte er meine zentrale Sicht mittels des üblichen Buchstabensalats einer Sehtafel. Auch hier hielt ich mich gut. Aber alles andere entpuppte sich als echtes Problem.

Stellen Sie sich vor, Ihr Blickfeld, die Gesamtheit Ihrer visuellen Eindrücke, hätte die Form einer Dartscheibe. Zwar konnte ich das Bullenauge und den äußeren Ring erkennen, die mittlere und innere Sektion ähnelten in meiner Wahrnehmung jedoch eher einem Schweizer Käse mit kleinen verschwommenen Löchern, die mein Gehirn partout nicht erkennen wollte. Meine Wahrnehmung kompensierte die winzigen Leerstellen, wie das bei jedem Menschen der Fall ist. Mit anderen Worten, der mittlere Bereich zwischen peripherer und zentraler Sicht erschloss sich mir dadurch, dass mein Gehirn Rückschlüsse auf die nichtexistenten Stellen zog. Die Löcher waren nicht besonders groß, wuchsen aber kontinuierlich, was innerhalb kürzester Zeit eine beträchtliche Einschränkung des Sehvermögens mit sich brachte. Wenn Sie eine Zeitung zusammenrollen und sie wie ein Fernrohr vors Auge halten, werden Sie feststellen, dass Sie damit große Gegenstände in weiter Entfernung vollständig einfangen können. Sogar ein LKW könnte vermutlich durchfahren, wenn er nur weit genug entfernt wäre. Was dann ja auch manchmal der Fall war.

Schließlich kam niemand auf die Idee, meine nicht vorhandene Tiefenwahrnehmung zu checken. Hätte mich mein Fahrschulprüfer bei meinem Ferienjob gesehen – inzwischen arbeitete ich als Kellner in einem Café bei uns im Ort –, hätte er es sich wahrscheinlich zweimal überlegt, ein Passfoto von mir zu schießen und mir die Fahrerlaubnis zu erteilen. Bei der Arbeit blieb ich mit der Hand regelmäßig an irgendwelchen Gläsern hängen, wenn ich eines aus dem Regal nehmen wollte. Und es gehörte ebenfalls zu meinen Eigenheiten, Teller beim Servieren förmlich auf den Tisch zu knallen, als ginge es mir gegen den Strich, dass sich ein Gast für das Schimmelkäse-Dressing und nicht den feinen Balsamico entschieden hatte. Wie damals bei der Pool-Firma wurde dieses Auftreten fälschlicherweise als charakterliches Defizit meinerseits interpretiert. Ryan, der ungeschliffene Typ, der einem den Teller vor die Nase knallt. Launisch und nicht bei der Sache.

Natürlich merkte ich, dass ich mich mit dem Autofahren je nach Wetterbedingungen und Tageszeit schwertat. Wenn ich nachts vom Café auf regennasser Straße nach Hause fuhr, konnte ich die gelbe Doppellinie nur vage ausmachen. Ich dachte, das Problem sei meine fehlende Erfahrung, wie mir schon meine Eltern versichert hatten. Sie räumten auch ein, dass es schwierig sei, auf regennasser Fahrbahn eine aufgemalte Linie zu erkennen. Was wusste ich denn schon? Ich hatte jedenfalls nicht vor, die Meinung meiner Eltern in Frage zu stellen oder darauf zu beharren, meine Schwierigkeiten seien eine Spur gravierender, als sie annahmen. Sollte ich mich etwa um Kopf und Kragen quatschen, bis mich meine Eltern nicht mehr fahren ließen? Ich war siebzehn und nicht irgendein Sicherheitsfanatiker. Um nachts und bei Regen die Fahrbahnmarkierungen zu erkennen, hielt ich mich oft an die reflektierenden Katzenaugen auf der Straße, die meinen Heimweg in den meisten Fällen säumten. Nicht dass ich gezielt auf sie geschaut hätte. Aber wenn ich mich nicht an anderen Autos orientieren konnte, um die Spur zu halten, fuhr ich einfach über die Katzenaugen und orientierte mich am «klack-klack, klack-klack, klack-klack» unter meinen Reifen. Nachts fuhr ich gewissermaßen nach Blindenschrift. Machte das nicht jeder?

Meinen ersten Unfall behielt ich für mich. Am gleichen Nachmittag, als ich den Führerschein in der Tasche hatte, fuhr ich schnurstracks zu meiner Freundin nach Hause, um sie zu einer Spritztour abzuholen oder was man sonst noch so in einem Auto alles anstellen kann. Sie war nicht zu Hause. Auf dem Rückweg durch die kurvigen Straßen ihres Viertels wandte ich mich den wirklich wichtigen Dingen des Autofahrens zu. Ich nestelte nach einer Zigarette und zündete sie an oder versuchte es zumindest, spulte eine Kassette, die ich gerade gekauft hatte, bis zu einer bestimmten Stelle vor, ich steuerte und kuppelte und schaltete, um schließlich aus meinen nachgewiesenermaßen intakten Augenwinkeln ein Stoppschild zu erkennen, an dem ich soeben elegant vorbeigerauscht war.

Plötzlich blitzte es in meinem Blickfeld auf, rot und achteckig, und verschwand wieder, woraus ich messerscharf schloss, dass mir wohl gewisse Konsequenzen ins Haus stünden, und wahrscheinlich eher solche von der geräusch- und schmerzvollen Sorte. Mir fiel es wie Schuppen von den Augen. Die enge Wohnstraße war bedeutend breiter geworden – und mein Gesichtsausdruck bedeutend überraschter. Ich war von schnellfahrenden Autos umgeben, die alle in einem Winkel von 90 Grad an mir vorbeipreschten. Fast hätte ich Bekanntschaft mit dem Armaturenbrett eines dicken Lieferwagens gemacht, während zwei andere Wagen um ein Haar meine Fahrerseite auf die Hörner genommen hätten. Und die Autos, die ich aus dem Beifahrerfenster sehen konnte, schienen nur darauf bedacht zu sein, der Szenerie so schnell wie möglich zu entkommen. Ein Schreck der schaurigen Art erfasste mich, und es blieb mir nichts anderes übrig, als ohnmächtig dabei zuzusehen, wie ich über eine vierspurige Straße schoss.

Was sollte ich machen? Bremsen? Gas geben? Beides? In derartigen Situationen vergeht die Zeit endlos langsam. Die Zeit wog schwer im Inneren meines Wagens, so schwer, dass ich langsamer zu werden schien, was es mir ermöglichte, jede potenzielle Katastrophe in Zeitlupe mitzubekommen, bis ich schließlich zu meiner eigenen Überraschung und unverletzt die andere Straßenseite erreichte.

Kein einziger Wagen war ins Schleudern geraten oder hatte eine Vollbremsung hingelegt, als ich über die Fahrbahn fuhr. Es hatten sich noch nicht einmal zwei andere Autos berührt. Und es wurde absolut niemand verletzt. Vom Gehweg aus muss es faszinierend ausgesehen haben, als hätte ich auf den richtigen Augenblick gewartet, auf die perfekte Lücke im dichten Verkehr, und wäre dann mit spielerischer Leichtigkeit hindurchgeglitten. Wie ein Fisch im Wasser.

Mir war zum Kotzen. Ich hielt sofort am Straßenrand, bis Brechreiz und Panik vorüber waren. Was musste ich jetzt machen? Warnblinker, dachte ich, so heißen die Dinger, genau, Warnblinker. Ich schaltete die Warnblinkanlage ein. Es half nichts. Ich stieg aus und rannte zurück zu der Kreuzung, um zu sehen, was ich fabriziert hatte. Es war albern, aber irgendetwas in mir wollte sich vergewissern, ob mein Unfall Spuren hinterlassen hatte. Aber nichts dergleichen. Autos fuhren vorbei wie gehabt, und das Stoppschild auf der anderen Straßenseite führte mir eindringlich vor Augen, was ich eigentlich hätte tun sollen. Niemand wartete darauf, mich zurechtzuweisen. Niemand verlangte eine Entschuldigung von mir. Es war, als wäre der Unfall nie passiert. Dies sollte mir eine Lehre sein, und ich beschloss, aus meinen Fehlern zu lernen. Ich nahm mir fest vor, in Zukunft aufmerksamer zu sein, gelassener und konzentrierter zu Werke zu gehen – und vor allem mit dem Song glücklich zu sein, der gerade aus dem Kassettenrekorder kam. Ich stieg zurück in den Wagen, schaltete den Warnblinker aus und fuhr nonchalant wie ein Wilderer mit seiner Beute davon.

Mein zweiter Unfall passierte ein paar Monate später. Und brachte mir sogar einen Titel ein. Ich wurde zum vielumjubelten König der Berge von Langley. Die wenigen vom Aussterben bedrohten Ausfallstraßen meiner Heimatstadt sind aufgrund ihres dichten Baumbestandes eine schummrige Angelegenheit. In meiner Jugend gab es da draußen nicht viel außer ein paar Truthahn-Farmen, Baumschulen für Weihnachtsbäume, vereinzelt ein Haus inmitten der Felder und entlang der Straße gelegentlich ein Geschäft mit ein paar unasphaltierten Kundenparkplätzen davor.

Es gab hier draußen einen John-Deere-Traktoren-Händler, der schon bessere Tage gesehen hatte, und einen Radio- und

Fernsehladen, ein vergessenes Überbleibsel aus den fünfziger Jahren. Das war's. Lediglich Tankstellen erhellten die Nacht wie verstreute Oasen des Lichts, wenn ich mich recht erinnere. Als guter Sohn, der ich war, hatte ich gerade an einer dieser Tankstellen das Auto meines Vaters aufgetankt, bevor ich den Olymp erklomm.

Beim Verlassen der Tankstelle fuhr ich bis direkt an den Straßenrand und hielt Ausschau nach vorbeifahrenden Autos. Links nichts als Dunkelheit, rechts nichts als Dunkelheit. Die Landstraße lag im Mondschein und war leer. Ich setzte den Blinker und ließ die Kupplung kommen. Der Wagen fuhr los, und das Brummen des Motors wurde lauter, bis ich plötzlich nur noch ein fremdartiges Schleifen und Knirschen vernahm. Die Schnauze des Wagens hob ab und senkte sich wieder, als sei das Auto über ein fettes, argloses Beutetier hergefallen. Ich bewegte mich keinen Millimeter mehr.

Aus meiner seltsamen neuen Perspektive starrte ich in den klaren Nachthimmel statt auf die freie Landstraße. Ich brauchte einen Moment, um in Ruhe nachzuvollziehen, wie viele wenig optimale Dinge soeben passiert waren. Als ich den Zündschlüssel umdrehte, sprang der Wagen wieder an. Erleichterung machte sich breit. Aber vorwärts zu kommen war gar nicht so einfach. Genauer gesagt, unmöglich. Der Motor fing an zu stottern und starb ab. Der Wagen hing mit der Schnauze nach unten, und ich konnte keine unmittelbaren Anhaltspunkte dafür finden, dass ich mich nicht auf der Straße befand, die ich auf dem Heimweg nehmen sollte. Was ich gehört und gesehen hatte, ergab keinen Sinn, also stieg ich aus. Doch schon der erste Schritt war wesentlich länger als normal.

Was ich für die Straße gehalten hatte, war alles andere als eine Straße. Unter meinen Füßen spürte ich ein Stück Rasen, auf das ich den Wagen bugsiert hatte. Was allerdings besorgniserregender war – ich hatte bereits fast zur Hälfte eine Zeile großer, dekorativer Felsblöcke überwunden. Mein Auto, besser gesagt, das meines Vaters, saß auf einem dieser Felsblöcke auf. Zusammen sahen Stein und Auto ungefähr aus wie ein Pontiac mit Anbau. Stonehenge, dachte ich.

Bei meinem Stonehenge durften auch die Touristen nicht fehlen. Sie standen im Tankstellenshop und schauten sich die Szenerie von dort aus an. Niemand machte jedoch Anstalten, zu mir herüberzukommen, geschweige denn schien jemand Interesse zu haben, mir einen fachmännischen Rat zu geben. Vielleicht hatten die beiden Tankwarte ja überhaupt nicht bemerkt, was ich mit ihrem Rasen angerichtet hatte. Jedenfalls wollte ich mich so schnell wie möglich aus dieser peinlichen Situation befreien. Denn wer den Schaden hat, braucht bekanntlich für den Spott nicht zu sorgen.

Ich kletterte zurück, besser gesagt hinauf, in den Wagen und legte den Leerlauf ein. Ich hoffte, so würde das Auto von selbst von dem Felsblock hinuntergleiten. Reptilien und totes Getier glitten in diesen Tier-Dokumentarfilmen immer irgendwelche Felsblöcke hinunter. Der Pontiac wollte von seiner Beute jedoch nicht ablassen. Ich stieg aus und versuchte zu schieben, aber der Wagen bewegte sich keinen Millimeter. Von der Tankstelle hörte ich eine Stimme, es war einer der beiden Tankwarte.

«Hey, Alter! Du steckst irgendwie fest, oder was?»

«Nein, nein, alles okay», rief ich zurück. Ich winkte auch, und zwar in der Art, wie Leute auf einem Vergnügungsdampfer winken. Ich dachte, dieses affektierte Gehabe würde ihn abschrecken. Es war nämlich nur ein Katzensprung bis zu mir rüber, ich aber winkte, als sei es meilenweit. «Alles in Ordnung», sagte ich. «Ich muss nur … ich muss nur eben was nachsehen.»

Ich hüpfte wieder hinauf in den Wagen. Ich musste von hier

wegkommen, egal, wie. Wie würde ich meinen Eltern erklären, dass ich das Auto drei Meter neben einer Tankstellenausfahrt auf einen Felsblock manövriert hatte? Ich ließ den Motor an, legte einen Gang ein und gab Vollgas. Die Reifen drehten erst durch, griffen dann aber und machten ein surreal anmutendes Geräusch, als ich von dem Felsblock abhob und auf dem davorliegenden Rasen landete. Ich saß nicht mehr auf einem Felsbrocken fest, sondern hatte endlich wieder festen Boden unter den Füßen und war in Sicherheit. Was so leider nur zum Teil der Wahrheit entsprach.

Denn ich sah mich gleich einer neuen Herausforderung gegenüber. Hätte ich genauer hingeschaut, wäre mir vielleicht aufgefallen, dass das Stück Rasen nicht nur an den Ecken, sondern ringsherum komplett mit Felsblöcken eingefasst war. Und das Auto meines Vaters stand mittendrin.

Ich stieg aus und versuchte, einen zuversichtlichen Eindruck zu machen. Hier stand ich, ein Mann, ein Plan. Ein Plan, um ein gestrandetes Auto wieder flottzumachen. Von der Tankstelle war dieses Mal eine andere Stimme zu hören.

«Schon viel besser so! Schön für dich!»

Über das Wagendach konnte ich schemenhaft die beiden Tankwarte sehen, die in der Tür standen und sich köstlich amüsierten.

«Das war's dann wohl, ich ruf den Abschleppdienst», sagte die erste Stimme. «Rühr dich nicht vom Fleck. Ich ruf einen Abschleppwagen, der soll dich … weiß nicht … da heraushieven oder so.»

«Nein, nicht nötig», rief ich zurück. «Alles in Ordnung! Bin gleich weg. Bis dann. Danke jedenfalls.»

Ich wusste nicht, was ich außer wegfahren sonst hätte tun können. Ich legte einen Gang ein, suchte mir den kleinsten der massiven Felsbrocken aus und hielt darauf zu. Das altbekannte, surreal anmutende Geräusch am Unterboden ließ nicht lange auf sich warten. Der Wagen hob ab, rumpelte über die Felsbrocken und neigte sich dann wieder krachend nach unten. Ich war sicher auf dem kleinen Tankstellenparkplatz gelandet, hatte bei meinem Manöver allerdings ein paar dekorative Felsbrocken mitgerissen, die hinter mir herrollten.

«Wow, vom Allerfeinsten!», rief einer der beiden Tankwarte anerkennend und kriegte sich kaum ein. «Du bist wohl ein ganz Schlauer, was?»

Sein Kollege war weniger beeindruckt. «Du blödes Arschloch!», schrie er. «Du verficktes blödes Riesenarschloch!»

Ich steuerte den Wagen zum Straßenrand. Als es mir sicher erschien, setzte ich den Blinker und brauste davon. Durch das offene Fenster vernahm ich ein weiteres Mal das Wort «Arschloch», weshalb ich als kleine Replik ein paarmal hupte.

Ich versuchte, die Geschichte für mich zu behalten, aber das Tageslicht machte mir einen Strich durch die Rechnung. Am nächsten Morgen verließ mein Vater das Haus, um zur Arbeit zu fahren. Nach wenigen Minuten stampfte er mit seinen schweren Stiefeln wieder in die Küche. Seine Hände waren bis übers Handgelenk dick ölverschmiert. Ich löffelte weiter mein Müsli und tat so, als würde ich ihn nicht bemerken. Er stand am Spülbecken und seifte sich die Hände ein, als er schließlich sein Schweigen brach.

«Äh, scheint so, als hätten wir da draußen ein kleinesÖlleck.»

Ich wagte nicht, von meiner Lektüre auf der Müsli-Packung aufzuschauen. «Echt?», sagte ich. «Na ja, schätze, der Pontiac wird langsam alt.»

«Woher willst du wissen, dass ich nicht von Muttis Auto spreche?»

Ich kaute weiter und tat so, als könnte ich nur die Knuspergeräusche meines Müslis hören.

«Zieh dir deine Schuhe an, und wir schauen uns das zusammen mal an. Du kannst dabei was lernen.» Er machte eine Pause, um seine Worte wirken zu lassen, und trocknete sich die Hände mit einem Geschirrtuch ab. «Und ich vielleicht auch.»

Meine Eltern hatten ein unglaubliches Talent, was diese Art von Drohungen anging. Sie stauchten uns nie direkt zusammen. Zuerst machten sie eine Andeutung, die uns Kindern signalisierte, dass in Kürze etwas anstand, etwas Unvermeidliches im Dienste der Gerechtigkeit. Dann erhöhten sie den Druck auf uns, indem der Ort des Tribunals gewechselt wurde, und ließen uns in unserer Ungewissheit schmoren. In der Regel genügte das schon, um uns ein Geständnis zu entlocken.

Ich wusste, dass ich so gut wie überführt war, schritt aber dennoch erhobenen Hauptes aus der Küche und machte keinerlei Anstalten, irgendein Fehlverhalten einzugestehen. Ich hoffte, mein selbstbewusstes Auftreten würde den Verdacht meines Vaters zerstreuen. Wir standen kurz neben dem Auto, dann gab er mir ein Zeichen, einen Blick unter den Wagen zu werfen. Auf der Straße hatte sich offensichtlich eine riesige Öllache gebildet.

«Wow!», meinte ich. «Wie hast du das bemerkt?»

«Eigentlich kurios, siehst du das Blech da unten am Wagen?»

Die gleichmäßige Linienführung der unteren Karosseriefalz hatte stark gelitten. Sie glich eher dem Rand einer Venusmuschel. «Zuerst fiel mir das hier auf, und dann bemerkte ich das Öl.»

«Na ja, ist auch irgendwie schwer zu übersehen.»

«Ja.»

Der Gesichtsausdruck meines Vaters war unverändert ernst. Wenn ich etwas sagte, schaute er mich an, als wartete er darauf, dass ich endlich zur Sache käme.

«Schätze, so eine Reparatur ist eine größere Sache.»

«Ja.»

«Scheiß Autos, was? Immer irgendwas kaputt.»

«Ja.»

«Was meinst du, wer ist der beste Automechaniker in Langley?»

Er gab mir keine Antwort.

«Ich meine, außer dir natürlich.»

«Weißt du, Ryan, es ist wirklich komisch. Gestern war der Wagen noch in Ordnung. Heute verliert er Öl, gestern noch nicht. Halte mich für verrückt, aber ich bin davon überzeugt, dass gestern Abend irgendwas passiert ist. Außerdem warst du der Letzte, der mit dem Auto gefahren ist, weshalb ich glaube …»

Ich gab mich geschlagen, bevor er unverblümt Ross und Reiter nannte, dass es nämlich meine Schuld war. Bevor ich mir eine Standpauke anhörte, gab ich es besser zu. Allerdings stellte sich heraus, dass es ein schwieriges Unterfangen war, ihm plausibel zu erklären, wie ich mein ganz persönliches Stonehenge fabrizierte.

«Felsbrocken?» Die Miene meines Vaters verfinsterte sich. «Das musst du mir genauer erklären. Wo hast du diese Felsbrocken denn aufgetrieben?»

«Die hab ich überhaupt nicht aufgetrieben. Die waren einfach da.»

Seine Miene verfinsterte sich noch mehr. «Und wie hast du es genau geschafft, mein Auto auf diese Felsbrocken zu bugsieren?»

Ich beschrieb ein weiteres Mal, wie in der Dunkelheit das Stück Rasen wie die Straße ausgesehen hatte, in die ich einbiegen wollte, und wie die Felsbrocken eigentlich gar nicht da waren und dann plötzlich doch.

«Klar», sagte er und setzte ein breites Grinsen auf. «Klar, der Rasen. Der Rasen sah also aus wie eine Straße.»

«Genau.»

«Und es waren mehrere Felsbrocken nebeneinander, eine regelrechte Felswand.»

«Genau.»

«Die du übersehen hast.»

«Ja.»

«Die sich dann aber urplötzlich unter dem Auto wiederfanden.»

Er glaubte mir kein Wort.

Beim Abendessen an jenem Abend fragte mich Rory, einer meiner kleinen Brüder, ob ich ihn irgendwohin fahren könnte. Wahrscheinlich hatte er mit seinen zwölf Jahren keine wichtige Verabredung, sondern wollte einfach, wie wir das öfter machten, mit mir in Daddys Auto ein bisschen herumfahren, Junk-Food holen und Blödsinn machen. Rory war ein nervöses Kind, ein bisschen ein Eigenbrötler, und ich nahm ihn gerne mit, wenn ich mit dem Auto loszog. Als ich ihn zum ersten Mal irgendwohin fuhr, fragte ich ihn, ob er schalten wollte. Er schaute mich ungläubig an, als hätte ich ihm mein Bankkonto offeriert.

«Echt? Du lässt mich schalten?», fragte er. «Aber ich weiß doch gar nicht, wie das geht.»

«Ich sag dir schon, wann du in welchen Gang schalten musst. Vielleicht lass ich dich auch noch ein bisschen lenken, wenn du willst.»

Sein Gesichtsausdruck verriet mir, dass ich für ihn ab sofort mehr war als nur sein großer Bruder. Ich war der Weihnachtsmann, vielleicht sogar Superman. Dann ging seine Nervosität mit ihm durch, wie immer. «Aber was passiert, wenn wir einen Unfall bauen?», fragte er.

«Mein Gott, jetzt mach dich mal locker. Wir bauen keinen Unfall. Ich hab das schon im Griff. Ich will einfach nur, dass du deinen Spaß hast. Stell dich nicht so memmenhaft an.»

«Ich bin keine Memme. Ich will bloß keinen Stress.»

«Genau deshalb bist du eine Memme. Manchmal gibt es eben Stress. Ich bin dein großer Bruder. Ich bring dir diesen Krempel schon bei. Jetzt mach dich locker, verdammte Hacke.»

Seit ich Daddys Wagen fahren konnte, war ich bestrebt gewesen, zu dem großen Bruder zu werden, der ich schon immer sein wollte. Zu einem, der seinen kleinen Bruder in die Geheimnisse des Rauchens einweiht und ihm beibringt, wie man ein Auto mit Schaltgetriebe fährt. Da Rory und ich oft zusammen im Auto unterwegs waren, entstand schon bald ein Vertrauensverhältnis, ja sogar eine Art Freundschaft zwischen uns. Wir wurden zu echten Brüdern.

Seitdem wollte Rory ständig, dass ich ihn irgendwohin chauffierte. Als er dieses Mal beim Abendessen fragte, erklärte ihm meine Mutter, dass der König der Berge bis auf weiteres zu Fuß unterwegs sei.

«Wer ist der König der Berge?», fragte Rory.

Mein Vater zeigte mit der Gabel auf mich, ohne jedoch zu erklären, wie ich zu meinem neuen Titel kam.

Rory fand es zum Totlachen. «Ryan ist der König der Berge, König der Berge, König der Berge», sang er. Dazu spielte er Luftgitarre und verzog ekstatisch das Gesicht wie ein Rockmusiker beim Gitarrensolo.

Wochenlang hatte ich meinen Namen weg und war der Lächerlichkeit preisgegeben. Niemand wollte mir meine Geschichte so recht abnehmen. Meine Eltern verwiesen meine Erklärungsversuche ins Reich der Fabel. Heute betonen sie, dass sie mir glauben, aber heute bin ich auch blind, ein Typ, dessen Krankheitsbild die Geschichte von damals in einem anderen Licht erscheinen lässt, als die Felsbrocken nicht nur Löcher in den Unterboden schlugen.

Ab sofort war abends für mich das Auto meines Vaters

tabu, bis ich, wie er meinte, mehr Routine hätte. Es sollte sich zeigen, dass ich nur noch ein einziges Mal bei Dunkelheit ein Auto fahren würde. Das war an dem Tag, als ich meinen letzten Unfall baute.

Die meisten Unfälle hätten ohnehin wahrscheinlich nicht auf meine zunehmende Blindheit hingedeutet. Sie hätten zu sehr den Unfällen geglichen, die jedem passieren konnten. Ein übersehenes Verkehrsschild, eine schlecht ausgeschilderte Kreuzung, ein unaufmerksamer Spurwechsel, überhöhte Geschwindigkeit. Mein allerletzter Unfall sprach für sich selbst und hatte mit Ungeschicklichkeit oder Unerfahrenheit nichts zu tun. Die Geschwindigkeit spielte dabei eine gewisse Rolle, allerdings nicht in der Form, wie man das gemeinhin erwarten würde.

Ich erinnere mich noch, wie ich meine Mutter den Flur entlangkommen hörte. Sie wollte eruieren, worüber sich mein Vater und ich stritten. Die meisten verbalen Auseinandersetzungen, die ein Siebzehnjähriger um drei Uhr morgens mit seinem Vater haben kann, dürften eher profaner Natur sein. Ich machte da keine Ausnahme. Meine Freundin wartete draußen auf der Veranda, was meine Erfolgsaussichten nicht verbesserte.

«Aber sie hat ihre Schlüssel verloren», versuchte ich zu erklären, «und bei ihr ist niemand zu Hause. Es hat zumindest niemand aufgemacht, als sie vorhin ein paarmal klingelte. Ich kann sie doch nicht einfach im Garten schlafen lassen, oder? Deshalb habe ich ihr gesagt, sie soll mit zu uns nach Hause kommen und hier übernachten. Ich dachte, das sei okay für dich.» Ich dachte, ein Schuss Sarkasmus würde der Sache gut zu Gesicht stehen. «Aber ich schätze, wir schmeißen sie wohl besser raus.»

Mein Vater gab keinen Millimeter nach. Ich zog meinen letzten Pfeil aus dem Köcher.

«Da habe ich mich ja schön getäuscht. Habe ich doch allen Ernstes geglaubt, du hättest Verständnis.»

Kaum hatte ich den Satz ausgesprochen, war mir klar, wie überflüssig und dumm meine Bemerkung war. Meine Eltern waren nie besonders empfänglich für weinerliche Vorwürfe dieser Art.

«Genau», blaffte mich mein Vater an, «du hast dich getäuscht. Wenigstens das hast du begriffen. Übrigens habe ich durchaus Verständnis dafür, dass du nichts dagegen hättest, wenn deine Freundin hier übernachtet. Aber mein Verständnis sagt mir auch, dass sie nicht über Nacht bleibt.»

«Wer bleibt über Nacht?», fragte meine Mutter, als sie im Bademantel in die Küche kam.

Mutti war eine zierliche Erscheinung und hatte in den letzten Jahren als Krankenpflegerin in der Psychiatrie, Wärterin im Zellenblock der örtlichen Polizeistation und als Disponentin in einem Notruf-Center gearbeitet. Ihr fröhliches Wesen bescherte ihr oft traurige Jobs. Sie ist objektiv, verbindlich, fair und vor allem knallhart. Ihr Erscheinen kam einem Keulenschlag gleich und machte meine letzten Hoffnungen zunichte, dass Karen vielleicht doch bei uns übernachten würde. Die Geschichte mit den verlorenen Schlüsseln stimmte schon, aber ich muss auch zugeben, dass sie mir als Vorwand sehr gelegen kam, um Karen in mein Bett zu bekommen. Meine Mutter würde dies zweifellos sofort durchschauen. Zufluchtsuchend wandte ich mich wieder meinem Vater zu.

«Okay, was soll ich also deiner Meinung nach tun?», fragte ich. Ich hoffte, bei dieser Frage wäre er mit seinem Latein am Ende.

«Schauen wir mal. Hmm … ich weiß schon. Du nimmst die Autoschlüssel und fährst sie nach Hause. Und nimm einen Schraubenzieher mit, damit du ein Fenster aufmachen kannst.»

«In Ordnung», gab ich klein bei.

«Hast du was getrunken?»

Meine Eltern gingen davon aus, dass wir auf einer Party gewesen waren. Was nicht ganz stimmte. Wir legten uns mit zwölf Leuten mächtig ins Zeug, um unserem Freund Andrew bei der Ernte sämtlicher Magic Mushrooms zu helfen, die auf dem landwirtschaftlichen Anwesen seiner Eltern zu finden waren. Ich hatte mir dieses Mal keine Psycho-Pilze eingepfiffen, konnte mir aber gut vorstellen, dass Karen auf unserer Veranda vor dem Haus in ganz anderen Sphären schwebte.

«Nein», log ich, «ich habe nichts getrunken.» Die drei Bier schienen mir auf dem Weg ins nächste Ungemach nicht erwähnenswert zu sein.

Immerhin war das Fenster von Karens Zimmer nicht verriegelt. Sie durchs Fenster zu bugsieren, war eigentlich kein großes Problem. Nur die Psycho-Pilze kamen dazwischen.

«Fenster sind cool!», ließ sie mich wissen.

Ich schob sie an den Füßen hoch und versuchte, ihr beim Einstieg zu helfen. Karen hatte jedoch Sinn und Zweck unserer nächtlichen Aktion scheinbar längst vergessen und fing an, das Fenster anzugaffen anstatt sich zu bewegen.

«Fenster sind das Schärfste überhaupt. Ich finde Fenster einfach so geil», meinte sie, um dann endlich in ihr Zimmer zu klettern.

Ich konnte nicht bleiben. Ich wusste, mein Vater würde auf mich warten, weshalb ich schnurstracks nach Hause fuhr, fest entschlossen, das Stoppschild an der Straßenkreuzung zu beachten, wo Karen wohnte.

Es war Anfang September und ungewöhnlich kalt für die Jahreszeit. Nebelschwaden hatten sich in den Straßen breitgemacht und erschwerten mir die Sicht. Ich konnte meine Abzweigung kaum erkennen. Ich konnte zwar die Straßenbeleuchtung ausmachen, aber ihre Lichter verschwammen im

Nebel und verwischten alles, was sie eigentlich beleuchten sollten. Von vorne näherte sich ein Auto. Dessen Scheinwerfer erzeugten in den Nebelschwaden ein diffus reflektierendes Licht und ließen den Wagen zu einem Hindernis werden, an dem ich nicht vorbeisehen konnte. Ich bremste ab und schaltete zurück in den ersten Gang. Im Schneckentempo rollte ich die Straße entlang und hörte, wie das andere Auto vorbeirauschte. Wie war das mit einer derartigen Geschwindigkeit nur möglich?

Von hinten kam kein Auto, von vorne auch nicht. Ich war mutterseelenallein auf der Straße und schlich in der Dunkelheit dahin. Was hätte ich auch sonst tun sollen? Ich saß abgeschottet von der Außenwelt mit meinen verbliebenen vier Sinnen hier im Wagen und musste schließlich irgendwie den Weg nach Hause finden. Ich wollte die Scheinwerfer etwas zur Seite richten, um den Fahrbahnrand auszuleuchten. Die Kurve rechtzeitig zu erahnen, war jetzt das Beste, was mir passieren konnte.

Als ich mich an der Abzweigung wähnte – ich befand mich bereits mitten auf der Kreuzung –, bog ich nach rechts ab. Allerdings weder auf eine Straße noch einen Feldweg. Ich merkte, wie sich der Wagen dieses Mal irgendwie neigte und langsam auf einen Bach zudriftete. Ich bewahrte die Ruhe, als sei ich mit solchen Situationen vertraut, bremste, hielt an und stellte den Motor ab. Ich hatte keinen Unfall gebaut. Im Prinzip hatte ich lediglich Daddys Wagen am Ufer geparkt.

Als ich versuchte, rückwärts herauszufahren, drehten die Reifen auf dem feuchten Untergrund hoffnungslos durch. Anstatt rückwärtszufahren, rutschte ich sogar noch ein Stück weiter nach vorne. Erst in dieser Woche hatte mein Vater ein Funktelefon in sein Auto eingebaut, und zwar das neueste, was es auf dem Markt gab. Ich probierte es zum ersten Mal aus. Der Hörer hätte es von der Größe her durchaus mit einer

VHS-Kassette aufnehmen können. Zu Hause klingelte das Telefon, und ich hoffte beinahe, niemand würde abnehmen.

Im Scheinwerferlicht von Muttis Wagen konnte ich dann besser einschätzen, was ich angerichtet hatte. Das Auto meines Vaters stand akkurat geparkt im morastigen Flussbett und war weniger als einen halben Meter vom Wasser entfernt. Der Wagen wirkte deplatziert, strahlte aber auf merkwürdige Art auch eine friedliche Ruhe aus. Als würde er irgendwie schlafen. Keinerlei Anzeichen von Gewalteinwirkung oder Geschwindigkeitsrausch. Daddy beging auf der Suche nach einer Erklärung den Tatort, inspizierte die Straße nach Bremsspuren und die Kotflügel nach Dellen, aber es ließen sich weder Blechschäden noch Hinweise auf eine rücksichtslose Raserei finden. Keine fünf Meter weiter, und ich wäre korrekt abgebogen.

«Ich bin nicht gerast. Ich bin abgebogen und lag wohl mit der Straße etwas daneben», wiederholte ich. Ich konnte auch nicht mehr sagen als das, was offensichtlich war.

«Das sehe ich, Ryan.»

Wenn mein Vater ein Urteil fällt, ist es nicht unbedingt von Vorteil, wenn man am Ende des Verdikts den eigenen Namen hört. Mein Vater zog an seiner Zigarette, schnaubte förmlich den Rauch durch die Nase aus und ließ einen schweren Seufzer ab. Mir stand gewaltiger Ärger ins Haus. Wenn mein Vater einen Seufzer ablässt, hört er sich an wie ein Stier, der rot sieht.

«Ehrlich, ich habe die Kreuzung einfach nicht gesehen.»

«Siehst – du – sie – jetzt?», polterte er.

«Ja, aber nur, weil die Scheinwerfer von Mamas Auto an sind … mehr Licht …»

«Hör mit dieser Haarspalterei auf, Ryan! Schau dir nur an, was du angerichtet hast. Das dürfte genügen, um … jedenfalls hätte dir das nicht passieren dürfen, basta!»

Er schaute die Straße hinunter und sah den Abschleppwagen kommen. Ich konnte seinen Dieselmotor hören.

«Wie soll ich das verstehen, Ryan? Bist du eingeschlafen? Oder gefahren wie ein Henker?» Ich gab keine Antwort. «Bist du betrunken?»

Ich befürchtete, ich könnte noch eine Bierfahne haben, und wollte mir diesen Anschiss nicht auch noch einhandeln.

«Gut, ich habe zwei oder drei Bier auf der Party getrunken, aber das war vor Stunden, und ich bin überhaupt nicht betrunken», wandte ich ein. «Ich habe eben … nicht …»

Es war alles gesagt. Die Antwort meines Vaters ließ nicht lange auf sich warten. Und war unmissverständlich. Daddy zog es vor, einen Abschleppdienst zu bezahlen, anstatt mich seinen Wagen nach Hause chauffieren zu lassen.

Zwei Tage lang weigerte sich mein Vater, mit mir zu reden. Es war schlimm. Betrat ich ein Zimmer, ging er demonstrativ hinaus. Bat ich ihn, mir die Bohnen zu reichen, machte er dies zwar, knallte aber die Schüssel auf den Tisch. Es war das gleiche Strickmuster wie damals mit Greg im Aufenthaltsraum. Fragen, die man mit ja oder nein beantworten konnte, beantwortete er mit einem Nicken oder einem Knurren. Mutti tat zwar so, als sei nichts weiter passiert, aber ihr fröhliches Wesen hatte merklich gelitten. Heimlich vereinbarte sie für alle Fälle einen Arzttermin, um meine Augen untersuchen zu lassen, hielt sich aber ansonsten völlig aus der Sache raus. Ich nehme an, dass sie wie ich darauf wartete, dass mein Vater einlenkte. Sogar meine Brüder und meine Schwester warteten darauf, meist auf ihren Zimmern, wie wetterfühlige Tiere vor einem Schlechtwettereinbruch. Dann, als er mich eines Nachmittags von der Arbeit nach Hause fuhr, hielt er am Straßenrand an und schaltete die Warnblinkanlage ein.

Er wandte sich mir zu und bekam einen Wutanfall, wie ich ihn seitdem nicht mehr erlebt habe. Ein dröhnendes Donnerwetter prasselte auf mich nieder. Die Warnblinker gaben den Takt an, für mich jedoch schien die Zeit stillzustehen.

Einmal in Rage, hielt mir mein Vater sämtliche Verfehlungen vor, durch die ich mich in Gefahr gebracht hatte. Mit dem Trinken hätte ich gelogen. Ich hätte auch gelogen, als ich behauptete, ich hätte die Kreuzung nicht gesehen, nur um die Tatsache zu vertuschen, dass ich getrunken hatte. Wer weiß, wie oft ich das früher schon gemacht hätte. Und die Episode mit dem König der Berge passte da natürlich erst recht ins Bild. Dann gab er mir zu bedenken, was meine Mutter bei ihrem Job in der Polizeistation tagtäglich alles an Horrorgeschichten über betrunkene Autofahrer mitbekommt. Ich hätte nicht nur mich selbst in Gefahr gebracht, sondern auch meine Familie und Dritte. Nach seinem Urteil hätte ich eine unverzeihliche Dummheit an den Tag gelegt. Das Einzige, was für mich spräche, sei mein unglaubliches Glück. Ich hätte Glück gehabt, sagte er, und nichts weiter, was die Sache keinen Deut besser machte.

Wir saßen schweigend im Auto am Straßenrand. Triefend vor Selbstmitleid starrte ich auf der Suche nach einer Antwort aus dem Fenster und spielte gedankenverloren mit dem Kleingeld in meinem Becherhalter. Mein Vater zündete sich eine Zigarette an und würdigte mich keines Blickes. Ich hatte keine andere Wahl, als ein Geständnis abzulegen. Wenn ich schon keine Erklärung für meine Unfälle hatte, würde sich zumindest eine Entschuldigung ganz gut machen. Also legte ich ein Geständnis ab. Ich entschuldigte mich dafür, dass ich betrunken Auto gefahren war. Und schwor, dass dies nie wieder vorkommen würde. Ich packte alle Ernsthaftigkeit dieser Welt in meine Worte, dennoch klang meine Stimme irgendwie merkwürdig leer. Eben wie ein bloßes Hilfsmittel, um für irgendeine wie auch immer geartete Wahrheit geradezustehen.

Als mein Vater seine Zigarette zu Ende geraucht hatte, schnippte er die Kippe aus dem Fenster und meinte, es würde lange Zeit dauern, bis er mir wieder vertrauen könnte. Ich müsste mir sein Vertrauen wieder neu verdienen. Ob und wie ich das bewerkstelligen konnte, war ihm nicht klar. Er schaltete die Warnblinker aus, und wir fuhren davon. Über den Unfall sprachen wir nie wieder.

Nach ein oder zwei Wochen war zwischen uns wieder Ruhe eingekehrt, aber irgendwas fehlte. Auch mein Vater spürte das. Ich lernte, dass die Ungezwungenheit als Erstes auf der Strecke bleibt, wenn Misstrauen herrscht. Mein Vater sah mich inzwischen als Mensch etwas anders. Ein Teil von mir war ihm fremd geworden. Seit meiner Zeit bei Great West Pool war auch in mir selbst dieser Entfremdungsprozess gereift. Ich rätselte mehr denn je, wie die Diskrepanz zwischen meinen guten Vorsätzen und meinen verhängnisvollen Fehlern zu erklären war.

So viele Geschichten, die mit Blindheit zu tun haben, reduzieren sich schließlich auf den Aspekt der Schuld. Ich muss immer an Ödipus denken, der nicht hinsehen, es nicht ertragen konnte, was er angerichtet hatte. Oder was sein unausweichliches Schicksal war, wie andere behaupten. Aber es war ein Unglück, und ich bin überzeugt, dass er sich genau deshalb die Augen ausgestochen hat. Das Schicksal trifft nie eine Schuld und ist wesentlich leichter zu akzeptieren als ein bedauerliches Unglück. Ödipus hätte sich eine Menge Kummer erspart, wenn er an Schicksal geglaubt hätte. Als es damals um meinen Autounfall ging, hätten sich mein Vater und ich ebenfalls eine Menge Kummer erspart, wenn wir gewusst hätten, dass meine fortschreitende Erblindung der Grund meines Aussetzers war.

Wenn man so will, haben sowohl Ödipus als auch ich unsere Väter ins Verderben gestürzt, sozusagen auf dem Weg nach Hause. Der Autounfall war mein Fehler, kein Zweifel, aber als meine Familie und ich im Nachhinein erfuhren, dass ich damals am Erblinden gewesen war, relativierten meine Augenprobleme die Schuldfrage. Ich war fortan entlastet. Schuld hatte stattdessen mein Vater.

Das Fatale an meiner Erkrankung ist, dass sie, wie vermutlich manch andere Krankheit auch, vor niemandem haltmacht. Meine Blindheit hat nicht nur Konsequenzen für meine Person, sondern auch für Verwandte, Freunde und andere Menschen, deren Leben sie erfasst und ebenfalls in Mitleidenschaft zieht. Mein Vater war mein erstes Opfer. Bis heute nimmt er die Schuld für das auf sich, was mir in jener Nacht mit seinem Auto passiert ist. Es plagen ihn Schuldgefühle für seine Unterstellung, ich hätte gelogen, als es darum ging, was ich sehen konnte und was nicht. Schuldgefühle, weil er seinen blinden Sohn gemaßregelt hat. Ich war nicht betrunken, sondern ich war blind, und er hatte mir nicht geglaubt. Ich weiß, dass er sich das nie verziehen hat. Ich weiß aber nicht, wie ich ihn von dieser Schuld erlösen soll. Darin liegt das eigentliche Unglück und die wahre Krux. Ich kann eben mit meiner Blindheit für nichts garantieren.

An dem Nachmittag, als der Augenarzt meinem Vater und mir eröffnete, dass ich erblinden würde, und wir mit dem Auto von der Praxis zurück nach Hause unterwegs waren, kamen wir an dem Bach vorbei. Eine gewisse Zeit hatte ich schon gar nicht mehr an die Sache gedacht. Ich betrachtete die Stelle im Vorbeifahren. Und spürte eine unheimliche Erleichterung. Irgendetwas Merkwürdiges in meiner Vergangenheit, etwas, für das ich keine Erklärung hatte, war schließlich zu einem Teil meines Lebens geworden und ergab sogar Sinn. Es stimmt schon, einem guten Fahrer entgeht nichts. Ich weiß, dass auch mein Vater auf die Szenerie am Bach schaute und erstmals begriff, was damals wirklich passiert war. Meine Geschichten entpuppten sich als wahr. Dennoch redeten wir weder über den Bach noch über den Unfall. Wir ließen den Kelch an uns vorüberziehen. Nach Hause war es nicht mehr weit. Meine Mutter war mit den Vorbereitungen für das abendliche Festessen zu meinem achtzehnten Geburtstag beschäftigt. Sie würde die Nächste sein, der ich meine Blindheit nicht ersparen konnte.

Ich hatte die Diagnose noch nicht wirklich realisiert, sondern hatte nur unerträgliche Angst. Ich wollte meiner Mutter nicht sagen, dass uns der Arzt eröffnet hatte, es sei nur eine Frage von wenigen Jahren, bis ich blind wäre. Das würde sie umbringen. Aber es gab keinen Ausweg, ich hatte keine Wahl. Die Diagnose würde sie zutiefst treffen, und ich wusste nicht, wie ich es ihr beibringen sollte.

Als wir zu Hause waren, zogen mein Vater und ich an der Haustür die Schuhe aus. Er gab mir ein Zeichen mit der Hand, ich solle nach unten in mein Zimmer gehen. Ich ging die Treppe hinab, blieb jedoch im Flur stehen, um zu lauschen. Meine Mutter war mit meinen Geschwistern oben in der Küche, schälte Kartoffeln und machte Salate für meine Geburtstagsparty. Sie fragte Daddy, wie der Arzttermin verlaufen sei.

Als er in die Küche kam, schickte er meine Brüder und meine Schwester kurz hinaus. Nachdem sie die Küche verlassen hatten, setzte er sich mit Mutti an den Küchentisch und goss zwei Tassen Kaffee ein. Ich konnte nicht jedes Wort hören, was sie miteinander redeten, aber das war auch gar nicht nötig. Ich wusste, dass mein Vater meiner Mutter weh tun musste.

Ryan allein zu Haus

Der Begriff Nachtblindheit wird leicht missverstanden. Nachtblindheit bedeutet nicht nur, dass jemand fast nichts mehr sieht, wenn das Licht ausgeht. Selbst ein wenig Licht kann den gleichen Effekt haben. Viele Menschen in meiner Situation sehen in Restaurants mit dezenter Beleuchtung nichts, bei anderen setzt die Nachtblindheit im Zwielicht der Abenddämmerung ein, aber wenn wir im Mondschein spazieren gehen, haben wir alle eines gemeinsam: die Gewissheit, Schwarz ist Schwarz. Da es von verschiedenen Ausprägungen von Nachtblindheit nur so wimmelt, wird unsere Wahrnehmung der Krankheit als solcher in den Hintergrund gedrängt, selbst wir Betroffenen machen da keine Ausnahme. Als es bei mir zum ersten Mal so weit war, konnte ich meine eigene Nachtblindheit nicht erkennen. Mein lieber Schwan, ich war derart blind, dass ich selbst dann nichts gesehen hätte, wenn man dieses Nichts angezündet und mir noch zusätzlich eine Gasflasche in die Hand gedrückt hätte, um das Feuer anzufachen.

Innerhalb eines Jahres nach der ärztlichen Diagnose war ich völlig nachtblind. Dies war laut meinem Arzt jedoch nur das erste Stadium meiner Netzhautzersetzung, weitere degenerative Phasen würden folgen: Verschlechterung von peripherer Sicht, Sehschärfe etc. etc. etc. Wen zum Teufel interessiert das schon, dachte ich. Mich jedenfalls nicht, zumindest nicht zum damaligen Zeitpunkt mit neunzehn. Nicht mit dem Feuerwerk, das meine Hormone in mir abbrannten. Ich spürte, dass ich dringlichere Probleme hatte als irgendwelche zweifelhaften Prognosen, ich könnte in Zukunft erblinden. Allein wegzugehen wäre zum Beispiel ganz nett.

Anstatt auf meinen Arzt zu hören, ignorierte ich die Einzelheiten und legte das größtmögliche Desinteresse an dem sogenannten klinischen Verfall meiner Netzhaut an den Tag. Von einer Sache einmal abgesehen. Schlau, wie ich war, funktionierte ich die Diagnose nicht ganz uneigennützig zum ärztlichen Rat um, dieses gottverlorene Nest zu verlassen. Die Platte, die ich vor meinen Eltern abspielte, hörte sich in etwa so an: «Ich kann nicht weiter zu Hause wohnen, Mama, ich muss hier raus, bevor ich – na ja, du weißt schon – blind bin.» Außerdem könnten meine Eltern das frei werdende Zimmer gut gebrauchen, dachte ich. Schließlich war unser Haus kein Palast, und das mit vier Kindern und mehreren Haustieren. Die Zeit war reif, um auf eigenen Füßen zu stehen. Auch wenn mir meine Nachtblindheit den Boden unter selbigen wegziehen konnte.

Meine Nachtblindheit veränderte nicht nur mich, sondern definierte auch meinen Platz in der Gesellschaft neu. Zum einen sollte die Krankheit meine Beziehung zu Vororten für immer konditionieren. Mit der Zeit empfand ich die sinnlosen, langen Gehwege in Vororten und ihre Nivellierung als unzumutbar und entwickelte sogar einen regelrechten Hass gegen sie. Ich konnte sie selbst am helllichten Tag nicht mehr vernünftig entlanggehen, von nachts ganz zu schweigen. Zweifellos eigneten sich die Straßen meiner Kindheit hervorragend für Feldhockey und BMX-Räder, dafür umso weniger für junge Männer, die sogar einen Bach übersehen. Die Städteplaner hatten so merkwürdige Zeitgenossen wie mich nicht auf der Rechnung. Busse gab es kaum in Langley, und wenn, dann fuhren sie unregelmäßig. Ich wusste schon, wo ich nicht erwünscht war. Ich verstand den Fingerzeig. Glücklicherweise.

Meine Eltern standen mir bedingungslos zur Seite, ich musste ihnen nicht erst einen Vorwand liefern, damit sie mich bei irgendwelchen Aktivitäten unterstützten, die ich für angebracht hielt. Ich hatte auf dem College genug Prüfungen bestanden, um meine Noten auf der Highschool – eine Chronik meiner Faulenzerei in jungen Jahren – vergessen zu machen. Ich war gerüstet, eine Universität in der näheren Umgebung zu besuchen. Vor Semesterbeginn zog ich aus mit einer LKW-Ladung Rattanmöbel, die ich geschenkt bekommen hatte, und einem Berg von betagten Haushaltsgeräten und Geschirr, den meine Leute bei Arbeitskollegen oder Freunden eingeheimst hatten. Mein Vater zurrte die Ladung auf der Pritsche eines Eintonners fest und bediente sich meiner Kissen, damit die Schnur nicht in die IKEA-Regale und den alten braunen Sessel meiner Mutter – mein Lieblingsteil, der mit dem Velour-Bezug – einschnitt. Schließlich war es so weit, wir fuhren rückwärts aus der Einfahrt, und ich war von zu Hause weg.

Jane, meine neue Mitbewohnerin, war taub und studierte ebenfalls an der Simon Fraser University. Ja, taub. Geradezu poetisch, wie wir in unseren Literatur-Vorlesungen lernen sollten. Sie war eine zierliche Erscheinung, sympathisch, lispelte etwas und trug ein Hörgerät, es sei denn, sie wollte nichts und niemanden hören, was bei ihr meist der Fall war. Am auffälligsten an Jane waren ihre Haare. Sie hatte die längste und dickste Lockenmähne, die ich je gesehen hatte; ihr Haar war so widerspenstig, dass sie es nur mit Unmengen von Haargel bändigen konnte. Wenn überhaupt.

Kurz gesagt, sie war total in Ordnung, auch wenn sie mir ständig falsch von den Lippen ablas. Außerdem stellte sich heraus, dass Jane die Tochter von guten Bekannten meiner Großeltern aus der Kirchengemeinde war. Sie war zur gleichen Zeit wie ich auf Zimmersuche. Wir hatten uns nie zuvor gesehen. Wir waren nicht befreundet – noch nicht –, hatten aber beide das Bedürfnis, uns von zu Hause abzunabeln und näher an der Uni zu wohnen. Es schien, als würden wir uns gegenseitig gut ergänzen. Fast perfekt.

Wir waren in der Tat ein seltsames Paar, und das war gut so. Mit einer Frau zusammenzuleben, die mein Schicksal teilte, war eine Art Lichtblick. Egal, ob wir wieder einmal ignorierten, dass wir mit dieser beschissenen Behinderung geschlagen waren, oder dagegen ankämpften – wir konnten uns immer am anderen aufrichten, und geteiltes Leid ist schließlich halbes Leid. Meist jedoch amüsierten uns die grotesken Blüten, die unsere Beziehung trieb.

«Hallo, dies ist der Anrufbeantworter von Ryan und Jane. Wahrscheinlich sind wir gerade zu Hause, aber Jane hat wieder einmal das Telefon nicht gehört, und ich kann es nicht finden. Nach dem Piepton könnt ihr eine Nachricht hinterlassen. Oder kommt einfach vorbei und helft suchen.»

Trotz alledem waren selbst wir im Vergleich zu unserer neuen Wohnung immer noch ganz gut anzusehen. Die hässliche Bude, für die Jane und ich uns entschieden hatten, passte sich nahtlos unserer Uni an. Vielleicht haben Sie ja schon von der Simon Fraser University gehört. Ich meine diesen tristen Betonklotz, der oft in Filmen und bei *Akte X* als Pentagon herhalten muss. Die Architektur erdrückt einen schier, und weil die Uni auf einem Berg liegt, eingehüllt in Vancouvers dunkle Regenwolken, wirkt sie noch trostloser. Und wir suchten eine Wohnung, die so nah wie möglich an dieser Uni lag.

Damals schien das vernünftig zu sein, vernünftig im praktischen Sinn des Wortes. Ziel war es, die Zahl der Busfahrten zu vorgerückter Stunde nach abendlichen Vorlesungen auf ein Minimum zu beschränken und mein Talent etwas einzubremsen, mich in den sträucherbepflanzten Außenanlagen schmuckloser Wohnblocks zu verlieren. Mit der Nähe zur Uni rechtfertigte ich meine Pläne, von zu Hause auszuziehen, obwohl ich eigentlich keinen Vorwand brauchte. Von meiner Begründung stimmte kein Wort. Wie jeder anständige 19-Jährige hatte ich einfach keine Lust mehr, nach der Pfeife meiner Eltern zu tanzen. Wo ich wohnte, juckte mich nicht im Geringsten, vorausgesetzt, ich war im Besitz der Schlüssel, die die Welt bedeuteten und den Partyrhythmus bestimmten. Allerdings hatte ich die Rechnung ohne den Wirt gemacht – nur mit der richtigen «Location» fand man Einlass in die heiligen Hallen der Partyszene.

Ohne übertreiben zu wollen, aber die Gegend und die Wohnung, für die wir uns entschieden hatten, waren echt ätzend, so ätzend, wie sie ätzender nicht hätten sein können. Mein Leben war wieder spießig wie eh und je, sterbenslangweilig und geprägt von langen Fernsehnächten mit Pizza-Service. In der neuen Wohnung wurde alles nur noch schlimmer, wie eine Neuauflage von Langley, zu der ich auf Lebenszeit verdammt schien. Mein Talent, in Sackgassen zu geraten, artete langsam in Sisyphosarbeit aus. Heute habe ich jene Zeit, als ich in der Nähe der Uni wohnte, als das Jahr der braunen Teppichböden und der nach Mensa-Essen riechenden Korridore in Erinnerung, als das Jahr, in dem wir unzählige Filme ausliehen und ich gegen meine Angst ankämpfte, bei Dunkelheit das Haus zu verlassen. Es fesselte mich zwar nichts an mein Secondhand-Sofa, aber ich hatte mich selbst einkaserniert, um nicht das Leben zu führen, das mir meine fortschreitende Blindheit gnadenlos aufgezeigt hätte. Solange ich zu Hause war, ging es mir gut, was so viel bedeutete, dass ich mir alte Folgen von *MASH* anschaute, die als Wiederholung liefen, und angeekelt von mir selbst war. Aber ich sah mich durchaus nicht als blinden Typen. Überhaupt nicht, vorerst jedenfalls.

Für mich war es schwer nachzuvollziehen oder gar zu verstehen, dass ich nachtblind war. Dummes Zeug, dachte ich, ich kann noch nicht nachtblind sein. Ich kann um Mitternacht immer noch auf unserer Dachterrasse stehen, Straßenlaternen zählen und die Glut an meiner Kippe erkennen. Ich sah sogar ein oder zwei Sterne, wenn ich mir die Mühe machte, meine ehrfürchtige Scheu vor dem Kosmos zu überwinden, und in den Nachthimmel schaute. Es war nicht einfach, meine Nachtblindheit ernst zu nehmen oder zu akzeptieren, weil ich Lichtquellen ja schließlich erkennen konnte, sei es eine Kerze, eine Taschenlampe oder – was kurz darauf meine Nummer eins werden sollte – die Lichtblitze eines Stroboskops. Ich konnte nur all das nicht erkennen, was in deren Lichtkegel lag, außer das Licht war sehr hell. Die Lavalampe in meinem Zimmer konnte ich sehen, allerdings schwebte sie wie die Sonne von allem losgelöst frei im Raum, wie ein kleiner Feuerball mit verwischten Konturen in einem großen luftleeren Raum. Sah das nicht jeder so? Haben wir nicht deshalb die Leuchtstoffröhre erfunden? Nachtblindheit kann in der Tat wie ein Nachthimmel sein. Hier und da vereinzelte Lichter, dazwischen eine Unmenge rätselhafter Ansammlungen nebulöser Materie. Über genau diese stolperte ich oft in meinem Zimmer, wenn ich nach dem Lichtschalter tastete oder zur Tür ging, um mich in die Glitzerwelt der großen Stadt zu stürzen, immer auf der Suche nach dem ultimativen Kick. Ich musste über den Tellerrand des Vorstadtlebens hinausschauen und einen angemessenen Platz für mich und meine Ansprüche finden. Und ich wurde fündig – und wie!

Es erforderte einiges an Mut und Willenskraft, abends die Straßen im Zentrum von Vancouver zu erkunden, aber schließlich fand ich die Kneipen und Clubs, auf die ich Bock hatte. Vier, manchmal sogar fünf Abende die Woche, so viel ich eben verkraften konnte, stürzte ich mich heldenhaft in das Epizentrum von Downtown. Dort hielt ich Ausschau nach der Szene, zu der ich immer gehören wollte, nach den Leuten, die mich nie zu Hause in Beaverbrook Crescent sahen, wenn Jane am Nähen war und ich mit leerem Blick aus dem Wohnzimmerfenster starrte.

Man könnte annehmen, dass nächtliche Kneipentouren nicht gerade das ideale Betätigungsfeld für jemanden sind, der nachtblind ist. Stimmt. Da hätte ich mich gleich einem Schützenverein anschließen können. Trotzdem bin ich dem Punkrock bis heute etwas schuldig. Seine Subkultur half mir, meine Blindheit zu akzeptieren.

Mein Einstieg in die Club-Szene war mit diversen Gefahren und Nachteilen verbunden, die allerdings in der Regel harmloser Natur waren. Anfangs fing ich Streit mit leeren Barhockern an, unterhielt mich mit Pfeilern, schickte Bedienungen auf die Bretter, schmiss Rausschmeißer raus, pinkelte zwischen die Pissoirs, trank die Biere anderer Leute und baggerte Schatten an. Aber selbst als ich regelmäßig Treppen hinunterfiel und von Bühnen herabdonnerte, dachte ich keine Sekunde daran, mir vielleicht einen weißen Blindenstock zuzulegen. Blödsinn, dachte ich. So nachtblind bin ich nun auch wieder nicht. Nur betrunken.

Wenn die Stroboskope und Strahler im Einsatz waren und rhythmische Farbblitze die Tanzfläche erhellten, war ich mehr oder weniger in der Lage, etwas zu sehen. Ging ich jedoch von der Tanzfläche in die schummrige Bar, hatte ich schon ein Problem. Wie bei langsamen Songs. Bei langsamen Songs wurde das Licht immer gedämpft, was mich geradezu paralysierte, egal, wo ich mich aufhielt. Jedenfalls im ersten Augenblick. Ich stolperte dann wie einer dieser durchgeknallten Sex Pistols von der Tanzfläche und stieß Leute um, anstatt ihnen zuvorkommend auszuweichen. Ich war wie ein großspuriger Idiot, zwar nicht von der allerschlimmsten Sorte, aber meine Blindheit verlieh meiner Rücksichtslosigkeit eine gewisse Authentizität. Ich ließ anderen gegenüber jeglichen Anstand vermissen.

Das war das Beste an der Punk-Szene. Ihre Subkultur

kaschierte meine Unfähigkeit, anderen auszuweichen. Es mag kurios klingen, aber mit fortschreitender Blindheit bewegte ich mich immer sicherer und glich eher den jüngeren Szenegängern um mich herum als meinen Altersgenossen an der Uni. Alkohol war da sehr hilfreich. Alle waren sternhagelvoll, hackedicht, voll wie eine Haubitze, total verstrahlt – eben sturzbetrunken.

Andere anzurempeln, war durchaus nicht ungewöhnlich, ja geradezu unausweichlich, und ich war versiert darin, in regelmäßigen Abständen in andere Leute zu krachen, sei es aus einer Sufflaune heraus, sei es, um sie zu provozieren. Außerdem herrschte in den Clubs immer ein heilloses Durcheinander, und der Alkohol tat sein Übriges. Aber vor allen Dingen mischte ich die Tanzfläche gehörig auf. Ich liebte Slamdancing, wo man andere absichtlich wegrempelt, über alles. Welchem Blinden gefiele das nicht?

Wenn die ersten Takte eines Metal-Songs aus den Boxen dröhnten, war ich ganz in meiner Welt. Hier konnte ich mein Blindsein bis in die letzte Faser meines Körpers ausleben und meine Grenzen austesten, zumindest eine Zeitlang. Meist landete dann irgendein Ellbogen in meinem Gesicht, und schon ging's zur Sache. Man fiel auf die Schnauze, rappelte sich wieder auf, stürzte sich wahllos ins Getümmel, wobei der Zweck die Mittel heiligte. Willkürlich hagelte es Faustschläge, Kopfstöße und Fußtritte, mit dem erklärten Ziel, andere zu treffen oder zumindest in die Enge zu treiben. Manchmal schlug man Luftlöcher und beförderte sich selbst auf die Bretter. Slamdancing eben – ein echtes Spektakel. Ein Spaß für die ganze Familie. Ich ging die ganze Sache unbekümmert und entspannt an und war bald ein Profi im Austeilen und Einstecken, während sich andere nie völlig gehenlassen konnten. Viele verkrampften bei dem Versuch, sich selbst im Zaum zu halten, und versuchten, nach einer Strategie vorzugehen. Als ob dies möglich wäre. Bekloppt. Das Wichtigste beim Slamdancing oder Moshen – oder wie man sonst noch dazu sagt – ist Unbekümmertheit, wenn man Spaß haben und mit einem blauen Auge davonkommen will. Man kann nicht vorhersagen, was kommt. Man kann sich auch nicht mit angezogener Handbremse ins Getümmel stürzen. Einfach Augen zu und durch. In meinem Fall konnte ich die Augen auflassen. Ich liebte Slamdancing. Hier kam meine Blindheit voll zum Tragen. Das ideale Gegengewicht zu meinem düsteren Leben in der bedrückenden Vorstadtsiedlung.

Schließlich verlor ich nach und nach außer dem Augenlicht noch andere Dinge. Alles begann bei einem Gig im Commodore Ballroom, einem der ältesten und angesagtesten Musik-Clubs in Vancouver. Der Unterbau der betagten Tanzfläche aus Holz bestand aus alten Autoreifen. Waren genügend Leute auf der Tanzfläche, konnte man leicht einen ordentlichen Trampolineffekt erzielen. Eines Abends trat mir jemand auf die Ferse, und mein Schuh ging flöten. Weg war er, weggekickt wie ein Fußball, und eierte über die Tanzfläche. Ich jagte ihm nach, kam aber nicht sehr weit. Ungläubig starrte ich nach unten auf meine Socke, die ich auch nicht recht erkennen konnte. Mein Freund Peter sichtete den Schuh schließlich. Er flog wie eine Flanke durch die Luft in Richtung Bühne. Das roch nach Ärger für die Bassistin. Laut Peter machte deren Kopf mit meinem Schuh Bekanntschaft. Ohne aus dem Takt zu kommen, schleuderte sie meinen Doc Martens hinter die Bühne. Ich musste warten, bis der Gig zu Ende war und der Club sich leerte, bevor ich einen der Roadies davon überzeugen konnte, backstage auf Schuhsuche zu gehen. Zwanzig Mäuse kostete mich der Spaß. Aber ich konnte einen gewissen Stolz nicht verbergen. Die Bassistin von Lush hatte meinen Schuh mit dem Gesicht berührt.

Das Ganze hätte ich als Zeichen interpretieren müssen,

dass Slamdancing in Musik-Clubs nicht unbedingt als Hobby zu empfehlen ist, aber meine Agenda war abends derart dicht gedrängt, dass ich keine Zeit hatte, mir darüber Gedanken zu machen. Kaum eine Woche später fanden Peter und ich uns in einem anderen Club wieder. Dieses Mal schlug mir jemand die Brille vom Gesicht. Sie fiel zu Boden, und die Verfolgungsjagd war ein weiteres Mal eröffnet. Peter beugte sich nach unten und wuselte auf der Suche nach meiner Brille wie jemand durch die Menge, der einem entlaufenen Haustier dicht auf den Fersen ist. Irgendwie konnte er meine Brille vor der trampelnden Meute retten, und wie durch ein Wunder war das Gestell unversehrt geblieben. Keinen Millimeter verbogen, und nicht der kleinste Kratzer. Ich setzte meine Brille wieder auf und – schwupps – sah genauso wenig wie vorher. Alles war in bester Ordnung. Die Götter des Slamdancing waren mir offenbar wohlgesinnt.

Scheinbar jedenfalls – bis ich meine Hose verlor.

Ich stand völlig auf diese Hose, sofern man ernsthaft auf Hosen stehen kann. Sie war aus Polyester, längsgestreift in Schwarz, Grün und Grau und hatte einen weiten Schlag. Mykol, einer meiner kleinen Brüder, der an jenem Abend mit mir unterwegs war, nannte sie meine Jack-Tripper-Hose. Er meinte, solche Klamotten seien derart vorsintflutlich, da könne ich ja gleich wie die Amish-People herumlaufen. Das einzige Problem war, dass meine Hose um die Hüfte etwas spannte. Mittels eines ausgeklügelten Reißverschluss-Systems im Hosenbund konnte man den Sitz der Hose regulieren, und obwohl ich die größte Weite eingestellt hatte, war sie enger geworden als damals, als ich sie kaufte. Der naheliegendste Grund dafür waren wohl die ganzen Biere und Burger, von denen ich mich inzwischen weitgehend ernährte, und die Tüten übriggebliebener Schoko-Muffins, die Jane nach ihrer Schicht im Muffin Inn mit nach Hause brachte. Wie meine Nachtblindheit ignorierte ich auch meinen wachsenden Bauchumfang und redete mir ein, alles sei halb so wild.

Eines Abends verpasste mir dann jemand während eines Ramones-Songs einen kernigen Schlag in den Bauch, und ich ging in die Knie. Der Druck sprengte das ominöse Reißverschluss-System regelrecht. Aus Bundgröße 33 wurde in null Komma nichts Größe 45 oder so. Als ich mich wieder aufrichtete, rutschte mir die Hose bis zu den Knöcheln herunter. Ich zog sie sofort wieder hoch und vergrub die Hände tief in den Taschen. In dieser Haltung verschwand ich aufs Klo, um zu sehen, was zum Teufel passiert war.

Es zählt nicht gerade zu den Glanzlichtern im Leben eines jungen Mannes, wenn er sich plötzlich in Unterwäsche und Kampfstiefeln auf der Toilette eines Musik-Clubs wiederfindet und seine Hose wie Urlaubs-Dias gegen das Licht hält. Nach einer kurzen Inspektion musste ich kapitulieren. Bei den bestehenden Lichtverhältnissen sah ich ohnehin nicht viel, und außerdem wusste ich definitiv mehr über die Lyrik des 19. Jahrhunderts als über die Funktionsweise und Instandsetzung irgendwelcher Reißverschluss-Systeme. Ich stieg zurück in meine Hose und steckte die Hände wieder in die Taschen. Ich verließ das Klo und begab mich auf die Suche nach meinem Bruder.

Ich drehte ein paar Aufklärungsrunden durch den Club, bis ich ihn schließlich fand. In dieser kurzen Zeit, als ich die Hände verkrampft in den Taschen hatte, wurde mir meine Nachtblindheit bewusster denn je. Ich musste ohne meine Hände auskommen, um Tischkanten zu ertasten oder Treppengeländer zu finden. Ich bewegte mich wie ein Blinder mit amputierten Armen, eine tiefe Dunkelheit machte sich in mir breit, und plötzlich spürte ich, wie sehr ich auf meine Hände angewiesen war und mich vor allem an diesen Zustand gewöhnt hatte. Meine Hände wurden von einem Phantomschmerz erfasst.

Dann entdeckte ich Mykol an der Bar. Sein weißes Baumwollhemd leuchtete hell in dem ultravioletten Licht. Vage konnte ich den Umriss der aufgestickten Cowboy-Flinten im Schulterbereich erkennen. Mykol sprengte in Sachen Mode sämtliche Grenzen. Zum Glück für mich, weil er dadurch leicht auszumachen war. Und wo würde sich ein Minderjähriger wohl aufhalten, wenn nicht an der Bar?

«Du musst mir kurz deine Augen leihen», sagte ich.

«Klar. Worum geht's?»

«Du musst mit zur Toilette kommen.»

«Nein, danke», meinte Mykol. «Da musst du schon allein klarkommen.»

«Nein, nein, es ist wegen meiner Hose», erklärte ich. «Meine Hose ist gerissen.»

Mykol schwieg und nippte an seinem Getränk. Ich konnte mich reden hören.

«Hose gerissen?», fragte er. «Dir ist die Hose gerissen? Wem passiert denn so was? Mit Nadel und Faden kann ich dir leider nicht dienen, wenn du das meinst.»

«Jetzt komm einfach mit, du wirst schon sehen», sagte ich. «Bitte! Jetzt gleich!»

Mykol war die Inständigkeit in meiner Stimme nicht verborgen geblieben. Er ließ es gut sein mit der Frotzelei und ging voraus in Richtung Toilette. Nach wenigen Schritten merkte er, dass ich Schwierigkeiten hatte, ihm zu folgen. Er blieb stehen und hielt mir den Ellbogen hin, um mich zu führen. Mykol konnte immer gut einschätzen, wann ich sehen konnte und wann nicht. Ich hätte sein Angebot ja gerne angenommen, hatte aber keine Hand frei.

«Ich kann nicht!», schrie ich gegen die Musik an. «Wenn ich die Hände aus der Tasche nehme, rutscht mir die Hose runter.»

Wortlos und ohne zu kichern stellte er sich hinter mich,

legte mir die Hand auf den Rücken und lenkte mich auf diese Art zur Toilette.

Als Kinder catchten Mykol und ich immer zum Spaß und scheuerten uns Ellbogen und Knie auf dem orangefarbenen Flauschteppich der Eltern wund. Weil ich der Ältere von uns beiden war, gewann meist ich, und weil ich der Ältere war, feierte ich meine Siege mit einer Gemeinheit, wie sie nur Brüder an den Tag legen können. Manchmal, wenn ich ihn fest im Griff und mit den Schultern am Boden hatte, beugte ich mich über sein Gesicht und drohte ihm, ich würde ihn vollsabbern. Und manchmal ließ ich dann ein bisschen Sabber aus dem Mundwinkel laufen. Rory, unser kleiner Bruder, schrie: «Mach es! Los, mach es! Sabber ihn voll! Verpass ihm eine fette Ladung!» Ich glaube, ich habe es kein einziges Mal wirklich gemacht, hundertprozentig sicher bin ich mir allerdings auch nicht. Als Mykol mich jetzt samt meiner Hose aufs Klo führte, fühlte ich mich mies für all das, was ich ihm in all den Jahren angetan hatte.

Außer uns war niemand auf der Toilette. Mykol fragte, was das Problem sei, und ich hielt demonstrativ den Hosenbund ein gutes Stück vom Bauch weg.

«Ja, und?», sagte er. «Sieht bequem aus.»

«Im Ernst, Mykol, dieses Reißverschluss-Teil da im Hosenbund ist kaputt, ich kann es nicht mehr so eng einstellen, dass die Hose hält. Kannst du dir das bitte mal anschauen?»

Ich setzte einen Unschuldsblick auf, als könnte ich kein Wässerchen trüben.

«Puuh, meine Fresse», seufzte er, als er sich vor mich hinkniete, meinen Hosenbund nach außen drehte und daran herumzuzerren begann.

«Ich weiß nicht, was an dem Ding kaputt ist», sagte ich.

Zwei Typen kamen herein, sahen uns in dieser Position, entschuldigten sich und verschwanden auf der Stelle wieder.

Mykol brauchte nicht lange, um meinen kaputten Reißverschluss in Ordnung zu bringen. Als wir die Toilette verließen, war mir klar, dass ich meine Sehschwäche nicht länger ignorieren durfte und in Zukunft vielleicht etwas vorsichtiger agieren sollte. Ich schämte mich, allerdings in einer ganz bestimmten Hinsicht: dass ich mir selbst die ganze Zeit etwas vorgemacht hatte. Ich kam mir vor wie ein Mann, den die Midlife-Crisis erfasst hatte, wie einer, der sich eingestehen musste, was für eine bescheuerte Idee sein neuer Ohrring war, und wie lächerlich es aussah, wenn er in den gleichen Klamotten wie sein Sohn herumlief. In jener Toilette endete im Grunde genommen so etwas wie meine Jugend, mit Sicherheit aber waren meine Tage in der Punkrock-Szene gezählt. Angst überkam mich in jenem Moment, plötzlich war ich besonnener und realistischer, als das in meinem Alter üblich war. Ich fühlte mich elend. Zum ersten Mal spürte ich am eigenen Leib, was es bedeutete, behindert zu sein. Ich fühlte mich uralt. Ich musste ab sofort mit meiner Blindheit leben, ob es mir nun passte oder nicht. Ich wusste das instinktiv.

Als Mykol und ich nach oben in den großen Hauptraum des Clubs gingen, kam uns ein Mann auf der Treppe entgegen. Aufgrund seiner Größe und seines forschen Schritts identifizierte ich ihn sofort als Türsteher. Und Mykol aufgrund des «Security»-Schriftzugs, der auf der Brust des Typen prangte.

Als er auf gleicher Höhe mit uns war, stellte er sich uns in den Weg und forderte uns auf, den Club zu verlassen. Mykol fragte, warum. Der Türsteher sagte etwas in der Art, dass wir verdammt gut wüssten, warum, schließlich wäre das hier kein Saunabetrieb, Mann. Ich hatte keine Lust, zu erklären, was passiert war. Was soll's, dachte ich. Der Laden macht sowieso gleich zu.

Mein Bruder war da anderer Meinung. Als uns der Türsteher nach draußen geleitete, fing Mykol mit ihm zu diskutieren an und meinte grinsend: «Mann, nur ein bisschen Bruderliebe! Was hast du gegen Bruderliebe?»

Als ich nach Hause kam, war es dunkel in der Wohnung. Ich machte mir erst gar nicht die Mühe, das Licht anzuknipsen. Ich tastete mich die Diele entlang und klopfte mit den Ballen meiner Handfläche an Janes Tür. Sie konnte nur tiefere Töne wahrnehmen. Ich hörte, wie sie aufwachte und sich im Bett umdrehte. Sie rief mich herein. In der Dunkelheit ihres Zimmers ging mir ein Licht auf. Ich stieg zu ihr ins Bett und fing an zu heulen. Ich erzählte Jane alles. Wie bedroht ich mich fühlte und wie mir das mit meinen Augen Angst machte. Meine Ängste vor der Zukunft und die Ungewissheit, was aus mir werden würde. Sie strich mir durchs Haar und sagte, alles würde gut werden und morgen sähe alles schon wieder ganz anders aus. Sie zog mir die Kleider aus und deckte uns zu. Da lagen wir, zwei verwirrte, verängstigte Kids, angeknockt und menschenscheu. Irgendwann kurz vor dem Morgengrauen fiel ich in einen tiefen Schlaf. Wir sollten drei Jahre lang zusammenbleiben.

Das klingt grau

Der Lougheed Highway ist hässlich und nicht weiter von Bedeutung. Außerdem holt man sich dort leicht einen unterkühlten und aufgescheuerten Hinterkopf.

Ich erinnere mich, wie ich aufwachte. Ich lag da wie ein Käfer auf dem Rücken und blickte auf eine Straßenlaterne. Es schien, als könnte ich mich bewegen, aber ich war nicht in der Lage, dem Herrn ins Antlitz zu blicken, wie man so schön sagt. Ich tastete meinen Kopf ab, um mich zu vergewissern, ob er den Sturz heil überstanden hatte. Ich war nicht lange weg vom Fenster, vielleicht ein paar Sekunden, Zeit genug allerdings, um Hose und Jacke auf dem nassen Asphalt zu versiffen. Auch meine Handflächen hatten etwas abbekommen. Als kleine Zugabe. Und wer den Schaden hat, braucht bekanntlich für den Spott nicht zu sorgen.

An jenem Abend waren Jane und ich mit dem Bus von der Uni nach Hause gefahren. Wir waren wie immer an unserer Haltestelle ausgestiegen. Wie immer regnete es in Vancouver, und wir nahmen die zwei Häuserblocks bis nach Hause zu Fuß in Angriff. Obwohl die örtlichen Gegebenheiten unseres Wohnviertels eigentlich meine Neigung auf ein Minimum reduzierten, mich bei Dunkelheit zu verlaufen, entpuppte sich unsere Bushaltestelle als echtes Ärgernis. Sie lag an einer stark befahrenen Schnellstraße, die wir überqueren mussten. Was nicht gerade eine meiner Stärken war.

Die Schnellstraße leistete außerdem meinem natürlichen Hang zur Faulheit Vorschub. Die Zebrastreifen zu beiden

Seiten waren viel zu weit entfernt, besonders nachts und bei Regen. Meine Augen erkannten so wenig bei Dunkelheit, dass es schon gefährlich war, sich per pedes fortzubewegen. Besser eine Abkürzung nehmen und eben über die Schnellstraße spurten, und nichts wie nach Hause. Eigentlich bist du ja noch ganz gut auf den Beinen, dachte ich nicht ohne Selbstironie, auch wenn mein Körper andere Signale aussandte.

Probieren Sie es ruhig einmal aus. Auf einem leeren Parkplatz oder einem freien Fußballfeld. Schließen Sie die Augen und legen Sie einen ordentlichen Sprint hin. Sie werden feststellen, wie sich schnell ein mulmiges Gefühl in Ihnen breitmacht. Selbst wenn Ihnen der Verstand sagt, dass nichts passieren kann, sträubt sich der Körper dagegen, als sei Skepsis angebracht. Dieser innere Konflikt verursacht einen merkwürdig ruckartigen, unkoordinierten Laufstil, und so schleppen Sie sich mehr schlecht als recht dahin. Glauben Sie mir, blind herumzurennen, ist alles andere als angenehm oder gar hip.

In diesem Fall allerdings war nicht mein Verstand der Auslöser meines Spurts. Sondern Jane. Wir stiegen aus dem Bus, sie wartete eine Lücke im Verkehr ab und rief: «Los, komm, schnell!» Sie rannte los, und ich in blindem Gottvertrauen hinterher. Die vier Spuren waren im Augenblick frei, aber Jane hatte im Eifer des Gefechts vergessen, den Mittelstreifen zu erwähnen, der etwas höher war als die Fahrbahn. Ich muss fairerweise sagen, dass man ihr keinen Vorwurf machen kann. Wir wussten beide nicht so recht, welches potenzielle Hindernis für mich nun erwähnungsbedürftig war und wann. Weil sich meine angehende Blindheit täglich verschlimmern konnte, schienen die unmittelbaren Folgen nie abzusehen und immer irgendwie Neuland zu sein.

Als ich über die Fahrbahn rannte, machte ich auf meine Weise Bekanntschaft mit dem Mittelstreifen aus Beton. Ich stolperte, stürzte mit den Händen voraus aufs Pflaster, drehte mich einmal um die eigene Achse und blieb auf dem Rücken mitten auf der Gegenfahrbahn liegen. Jane rannte zurück, um mir von der Straße herunterzuhelfen und die Autos zu stoppen, die im Anflug waren.

Als ich wieder zu mir kam, half sie mir auf, klopfte mir den Dreck aus den Klamotten und setzte mir meine Mütze wieder gerade auf, wie die Mutter eines kleinen Kindes nach dessen ersten Gehversuchen. Ich humpelte den restlichen Weg nach Hause und hielt mich zur Sicherheit an Janes Ellbogen fest. Das Pech klebte mir an den Füßen. Ich war gerade wieder einmal über eine meiner Unvereinbarkeiten mit den einfachen Dingen des Lebens gestolpert. Als sich noch auf dem Heimweg die sturzbedingten Schmerzen an Kopf und Händen ankündigten, fragte Jane vorsichtig und etwas weitschweifig, ob ich nicht unter Umständen – möglicherweise vielleicht – einen Gedanken daran verschwenden sollte, mir in absehbarer Zeit einen weißen Blindenstock zuzulegen. Zwei Jahre lang hatte ich diesen Gedanken verdrängt, obwohl ich in diesen 24 Monaten ständig irgendwo anstieß und mir blaue Flecken holte. Auch wenn ich schon schlimmere Stürze fabriziert hatte, führte mir dieser besonders deutlich vor Augen, welche Gefahr ich lief. Langsam gingen mir die Argumente aus, die ich gegen das Unvermeidliche ins Feld führen konnte. Stolz allein war kein ausreichender Grund, sich gegen die Anschaffung eines Blindenstocks zu sträuben. Auch nicht die feste Absicht, in Zukunft langsam zu gehen oder gleich ganz zu Hause zu bleiben. Nicht mehr. Ich hatte meine albernen Rechtfertigungen überstrapaziert. Obwohl ich nur ein paar Sekunden außer Gefecht war, genügte dies, um mir die Augen zu öffnen. Eine neue Weltordnung kann unbemerkt und verdammt schnell entstehen.

Sich einen weißen Blindenstock zulegen zu müssen, ist vielleicht die ernüchterndste Erfahrung, die ein Mensch machen kann, der erblindet ist. Die Inanspruchnahme dieses Hilfsmittels ist nichts anderes als das Eingeständnis der eigenen Niederlage. Die zahlreichen ausgeschlagenen Lackstellen lassen keine Zweifel mehr über unsere wahre Identität aufkommen. Ein Blindenstock ist ein dauerhaftes Bekenntnis zum Blindsein. Sogar endgültiger als eine Diagnose. In meinem Fall war es so, dass ich mich dazu bekannte, weil ich, als ich auf dem Lougheed Highway kurz weggetreten war, auf einer molekular-rationalen Ebene realisierte, dass ich mich dem Druck einer Welt beugen musste, die ich nicht sehen konnte. Würde ich das nicht tun, könnten die Folgen so unabsehbar wie fatal sein. Solange ich in der Lage war, mich den Gegebenheiten anzupassen, konnte ich auch überleben. Ein weißer Blindenstock tritt an die Stelle des schleichenden Verfalls. Auch wenn ein Stock nur ein einfaches und dürftiges Hilfsmittel ist, entledigt er uns dennoch eines gefährlichen Paradoxons: Blinde sind am schutzlosesten, wenn sie nicht gesehen werden. Vor gar nicht allzu langer Zeit musste das die gesamte Menschheit am eigenen Leib erfahren.

Vor ungefähr 543 Millionen Jahren entstanden bei unseren aus klebriger Zellmasse bestehenden Urahnen die Vorläufer der ersten komplexen Augen. Wurde ja auch irgendwann mal Zeit. Es dauerte vermutlich weniger als 500 000 Jahre, bis sich das erste komplexe Auge auf unserem Planeten entwickelt hatte. Entwicklungsgeschichtlich gesehen ein verschwindend geringer Zeitraum. Derart einschneidende Veränderungen passieren schon mal in der Eile, vor allem, wenn man auf dem Lougheed Highway den Asphalt küsst. In null Komma nichts kann selbst ein weißer Stock zum ständigen Begleiter werden.

Das Sehvermögen hat – um die Sache auf den Punkt zu bringen – die Welt verändert. Zunächst einmal mussten sich nach Entstehung der ersten sogenannten «Augen» ganze Populationen von Protein- und Zellhaufen und dergleichen den neuen Gegebenheiten anpassen, wenn sie überleben wollten. Zum ersten Mal in der Geschichte waren sie in den Blick geraten. Sie konnten gesehen werden, waren aber nicht unbedingt in der Lage, selbst zu sehen. Meist waren es Raubtiere, die neuerdings mit der Fähigkeit ausgestattet waren, zu sehen, was ihnen unter darwinistischen Gesichtspunkten einen riesigen Vorteil verschaffte. Die potenziellen Beutetiere mussten nun nachziehen und ihrerseits schleunigst die eigene Entwicklung forcieren. Dies geschah zunächst dadurch, dass die Evolution sinnvolle Körperformen und -farben hervorbrachte, die Schutz vor Feinden boten. Mit anderen Worten: Als die Welt sehen lernte, gewann auch das optische Erscheinungsbild von Lebewesen eine ganz neue Bedeutung. So entwickelten Beutetiere in relativ kurzer Zeit etwa spitze Skelette, sodass ihren natürlichen Feinden von vornherein der Appetit verging, oder auch leuchtende Farben als Ausdruck ihrer Giftigkeit. Um gesehen zu werden, mussten sich die Lebewesen evolutionär anpassen, die selbst keine Augen entwickelten. Niemand konnte sich dem entziehen, egal, ob mit oder ohne Augen. Die Artenvielfalt, die der evolutionäre Wandel in jenem Zeitalter hervorbrachte, und die Geschwindigkeit, mit der er vor sich ging, sind bis heute beispiellos.

Manchmal denke ich, dass es bei mir gewisse Parallelen gab. Auf dem Lougheed Highway begann meine ganz persönliche Entwicklungsära. Ich musste mich weiterentwickeln, um den Anforderungen dieser Welt der Sehenden gerecht zu werden, und mit einem Blindenstock ließ sich immer noch am besten nachbessern. Genau genommen handelt es sich dabei nicht um eine Evolution als solche, aber ein simpler Stock ist nach wie vor die technologische Errungenschaft, die dem Anforderungsprofil in Fällen wie meinem am nächsten kommt. Wie vor 543 Millionen Jahren, als die Welt sehen lernte, ging es auch bei mir in erster Linie darum, den Schalter umzulegen, um gesehen zu werden, und nicht etwa darum, meine Blindheit zu kompensieren. Wenn andere Menschen mich schon nicht sehen konnten, wie ich sie nicht sehen konnte, musste mir die Spitzentechnologie wenigstens ein probates Mittel zur Hand geben. Im Volksmund wird mein Blindenstock, diese bahnbrechende Innovation, oft lapidar als Stecken bezeichnet. Wir fliegen zum Mars, haben das menschliche Erbgut entschlüsselt und sind in der Lage, Methan in einen festen Aggregatzustand zu versetzen. Und ich hantiere mit einem Stecken herum.

Binnen einer Woche setzte ich mich mit dem Canadian National Institute for the Blind (CNIB) in Verbindung, erläuterte mein Problem und vereinbarte einen Termin mit einem Mobilitätstrainer. Dieser würde mir einen weißen Blindenstock in die Hand drücken und mich in dessen Handhabung unterweisen. Hört sich lächerlich an, dass man eine Unterweisung braucht, um mit einem Stock herumzufuchteln, ist aber so. Denn es ist in der Tat eine Kunst für sich. Niemand würde behaupten, dass es sich um eine besonders kreative oder universelle Art von Kunst handelt, aber ein Minimum an Technik ist unerlässlich. Wie viel konnte ich damals nicht sagen.

Seitdem ich das Licht der Welt erblickte, hatte ich nie eine Geschäftsstelle des CNIB betreten. Ganz im Gegenteil, ich machte gewöhnlich einen großen Bogen um den Laden mitsamt seinen Hilfsprogrammen. Jetzt stand ich bei ihnen auf der Matte und war wirklich auf Hilfe angewiesen. Damals fand das Mobilitätstraining im Keller eines großen braunen Gebäudes statt, das eher einer Kaserne glich als einer gemeinnützigen Einrichtung, in der Leute mit Silberblick Zuflucht finden. Irgendwie bestärkte mich aber der kasernenhafte Eindruck des Gebäudes in meinem Entschluss und ließ mich zu der Überzeugung kommen, dass dieser Schritt so unumgänglich wie mutig war. Ich focht meinen ganz persönlichen Kampf aus, und dies war der Bunker meiner Truppe. In einer Welt der Sehenden überleben nur die Besten, und ich musste mir verdammt nochmal das entsprechende Rüstzeug zulegen, bevor mich die natürliche Auslese vollends zum Deppen werden ließ.

Ich betrat den Bunker und wartete in der Lobby auf meinen Trainer. Da es sich um meine erste Unterweisung handelte, hatte er für heute Einzelunterricht angesetzt.

Ich hatte gehört und gelesen, wie intensiv Leute mit Blindenhund unterwiesen werden. Für mich kam ein Hund nicht in Frage. Sich einem Stock anzuvertrauen, ist eine Sache, sich an einen muffelnden Kumpel namens Wally zu klammern eine andere. Ein Blindenhund schränkt einen sogar erheblich in seiner Freiheit ein. Man kann seine Blindheit bis zu einem gewissen Grad kaschieren, indem man seinen weißen Stock je nach Bedarf zückt oder verschwinden lässt, was mit einem Golden Retriever schlichtweg unmöglich ist. Außerdem musste ich zugeben, dass ich noch zu egoistisch und unreif war, um für ein anderes Lebewesen Verantwortung zu übernehmen. Meine Schuldgefühle würden keine Wirkung zeigen. Sicher, es würde mir leidtun, stundenlang ununterbrochen am Schreibtisch zu sitzen und zu lesen oder schreiben, während mir mein Blindenhund gelangweilt Gesellschaft leistete und mich, meine Studiererei und meine Vorliebe für Fernsehkomödien insgeheim hasste. Hinzu kam mein dezidiertes Desinteresse an Frisbeespielen. Ein Hund war wirklich kein Thema.

Ich hoffte nur, dass sich mein Training mit einem Blindenstock von dem mit einem Blindenhund gehörig unterschied. Was ich gehört oder gelesen hatte, lief darauf hinaus, dass Mobilitätstrainer Blinde mit ihrem neuen Blindenhund bestimmten Gefahrensituationen aussetzen, sie an einem Seeufer oder stark befahrenen Straßen entlangspazieren lassen und sogar durch Minenfelder schicken und dergleichen. Darauf war ich nun wirklich nicht scharf. Würde man mich, sagen wir, nachts in einer unbekannten Gegend aussetzen mit der Vorgabe, mit einem Stock aus weißem Fiberglas mit Golfschlägergriff als einzigem Hilfsmittel nach Hause zu finden, wenn mein Training so aussähe, würde ich wohl besser für den Rest meines Lebens zu Hause bleiben. Vielleicht würde ein leichtes Training, das kleine Einmaleins sozusagen, ja genügen.

Ich stand in der Lobby und wartete ein paar Minuten. Plötzlich ging eine Tür auf, und ein drahtiger Mann mit dicker Brille stürmte herein. Er kam mir mit ausgestreckter Hand entgegen, in der Art eines Straßenräubers mit vorgehaltenem Fischmesser. Dieser Mann war ein klassischer Händeschüttler, und was für einer. Noch bevor ich ihm meine Hand entgegenstrecken konnte, hatte er sie sich schon geschnappt. Erst später fiel mir ein, dass er tatsächlich nicht sicher sein konnte, ob ich seine ausgestreckte Hand sah, und vielleicht deshalb die Initiative beim Begrüßungsritual übernahm. Diese Szene ist das Einzige, woran ich mich noch gut erinnere. Möglicherweise ging an jenem Tag zum ersten Mal überhaupt jemand auf mich zu, als sei ich blind.

«Hallo», sagte er. «Ryan, richtig? Ich bin Jimmy. Ich werde für heute dein M-M-Mobilitätstrainer sein.»

Wir hatten am Telefon kurz miteinander gesprochen, und ich erkannte seine Stimme wieder. Auch sein Stottern.

«Für heute?», fragte ich. «Geht das denn länger als heute?»

«Nur ein paar –, ein paar –» Sein Stottern vereitelte das nächste Wort, weshalb er es andersherum versuchte. «Es wird nicht lange gehen», sagte er.

Er legte meine Hand an seinen Ellbogen, um mich zu führen. Zusammen gingen wir mehrere Korridore entlang. Der Laden schien aus allen Nähten zu platzen. Kisten, kaputte Stühle und dieser merkwürdige Tisch standen auf dem Gang herum, der gesäumt war von irgendwelchem aufgestapelten

Gerümpel. Vielleicht gehören diese Hindernisse ja zu meinem Training, dachte ich und versuchte, mir alles so gut wie möglich einzuprägen. Wenn das Training ohnehin nicht lange ginge, würde ich dafür sorgen, dass es noch kürzer ausfiele.

Schließlich bogen wir ab in ein Treppenhaus, wo wir eine Treppe hinuntergingen, bis wir im Bauch des Bunkers angelangt waren. Ein weiträumiges, muffiges Souterrain mit Betonwänden. Ein paar orangefarbene Pylonen standen auf dem Boden herum, und ein paar dicke Stützbalken trugen den offenen Trainingsraum. Ansonsten befanden sich in einer Ecke des Raumes zwei Männer, von denen sich der eine mit einem Blindenstock rhythmisch vorantippte und der andere nicht mit Lob geizte. Im Raum war es düster. Ich konnte kaum etwas erkennen. Ich hörte nur die beiden Männer, und von den Stützbalken und Pylonen wusste ich auch nur, weil Jimmy mich darauf aufmerksam machte, als er mich um sie herumbugsierte. Er sagte dann «Pass auf den Pylon links auf» oder «Achtung, rechts ein Stützpfeiler». Charakteristisch für seine Anleitungen war sein Stottern. Nicht dass ich mich darüber lustig machen wollte. Ganz im Gegenteil, das Stottern blieb mir in guter Erinnerung. Es nahm mir meine Nervosität. Wir waren beide irgendwie verwundbar und, jeder auf seine Weise, verlegen.

Jimmy nahm ein paar Blindenstöcke aus einem Wandregal, begutachtete jeden einzelnen und suchte einen aus, der Brusthöhe hatte. Er zeigte mir, wie man den Stock in seine vier Teilstücke zusammenklappen und ihn mit einem Schnipser am Griff per Gummizug schnell wieder in den Originalzustand versetzen konnte.

«Schnell verstaut und schnell wieder zur Hand», merkte er an. Turbo-Tarnung, dachte ich.

Als Nächstes übten wir an einem der Stützbalken. In meiner ersten Stunde ging es darum, wie der Blindenstock zu bewegen war, um ein größtmögliches Maß an Sicherheit zu gewährleisten. Der Stock wird in einem 45-Grad-Winkel zum Boden gehalten, erklärte mir Jimmy. Man hebt ihn an und tippt nach rechts und links, wobei das eigentliche Tippen mit der Außenseite des Stocks erfolgt. Also nicht ziehen oder schleifen. Anheben und schwingen.

«Wenn ich mit dem linken Fuß einen Schritt nach vorne mache», sagte er, «muss ich mit dem Stock rechts t-tippen. So weiß ich, dass mein rechter Fuß freie B-Bahn hat.»

Klang plausibel. Ich probierte die Technik aus und kam mir vor wie ein wandelndes Metronom. Beim Benutzen eines Blindenstocks kommt es auf den gleichmäßigen Rhythmus an. Man geht im wahrsten Sinne des Wortes im Takt des eigenen Drumsticks. Fehlt die Trommel. Das war unsere nächste Lektion. Jimmy postierte mich ein ordentliches Stück von einem der Stützpfeiler entfernt mit der Aufgabenstellung, mich vorsichtig mit meinem Stock voranzutasten.

«Ich will, dass du jetzt die Augen sch-sch-schließt und ohne zu schummeln auf den Pfeiler zugehst. Mit Stockeinsatz. Und wenn du gegen das Hindernis vor dir tippst, hä-hä-hältst du an.»

Ich befolgte Jimmys Anweisungen, schloss also die Augen – viel konnte ich ohnehin nicht sehen – und ging direkt auf den Pfeiler zu. Nach den ersten paar Schritten stellte sich ein natürlicheres Gefühl für den Stock und den Takt ein, ich aber wurde langsamer. Ich wusste, dass ein Hindernis auf mich zukam. Ich spürte es, allerdings nicht mit dem Stock – noch nicht. Ich konnte es antizipieren. Ich wusste, es war unvermeidlich, und tastete danach. Wieder ein paar Meter weiter war ich immer noch nicht auf das Hindernis gestoßen, was mich noch langsamer werden und in einen ausgesprochenen Tippelschritt verfallen ließ. Ich befürchtete, mein Stock würde den Pfeiler verfehlen, und diese Befürchtung weckte in mir ein vertrautes, aber mulmiges Gefühl. Höhenangst. Bei Dunkelheit unterwegs zu sein, mit der Ungewissheit, was einen als Nächstes erwartet, kommt dem Gefühl am nächsten, auf dem Grat einer Felsklippe entlangzugehen. Jeder Schritt ging ins Nichts, bis ich wieder festen Boden unter meinen Füßen spürte. Für einen Blinden ist der nächste Schritt immer einer ins Ungewisse.

Jimmys Ton wurde aufgeregter, Eile schien geboten. «S-s-s...», legte er los, und ich hielt an. Vielleicht würde ich gleich in den Pfeiler laufen oder über einen der Pylonen stolpern. «S-super! Weiter so», sagte er, «das machst du wirklich toll! Fehlt vielleicht ein bisschen der Speed. Aber du wirst schon noch lernen, deinem Stock zu v-vertrauen.»

Ich schlurfte also weiter. Kurz darauf schlug ich mit meinem Stock dann gegen den Pfeiler. Von nun an sollte dies die Art und Weise sein, wie ich sehen würde. Kein subtiles Erkennen einzelner Lichtnuancen, sondern grobmotorische Muskelbewegungen ließen in meinem Kopf ein imaginäres Bild entstehen. Unbeholfen tappte ich auf dieser Welt umher wie einst meine Urahnen, ich kam mir vor wie ein Primat.

«Gut», sagte Jimmy, «und jetzt orientierst du dich an meiner Stimme, und wir nehmen die Treppe mal in Angriff.»

Am Fuß der Treppe nahm er meinen Stock und zeigte mir, wie man im Hinaufgehen den Rand der einzelnen Stufen abklopft. Das dabei entstehende Geräusch weckte Erinnerungen in mir. Wie ich damals als Kind einen Stock am Nachbarszaun entlangrattern ließ. Vielleicht war es auch eine Szene aus einem Film. Jedenfalls wurde aus der Gaudi eines kleinen Jungen mit etwas Technik eine ganz brauchbare Sehhilfe. Wenn das Geräusch ausbliebe, erklärte Jimmy, bedeutete dies, dass keine weiteren Stufen mehr folgten und die nächste Stufe die letzte sei. Dann zeigte er mir, wie man eine Treppe hinunterging. Halte den Stock parallel zum Neigungswinkel der Treppe, meinte er, mit der ausgefahrenen Spitze nach unten.

Sobald der Stock Bodenkontakt hat, heißt das, die Treppe ist zu Ende. Auch dies klang durchaus plausibel. Was für eine einfache und dennoch elegante Lösung, um ein hochentwickeltes Sinnesorgan wie das Auge zu ersetzen. Ich probierte es aus, und es funktionierte. Treppen und Hindernisse aller Art waren somit erledigt, jetzt war es Zeit für die Tücken des Gebäudes und offene Kanaldeckel.

«S-s-super», sagte Jimmy. «Noch Fragen?»

«Nö. So weit alles klar. Was machen wir als Nächstes?»

«Das war's schon. Du bist f-fertig. Ruf mich an, wenn du noch Fragen hast.»

«Das war's schon?» Ich konnte mir beim besten Willen nicht vorstellen, dass diese beiden simplen Techniken ausreichten, um in jeder Situation bestehen zu können. «Wie sieht das aus, ich weiß nicht, mit dem Straßenverkehr?»

Jimmy lachte. «Wenn du mit dem Stock die Autos berühren kannst, bist du zu n-nah dran.»

Mein Mobilitätstraining nahm letztlich in etwa so viel Zeit in Anspruch wie die Zubereitung eines Frühstückstoasts. Allerdings stellte sich mein neues High-Tech-«Auge» als bei weitem nicht so hoch entwickelt heraus. Zurück auf der Straße probierte ich meine Blindenstocktechnik auf dem Gehweg gleich aus. Da ich wusste, dass dieser Gehweg frei und übersichtlich war, kam ich mir aber bald lächerlich vor, mich mit meinem Stock voranzutasten, verstaute ihn in meinem Rucksack und nahm einen Bus nach Hause. Mein Stock blieb für die nächsten Wochen im Rucksack. Ich hatte ein Hilfsmittel, aber trotz seiner Handlichkeit musste ich es erst wirklich akzeptieren. Wenn mir das gelänge, wäre dies die nächste Entwicklungsstufe.

Das Problem war folgendes. Ich dachte immer nur nach Unfällen oder Beinahe-Unfällen, Mist, ich sollte das Teil echt mal aus dem Drecks-Rucksack nehmen. Wenn ich etwa mit der

Nase gegen einen Getränkeautomaten geknallt war oder auf dem Schoß von jemandem saß, den ich für einen leeren Stuhl gehalten hatte. In Augenblicken wie diesen konnte ich mich schon eher mit dem Gedanken anfreunden, endlich einen Blindenstock zu benutzen, und machte dies auch zeitweise. Aber sobald ich Sicherheit und Selbstvertrauen zurückgewonnen hatte, verschwand der Stock wieder in meinem Rucksack. Ich ging mit meinem Blindenstock um wie mit meiner Blindheit: Beide Dinge waren für mich nur gelegentlich ein Thema. Sie elegant unter den Teppich zu kehren, war eine Versuchung, der ich nicht widerstehen konnte, es sei denn, ein Unfall ließ mir keine andere Wahl, als mich zu outen. Um wirklich zu meinem Blindenstock zu stehen, bedurfte es schon etwas mehr. Da ich ihn nicht immer brauchte, musste ich einen Schritt weitergehen. Ich musste es wollen.

Sich bewusst für einen Blindenstock zu entscheiden, ist eine echte Herausforderung und hört sich an wie eine Maßnahme gegen die eigene Intuition. Mag sein, dass ich nicht in jedem lichten Augenblick auf einen Stock angewiesen bin, das heißt aber nicht, dass ich ihn beiseitelegen kann, bis ich mir sage, ach, da vorne kommt ja wieder so eine nervige Telefonzelle, ich hole wohl besser den guten alten Stock raus. Obwohl wir blind sind, heißt das noch lange nicht, dass wir nie wüssten, was um uns herum ist. Um meinen Stock nicht mehr aus der Hand zu legen, musste ich seine Verlässlichkeit und seine Vielseitigkeit schätzen lernen, auch wenn gerade keine dieser beiden Eigenschaften gefragt war. Eine schwierige Lektion.

Sagen wir mal so: Wenn weit und breit niemand in Sicht ist und auch sonst keine Gefahren lauern, wie soll man da einen Blindenstock zu schätzen wissen? Oder noch besser, wie soll man einen Blindenstock zu schätzen wissen, wenn alle zuschauen? Ich muss immer an dieses arme Star-Wars-Kid im Internet denken. Eines Tages filmte es sich selbst an der Highschool als Jedi-Ritter. Keine besonders gute Idee. Es tanzte und kämpfte in Jedi-Manier, wobei ihm ein Besenstiel als Lichtschwert diente und es mit den Lippen für die Geräuscheffekte sorgte. Die Aufnahmen sollten nicht lange unentdeckt bleiben. Das Band fiel irgendeinem Idioten aus seiner Klasse zufällig in die Hände, und da dieser in der Grundschule etwas zu viel Klebstoff geschnüffelt hatte, beschloss er kurzerhand, das Video ins Netz zu stellen. Das Video wurde Kult und fand weltweit Nachahmer, die das Star-Wars-Kid parodierten.

Hier konnte ich mich durchaus wiedererkennen, wenn auch in einer ganz anderen Größenordnung. Ich meine, wenn dieses arme Kid der Inbegriff der Peinlichkeit schlechthin war, dann war ich im Verhältnis dazu ein kleiner Fisch. Aber auch mir kam es wochenlang so vor, als seien die Augen der Welt jedes Mal auf mich gerichtet, wenn ich meinen Stock zückte. Ich spielte den blinden Mann für die Massen. Hey, schaut mich an! Ich komme daher wie einer, der einen Blindenstock braucht. Selbst wenn ich glaube, dass er im Moment nicht vonnöten ist, schwinge ich ihn lässig hin und her, bis er wieder Sinn macht. Ich hatte mich in der Tat derart an die Intimität und Privatsphäre meiner Situation gewöhnt, dass ich noch nicht so weit war, Zuschauer ertragen zu können.

Auch war das Leugnen meiner Blindheit nicht mehr ausschließlich meine Domäne. Wie gesagt, nicht mehr. Andere schlugen in die gleiche Kerbe. Trotz meines dahinschwindenden Tunnelblicks blieben mir die Verwirrung, der Spott, der Argwohn und die Überraschung in den Gesichtern der Leute nicht verborgen, wenn ich mit meinem Blindenstock vorbeikam. Ihre Blicke waren für meine Begriffe eine Spur zu vorwurfsvoll. Ich sah für sie nicht blind aus, jedenfalls nicht blind genug und nicht permanent, was bis heute gelegentlich der Fall ist. Was konnte ich also tun? Stehen bleiben und meine Krankheitsgeschichte herunterbeten nach jedem Seitenblick? In den ersten Wochen war ich so gehemmt vor Scham, dass ich den Stock im Rucksack ließ.

Schließlich tat sich für mich eine ganz neue Perspektive auf. Irgendwie löste ich mich davon, immer nur auf mich fokussiert zu sein, und entdeckte dabei, welch gigantische, unerklärliche Macht ich über andere besaß. Mit einem Blindenstock war ich in der Lage, eine Dynamik in Gang zu setzen, die so krass war, dass es geradezu fahrlässig gewesen wäre, diese Karte nicht zu spielen. Die Verlegenheit, die ich bei manchen Leuten auslöste, erleichterte es mir, zu meinem Stock zu stehen, während ich mich langsam an seinen Gebrauch gewöhnte. Ich verursachte Chaos. Das war mein Methadon, mein Nicorette-Kaugummi, meine Krücke. Der Blindenstock für meinen Blindenstock, wenn man so will. Hierzu ein Beispiel.

Man kann die Leute mit ihren typischen Reaktionen auf einen weißen Blindenstock in verschiedene Gruppen einteilen. Das allgemein am weitesten verbreitete Verhalten legt eine Personengruppe an den Tag, die ich als Phlegmatiker bezeichnen würde. Dabei handelt es sich um Leute, die sehen, wie sich ein Blinder in 50 oder 100 Metern Entfernung nähert. Und obwohl die Örtlichkeit mehr als genügend Ausweichmöglichkeiten bietet – sei es ein Parkplatz, eine Einkaufsmall oder sogar die kanadische Prärie –, bleiben sie seelenruhig stehen. Anstatt ein Stück zur Seite zu gehen oder akustisch in irgendeiner Form auf sich aufmerksam zu machen, durch ein Räuspern, einen Angstschrei oder ein simples «Achtung!», rühren sich diese Leute nicht vom Fleck. Sie sind überfordert. Sie hoffen, dass der Blinde, der auf sie zukommt, irgendwie auf wundersame Weise seinen Kurs ändert. Diese Spezies stirbt nur deshalb nicht aus und kann weiterhin sinnlos im Weg herumstehen, weil wir Blinden noch nicht diese Bulldozer-Mentalität entwickelt haben und mit derartiger Wucht und Geschwindigkeit heranrollen, dass ein Aufprall genügen würde, um die Spezies der Phlegmatiker auf einen Schlag auszuradieren. Natürlich tut es manch einem von ihnen leid. Manche entschuldigen sich auch und bedauern aufrichtig, dass sie sich nicht vom Fleck bewegt haben. Die Apologeten sind Phlegmatiker, die ihr Phlegma um eine moralische Dimension erweitert haben. Sie sind höflich, aber anstrengend. Jeder fühlt sich mies wegen jemandem anderen.

Am allerliebsten mag ich die Boogie-Tänzer. Selbst wenn sie allen Platz der Welt zur Verfügung haben und freie Sicht auf den Blinden, der sich mit seinem weißen Stock nähert, erstarren sie zur Salzsäule, um dann in letzter Sekunde einen Boogie aufs Parkett zu legen. Zuerst einen Ausreißer nach links, dann einen nach rechts, dann wieder einen nach links, kopflos und von Panik erfasst, bis sie sich entweder für eine Seite entschieden haben oder, was meistens der Fall ist, so lange auf der Stelle tänzeln, bis der Zusammenstoß unvermeidlich ist. Ihre tänzerischen Darbietungen gleichen in etwa denen eines Achtklässlers, der nicht tanzen kann. Man kennt das ja. Die Arme rudern im Winkel von neunzig Grad, die Fäuste schnellen auf und ab, das Ganze im Rhythmus ihrer merkwürdigen Hottentotten-Choreographie, aber mit selbstbewusstem Hüftschwung. Echt klasse. Leider gibt es immer weniger von diesen Zeitgenossen, weil sie immer häufiger als Kühlerfiguren enden.

Alle anderen Leute sind großartig. Sie hören und sehen dich kommen und umschiffen dich elegant. Allerdings waren die obengenannten Gruppen durchaus hilfreich. Sie sind ein gutes Beispiel für die sonderbare Wirkung, die ein weißer Blindenstock auf Menschen hat. Und gerade deshalb sollte man nicht auf ihn verzichten. Es ist einfach zu köstlich, ein derartiges Chaos auszulösen, und zu verführerisch, die Normen des Alltags ordentlich durcheinanderzuwirbeln. Ein weißer Stock verursacht mindestens genauso viel Situationskomik, wie er verhindert. Immer wenn ich in der Öffentlichkeit in eine peinliche Situation geraten war, sah ich, dass ich mich in bester Gesellschaft befand. Ich war nicht der Einzige, dem die Geländegängigkeit ein Schnippchen schlug.

Mein Blickwinkel veränderte sich grundlegend. Zum einen wurde die Welt kleiner. Wenn ich eine Straße entlanggehe, bin ich in meiner Welt der Dunkelheit ausschließlich auf das Hier und Jetzt fixiert, auf das Stückchen Boden, das mein Stock erreicht. Mein Stock ist wie ein Auge und jeder Stockschlag wie ein kurzer Blick. Mein Sehsinn bedeutet eintöniges Stockschwingen statt farbenfroher Eindrücke. Unmittelbarkeit statt Perspektive. Etwas innerhalb meiner Reichweite.

Der Stock hatte auch Auswirkungen auf mein Temperament. Da er mich auf das Hier und Jetzt einengt, werde ich wohl nicht an Bluthochdruck sterben. Ich bewege mich ohne Hektik durch diese Welt. Ein Stock sorgt dafür, dass alles unter Kontrolle ist. Ich bin nie in Eile, weil ich nur bis zum Stockende denke und nicht darüber hinaus. Was mich interessiert, ist der nächste Schritt, und den nehme ich vorsichtig in Angriff. Ich bin langsam, dennoch bringt es mich nicht aus der Fassung, wenn ich einen weiten Weg vor mir habe. Es ist auch nicht so, dass ich es nicht erwarten könnte, einen Zebrastreifen zu überqueren. Ich bin einfach da, wo mein Stock dagegenschlägt. Hier spielt sich mein Leben ab. Es ist schön, im Hier und Jetzt zu leben. Dieses Leben habe ich meinem Stock zu verdanken, und ich würde meine Hand nicht dafür ins Feuer legen, dass ich ohne ihn die gleiche Bierruhe hätte.

Die Kehrseite des Blindenstocks ist, dass er mich ausgrenzt und ich wie die Beutetiere vor Millionen von Jahren jetzt mit anderen Augen gesehen werde: Die Menschen nehmen mich als Blinden wahr und verhalten sich dementsprechend. Ich falle auf, fast wie ein B-Promi. Ich bin der blinde Typ hier im Viertel. Das kann eine trügerische Sicherheit schaffen. Auf der

Straße bin ich in mancherlei Hinsicht unvorsichtiger geworden, unvorsichtiger jedenfalls als dies in meinem stocklosen Dasein der Fall war. Früher machte ich mir nicht nur Sorgen, ich könnte etwas übersehen, sondern fürchtete auch, nicht als Blinder erkannt zu werden. Wenn ich durch ein gutbesuchtes Einkaufscenter ging, musste ich wohl oder übel versuchen, den Leuten auszuweichen, da ich nicht davon ausgehen konnte, dass sie sahen, was Sache ist, und Anstalten machen würden, diesem Typen aus dem Weg zu gehen, der irgendwie komisch daherschlurfte. Seitdem ich einen Stock habe, gehe ich zunehmend davon aus, dass die Leute mich sehen, was auch der Fall ist. Genau deshalb gehe ich mehr Risiken ein. Keine unübersehbaren, aber eben Risiken. Wenn ich über die Straße gehe, weil ich glaube, dass frei ist, vertraue ich darauf, dass mein Stock im Falle eines Falles die Autos zum Stehen bringt. In der Regel funktioniert das auch. Ich hoffe, man wird mich nie Lügen strafen.

Mein Stock war in der Vergangenheit ohne Frage zu einem Teil meines Lebens geworden und ist es bis heute geblieben. Allerdings ist er sicher nicht meine Zukunft. Schon bald könnte ich ein neues Spielzeug haben. Eines Tages wird es Technologien geben, die den Stock überflüssig machen und mir ein elektronisches Hilfsmittel zur Hand geben. Ein Blinder mit einem weißen Stock ist ein angehender Robotermensch. Ein Stock mag ein bescheidener Anfang sein, aber irgendwann werden Mensch und Maschine zu einem neuen Wesen verschmelzen. Dies ist mein nächster Entwicklungsschritt, und ich hoffe, er vollzieht sich noch zu meinen Lebzeiten.

Ich frage mich oft, ob meine Zukunft in einem Ort wie Naperville, Illinois, liegt. Zwei Brüder, die Doktoren Vincent und Alan Chow, entwickeln dort die erste künstliche Netzhaut. Sie besteht aus einem Mikrochip, hat einen Durchmesser von weniger als zwei Millimetern und ist nicht ganz so dick wie ein menschliches Haar. Die künstliche Netzhaut enthält ungefähr 5000 fotoempfindliche Zellen, die einen elektrischen Impuls erzeugen, wenn sie einer Lichtquelle ausgesetzt sind. Kabel oder Batterien sind überflüssig. Das Implantat würde als zusätzliche Netzhaut fungieren und die Zellen meiner natürlichen Netzhaut künstlich stimulieren, ihnen quasi Starthilfe für einen Neustart geben. Die Theorie basiert auf der Tatsache, dass das Sehen im Gehirn und nicht im Auge stattfindet. Das Auge erzeugt lediglich Impulse, die dann vom Gehirn in Bilder umgesetzt werden. Und mein Gehirn ist schließlich noch intakt, denke ich. Ich brauche nur einen Adapter, um den Code des Lichts dechiffrieren zu können. Irgendwann wird es so weit sein. Bis dato ist und bleibt der Stock mein effektivstes und einziges Hilfsmittel, aber früher oder später werden High-Tech-Lösungen wie die Mikrochip-Netzhaut mein Leben bestimmen.

Ich sage das alles mit der gebotenen Vorsicht. Meine Generation hatte kein Woodstock, nicht wirklich. Aber bevor in den späten neunziger Jahren die NASDAQ-Blase platzte, dürften wir mit Silicon Valley wohl unserer eigenen utopiegeschwängerten Freak-Zeit am nächsten gekommen sein. Ich habe diese Zeit als warnendes Beispiel in Erinnerung; damals schien eine Heilung meiner Sehschwäche nur eine Frage der Zeit zu sein und meine Wiedergeburt als Robotermensch unmittelbar bevorzustehen. Auf diesem Tummelplatz der Technologie da draußen gibt es so viele Blender, und wir alle wissen, wie leicht Menschen deren Glanz erliegen. Manchmal entstehen großartige Dinge. Blindenstöcke zum Beispiel. Manchmal kreisen unsere Phantasien aber auch um nichts anderes als Glanz und Glamour. Ich weiß nicht, ob ich mich jemals dazu durchringen kann, ein Stück Technologie in meinen Körper implantieren zu lassen, obwohl ich von vornherein weiß, dass es eines Tages unweigerlich das gleiche Schicksal ereilen wird wie das Achtspurband, den Abakus oder Pong. Mein Stock funktioniert tadellos, aber würde ich ihn mir auch mittels eines chirurgischen Eingriffs in meinen Arm verpflanzen lassen? Mit neuen Technologien verhält es sich wie mit den verschiedenen Spezies, sie kommen und gehen nach ihren eigenen Gesetzen. Ich wüsste nicht, was mich dazu bringen könnte, einer anderen Technologie zu vertrauen als meinem Stock. Eine solide NASDAQ-Performance dürfte wohl nicht ausreichen.

Fürs Erste glaube ich das, was ich mit eigenen Augen gesehen habe. Je komplexer eine Technologie ist, desto größeren Schwierigkeiten sieht man sich ausgesetzt, wenn sie nicht funktioniert. Und alles geht irgendwann einmal kaputt. Aber besser ein Stock als ein Auge, besser ein Stock als ein Mikrochip. Mit einem Stock bin ich zumindest auf niemanden angewiesen und selbst in der Lage, den Defekt zu beheben. Ein kleiner, unscheinbarer Stock kann das ganze Wesen eines Menschen umkrempeln. Man lässt seiner Phantasie freien Lauf und wächst mit ihr.

Ich kann mich erinnern, wie meine Mutter und ich eines Nachmittags aus dem Sprechzimmer des Arztes kamen. Erst kurz zuvor hatte ich mich für meinen Blindenstock entschieden und mein Mobilitätstraining erfolgreich abgeschlossen. Sie hatte mich bis dato noch nicht mit dem Stock in Aktion gesehen, und bei dem Anblick graute ihr. Bis zu diesem Moment war meine Blindheit für sie etwas relativ Abstraktes gewesen. Etwas Unbestimmtes, das in der Zukunft lag, eine Krankheit, die einen Namen hatte und mich hin und wieder in gewisse Kalamitäten brachte. Aber jetzt hatte ich einen Stock, der – für jedermann sichtbar – keinerlei Zweifel mehr an meiner Verfassung zuließ. Wir standen an der Ecke vor dem Bürogebäude und warteten, dass die Fußgängerampel auf Grün schaltete. Meine Mutter tastete sich mit meinem Stock den Gehweg entlang, um die Welt einmal mit meinen Augen zu sehen. Auch mir graute bei dem Anblick und den Geräuschen. Meine Mutter mit einem weißen Stock. Jetzt konnte ich mir eine vage Vorstellung davon machen, wie ich auf sie gewirkt haben musste.

«Ist das richtig so, wie ich das mache?», fragte sie, während sie den Stock in einer Art über den Beton schleifte, die Jimmy sicher nicht gefallen hätte.

«Nicht ganz», sagte ich.

«Dann zeig mir, wie das geht.»

Sie gab mir meinen Stock. Ich tastete mich bis zum Straßenrand vor, als sich in unmittelbarer Nähe ein Bus in Bewegung setzte. Im Vorbeifahren erwischte ich mit dem Stock die Längsseite des Busses.

«Hörst du das?», fragte ich. «Klingt grau.»

Meine Mutter lachte. «Wie originell. Ein Blindenstock, der Farben erkennt.»

Was ist los?

Das New Orleans, das ich noch kenne, das vor der Flutkatastrophe, war immer für eine Überraschung gut. Verstehen Sie mich nicht falsch, ich sage das mit allem Respekt und in aller Dankbarkeit. Auch ich weiß einen guten Taschenspielertrick zu schätzen. Und davon gab es eine ganze Menge in dem New Orleans, das ich noch kenne. Die letzten gemeinsamen Tage von Jane und Ryan passten gut in dieses Ambiente. Wir machten uns selbst etwas vor, solange wir konnten, bis es keinen Ausweg mehr gab. Manchmal setzten wir auf das Prinzip Hoffnung, so heikel dies auch sein mochte. Manchmal ist das aber zu wenig.

Innerhalb von drei Jahren hatte unsere Beziehung von meiner Seite aus erheblich an Substanz eingebüßt. Um ehrlich zu sein, glaube ich, dass Jane mich letztlich genauso wenig für einen besonders tollen Fang hielt. Und das mit Recht. Ein ums andere Mal mussten wir feststellen, dass unsere Gemeinsamkeiten immer weniger wurden. Samstagabends saß Jane am Küchentisch und beschäftigte sich mit Bastelarbeiten, während ich nach wie vor mit meinen alten Kumpels um die Häuser zog. In unserer Wohnung genügte ein flüchtiger Blick, um unsere Unterschiede offen zutrage treten zu lassen. Janes wasserdurchtränkte viktorianische Romane waren akkurat neben der Badewanne gestapelt, und manchmal brannten in der Ecke ein paar Duftkerzen. Ansonsten lag überall nur mein Graffel herum. Berge meiner abgefahrenen Avantgarde-Lyrik bedeckten den Wohnzimmerboden. Ebenso wie meine leeren

Zigarettenschachteln und meine Musikkassetten. Jane war permanent damit beschäftigt, mein Chaos aufzuräumen, und ich hatte permanent darunter zu leiden, dass sie ihr Hörgerät nicht trug. Das lag in der Regel auf dem Küchentisch.

Es war immer schon anstrengend gewesen, eine Unterhaltung zu führen, aber im Laufe der Zeit lief gar nichts mehr. Allerdings hatte ich die Gewissheit, dass es auch andere Kommunikationsformen gab. Würde ich noch einmal Enya hören müssen, könnten Janes Birkenstock-Schuhe jederzeit in hohem Bogen aus dem Fenster fliegen. Oft blieb ich bis spät in der Nacht auf, schaute fern oder trank Bier und grübelte über Gott und die Welt nach, während Jane allein zu Bett ging. Vielleicht war ich ein bisschen blinder als früher, aber es sah überhaupt nicht gut aus.

Unsere Trennung war kein Drama, es gab auch keinen bestimmten Anlass. Wie bei meiner Sicht gingen auch in unserer Beziehung langsam die Lichter aus. So wie uns einst unsere Behinderungen zusammengebracht hatten, ließen sie schließlich unsere Liebe erlöschen. Ich hatte keine Lust, viel über meine Augen zu sprechen, weder mit Jane noch mit sonst jemandem, obwohl sich mein Tunnelblick zusehends verschlechterte und erschreckende Ausmaße annahm. Ich dachte, ich hätte alles im Griff, aber in Wirklichkeit tat ich das meiste nur mit einem Lachen ab. Außer die Verbitterung und die Wut. Da kein Sündenbock greifbar war, an dem ich meine Wut auslassen konnte, musste schon bald unsere Beziehung herhalten. Im Laufe der Zeit waren gegenseitiger Respekt und Anerkennung einer gewissen Feindseligkeit gewichen. Ich sah in Jane längst nicht mehr alles außer meiner eigenen Schwäche, meinem Bedürfnis nach Geborgenheit und meiner Angst vor Einsamkeit. Dieser Hass auf mich selbst wurde schließlich so groß, dass die Jane, die ich einmal kannte, völlig zur Statistin wurde.

Trotzdem hielten wir es drei Jahre lang miteinander aus. Es war schwer, auf die Ruhe und Behaglichkeit der ersten Jahre zu verzichten, vor allem weil wir nicht wussten, was die Zukunft bringen würde. Wer interessierte sich schon für einen blinden Mann oder eine taube Frau? Schluss zu machen, konnte für nichts und wieder nichts gut sein, weshalb wir versuchten, die Risse zu kitten und eine Trennung fürs Erste zu vermeiden. Ein gemeinsamer Urlaub, dachten wir, würde uns vielleicht guttun.

In unserem letzten Sommer packten wir Janes Hörgerät und meinen weißen Stock zusammen und brachen von Vancouver nach Louisiana auf, ein recht beschwerliches Unterfangen, wenn man bedenkt, dass in unserem Fall der Körper oft nicht so will wie der Geist. Dabei ging es uns nicht ausschließlich um einen Versöhnungsurlaub. Unsere Reise hatte auch ganz profane Gründe. Wir entschieden uns für Louisiana wegen seiner Geschichte und Architektur, wegen des Jazz, der dortigen Küche und nicht zuletzt wegen der Alligatoren und ihrem breiten Grinsen. Und außerdem – wer kann schon der Eleganz eines raffinierten Taschenspielertricks widerstehen? Ich jedenfalls nicht.

Was ich meine, ist Folgendes. Im French Quarter, auf der Bourbon Street und den angrenzenden Straßenzügen gingen Dutzende von Kids ihren Geschäften nach. Mit List und Tücke zogen sie den Touristen das Geld aus der Tasche, und das nicht einmal unverdient. Die erste Nummer, die ich mitbekam, muss man sich in etwa folgendermaßen vorstellen.

«Hey, Mann», sagte ein Junge, «komm schon, Mann, hast du zwei Mäuse? Für lumpige zwei Mäuse kann ich dir sagen, wo du deine Schuhe herhast, wetten?»

Ich wusste, dass es Abzocke war, und trotzdem ließ ich mich darauf ein, ja, bettelte förmlich darum. Ich wollte abgezogen werden, ein guter Verlierer sein wie all die anderen Touristen auch, die auf seine Masche hereinfielen. Es machte mir Spaß, beschwindelt zu werden wie in einer Zaubershow oder im Märchenland. Meine Genugtuung bestand letzten Endes darin, Dinge zu entdecken, die ich nicht sehen konnte, und sei es nur ein Wortspiel, das sich in der Frage verbarg. Und obendrein kostete die Wahrheit nur zwei Dollar. Das ist billiger als eine Mikrochip-Netzhaut, Schlangenbeschwörung, Psychoanalyse oder was mir sonst noch an Möglichkeiten einfällt, um die Wahrheit zu ergründen.

«Okay, ich bin dabei», sagte ich und bahnte mir mit meinem Stock den Weg zurück zu der Stimme, an der ich gerade vorbeigegangen war.

Es war Spätnachmittag, und ich hatte Jane zu diesem Zeitpunkt bereits abgeschrieben. Sie war in einem dieser Geschäfte hängengeblieben und schaute sich irgendwelchen Nippes an. Den ganzen Tag schon verbrachte sie mit nichts anderem, und ein Ende schien nicht in Sicht. Das war meine Chance, etwas von dem schillernden Ambiente um mich herum aufzusaugen. Meine Art von Sightseeing. Für neue Sprachkreationen bin ich immer zu haben.

«Hier hast du deine zwei Mäuse. Also schieß los und sag mir, wo ich meine Schuhe gekauft habe.»

Ich wartete auf eine Antwort. Betretenes Schweigen. Bis der Junge plötzlich anfing, etwas daherzustammeln.

«Äh, na ja, äh», sagte er, «eigentlich meinte ich, äh … genau genommen, ihn hier.»

Super, dachte ich, jetzt stehe ich da wie der größte Wichtigtuer überhaupt hier auf der Straße. Wie oft kommt es schon vor, dass sich jemand so aufdrängt wie ich, weil er es nicht erwarten kann, zu erfahren, wo er seine Schuhe gekauft hat? Dem Schweigen nach zu urteilen, das ich auslöste, würde ich sagen, dass mein beflissener Eifer tatsächlich merkwürdig wirkte. Dem Jungen verschlug es allerdings nicht lange die

Sprache, schnell fand er zu seinen flotten Sprüchen zurück und war wieder ganz in seinem Element.

«Hey, Mann», legte er los, «nichts passiert, alles der Reihe nach, bei mir wird jeder sein Geld los. Für vier Mäuse sage ich euch beiden, wo ihr eure Schuhe herhabt, alle vier. Außer jemand hat irgendwo noch ein drittes Bein in petto. Wie ein Dreifuß.»

Ich schätze, der Junge machte irgendwelche Verrenkungen, um ein dreibeiniges Gebilde nachzuäffen. Ich bin mir nicht sicher. Jedenfalls lachte niemand.

«Eigentlich, genau genommen», meinte der Typ, dem ich unfreiwillig die Schau gestohlen hatte, «habe ich mir's, glaube ich, anders überlegt. Ist schon in Ordnung, mach ruhig mit dem Typen hier weiter.»

«Auf keinen Fall! Völlig unnötig!», sagte der Junge. «Jeder kommt hier auf seine Kosten, es ist genug für alle da. Pass auf, schau mir genau zu. Weißt du, ich kann – mehrere Dinge gleichzeitig. Ich bin ein Multitalent. Mul-ti-ta-lent!»

«Ich weiß nicht», sagte der Typ, «vielleicht hast du recht … Hey, vielleicht habe ich ja noch nicht einmal die zwei Dollar, hast du daran schon mal einen Gedanken verschwendet?»

Der Mann stand etwas außerhalb meines Blickfelds. Man konnte das Geklimper von Kleingeld hören, als er in seinen Hosentaschen wühlte. Im Flüsterton haderte er mit sich und dem Jungen und war unschlüssig, ob er sich nun darauf einlassen sollte. Man hätte meinen können, er schickte sich gerade an, ein Nierentransplantat auf dem Schwarzmarkt zu kaufen.

«Komm schon, Mann», fiel ihm der Junge ins Wort, «nur zwei Mäuse. Hier kommt jeder auf seine Kosten. Gib mir einfach, was du hast, ist schon okay. Dann sind wir quitt.»

Mir gefiel die Art und Weise, wie dieses Kid irgendwie mehr aus seinen Worten machte, auch wenn ich nicht genau sagen konnte, worin nun genau der Mehrwert bestand. Offensichtlich ist Multitalent nicht gleich Multitalent und quitt nicht gleich quitt. Schließlich rang sich der Typ neben mir zu einer Entscheidung durch.

«Weißt du was? Ich glaube, ich lasse das. Ich hab's mir anders überlegt. Mach ruhig mit diesem Typen hier weiter und verrate ihm, woher er seine Schuhe hat, und ich behalte meine Einkaufsgewohnheiten für mich.» Er musste selbst kichern, wie eloquent er sich ausgedrückt hatte. «Hey, ich schau gerne einfach nur zu, danke.»

Mir war wie dem Kid sofort klar, dass unser Dagobert-Duck-Verschnitt nichts anderes wollte als einmal umsonst zocken. Man kennt die Sorte ja. Er war einer dieser Geizkragen, die stehen bleiben und einem Straßenmusikanten zuhören, um dann so zu tun, als würden sie etwas in den Hut werfen, oder, wenn der Hut die Runde macht, die Existenz eines Hutes glatt abstreiten.

«Hier sind vier Mäuse», sagte ich. «Und jetzt bist du dran, also sag uns, was Sache ist.»

«Nein! Bitte nicht!» Der Pfennigfuchser war pikiert. «Sie brauchen nicht für mich zu zahlen. Ich hab schon alles im Griff. Sparen Sie sich Ihr Geld. Ich will einfach nur zuschauen.»

Es geht wohl nichts über den armen Blinden, der für den knickerigen Touristen zahlt. Ich genoss es in vollen Zügen, dass ich ihm seine Gratisrunde spendiert hatte und er nichts dagegen tun konnte. Geiselnahmen sind genial.

«Aber ganz im Gegenteil, ich bestehe darauf», sagte ich. «Hier, vier Mäuse.»

Ich streckte meinen Arm nach vorne. Mit vier baumelnden Dollarscheinen in der Hand. Niemand machte Anstalten, sie zu nehmen. Scheinbar wussten weder der Pfennigfuchser noch das Kid so recht, wie sie mit meinem Vorstoß umgehen sollten.

Diese Art von Zurückhaltung ist typisch, und mich interessiert, warum. Wenn ein Blinder bezahlen möchte, gehen meist seltsame Dinge vor sich. Selbst beim gewöhnlichsten Einkauf – die Dinge könnten nicht besser laufen – ist mein Geld plötzlich wie verhext oder fängt zu stinken an oder was weiß ich. Mein Geld und ich sind in der Lage, amüsante soziale Entgleisungen auszulösen. Bei manchen Menschen spüre ich, dass sie ein moralisches Problem haben. Sie verhalten sich mir gegenüber äußerst zurückhaltend, als sei es ein Verbrechen, das Geld eines Blinden anzunehmen. Echt witzig. Allerdings vermute ich, dass die ganze Angelegenheit doch etwas komplexer ist. Die Zurückhaltung der Leute ist nicht so sehr eine Reaktion auf meine Blindheit oder meine vorlaute Klappe. Vielmehr sind Kassierer und Verkäufer von meiner Körpersprache und deren ungewollter Wirkung irritiert. Ich gebe mein Geld meinem Gegenüber nicht in die Hand, sondern halte es ihm hin, bis er es nimmt. Für manch einen ist dies ein empörender Paradigmenwechsel, wenn aus einer Bring- plötzlich eine Holschuld wird. Und dann noch bei einem Krüppel.

Auch ich fühlte mich unwohl, als ich mit ausgestrecktem Arm wie einer dieser bescheuerten Papp-Indianer dastand, wie man sie in Zigarrenläden findet. Sicher, ich hätte die Scheine einfach in den Hut des Jungen pfeffern können, aber das hätte beleidigend gewirkt. Außerdem – wer garantierte mir, dass er überhaupt einen Hut hatte? Vielleicht wären die Scheine in Ermangelung eines Huts auf den Gehweg geflattert, nach dem Motto: «So, da hast du dein Scheißgeld! Viel Spaß beim Aufsammeln!» Im Laufe der Zeit habe ich gelernt, nichts wegzuwerfen. Zu gefährlich. In Berlin bummelte ich einmal durch das Viertel, in dem mein Freund wohnte, und aß Kirschen. Wie ich so herumschlenderte, versuchte ich, einen Kirschkern in einen Abfalleimer zu spucken. Leider entpuppte sich das, was ich für einen Abfalleimer hielt, als eine ältere Dame auf einer Bank, die leicht pikiert war. Seit jenem Tag werfe ich prinzipiell nichts mehr nirgendwohin.

«Hier», insistierte ich und wedelte ein bisschen mit den Scheinen. «Jetzt nimm es endlich und verrate uns, wo wir unsere Schuhe gekauft haben.»

Wir drei hatten es tatsächlich geschafft, jeglichen Spaß im Keim zu ersticken, der bei einer Nummer wie dieser hätte aufkommen können. Schließlich zog mir der Junge so behutsam wie möglich die vier Scheine aus der Hand.

«Ihr habt die Schuhe aus dem Schuhgeschäft, ihr Deppen.»

Ein Dollar blieb zwischen meinen Fingern übrig. Ich hatte versehentlich fünf Scheine aus dem Portemonnaie genommen.

Der Junge und ich flachsten ein bisschen herum und unterhielten uns über Gott und die Welt: wie die Geschäfte laufen im French Quarter, über unsere Heimatländer, sein Repertoire und über meine Blindheit. Als ich schließlich aufbrach – der Pfennigfuchser war schon längst über alle Berge –, drückte mir der Junge zum Abschied zwei Dollar in die Hand.

«Nein, behalte die Kohle», sagte ich, aber er bestand darauf, dass ich die beiden Scheine annahm.

Mir war in diesem Moment gar nicht bewusst, dass wir so etwas wie Partner geworden waren. Würde ich das Geld nicht annehmen, fiele die Pointe weg. Nähme ich es an, hätten wir den knauserigen Typen gemeinsam abgezockt. Er wird zeit seines Lebens glauben, der arme blinde Typ hätte für ihn bezahlt, obwohl der arme blinde Typ überhaupt nichts abgedrückt hat. Ich bedankte mich bei dem Kid für die anregende Unterhaltung und strich unseren Gewinn ein.

Mein Urlaub bestand aber nicht nur aus Abzock-Episoden dieser Art. Überflüssig zu erwähnen, dass ich mich nicht nur ein paar schlechter Jokes wegen mit meinem Stock auf das Himmelfahrtskommando einließ, in ein anderes Land zu reisen und eine neue Stadt kennenzulernen. Die Routine des Alltags und die gewohnte Umgebung hinter sich zu lassen bedeutet, ohne Netz und doppelten Boden zu arbeiten. In dieser Hinsicht ist mein Zuhause vielleicht der einzige Ort der Welt, wo ich mich auf einem bestimmten Raum vollkommen sicher fühlen kann. Und das wird auch immer so bleiben.

Wenn ich zu Hause sage, meine ich zwei Dinge. Ich denke dabei nicht nur an die Wohnung, in der ich zurzeit lebe, sondern vor allem an den Weg zu den markanten Punkten im Viertel und all das, was ich mir innerhalb dieses Radius eingeprägt habe.

Meinen geistigen Stadtplan sollte niemand unterschätzen. Ich habe mir dieses Viertel bis ins allerletzte und lächerlichste Detail eingeprägt und mir Dinge gemerkt, auf die sehende Menschen mit Sicherheit nicht achten. Ich bin nur selten auf unsicherem Parkett anzutreffen außerhalb dieses geistigen Stadtplans und seiner markanten Punkte. Die Welt, in der ich lebe, ist ein Geisteszustand, und das ist durchaus wörtlich zu nehmen. Eine Frage des Selbstschutzes, ja, der Selbsttäuschung. Mein Gedächtnis sorgt dafür, dass ich nicht ganz so blind bin, wie ich bin. Wenn man nichts sehen kann, scheinen Städte oder Landschaften wie leergefegt zu sein, wenn man sich die markanten Punkte vorher nicht eingeprägt hat.

Denken Sie etwa an Gebäude. Jedes Gebäude, an dem ich in Louisiana vorbeiging, konnte ich nur erahnen, nicht mehr und nicht weniger. Ansatzweise konnte ich seine Umrisse erkennen, mehr nicht. Unbekanntes Terrain wie dieses schreckt mich ab, sein Gefahrenpotenzial lähmt mich geradezu. Ich könnte mich jederzeit verletzen, in eine peinliche Situation geraten oder mich verlaufen. Menschen, die sehen können, fragen: «Und was ist da Nettes drin?», wenn sie an einem neuen Bauwerk vorbeikommen. Blinde fragen: «Und was ist das?» Wir sind nah am Geschehen dran und doch so weit weg.

Bringe ich den Mut und das nötige Kleingeld auf und stürze mich in das Abenteuer, das Innenleben eines vage in seinen Umrissen erkennbaren, unbekannten Bauwerks zu erkunden, bin ich mit meinem Stock in der Lage, mir zumindest einen begrenzten Überblick über Sinn und Zweck des Interieurs zu verschaffen, was allerdings mit viel Aufwand, einer hohen Fehlerquote und unzähligen Unannehmlichkeiten verbunden ist. In gewisser Hinsicht konnte ich nur bei diesen Gelegenheiten das sehen, was die meisten Leute im Vorbeigehen registrieren oder als gegeben voraussetzen, nachdem sie das Türschild gelesen haben. Was ich nicht berühren kann oder mir nicht beschrieben wird, existiert für mich nicht. Folglich mache ich mir keine Gedanken über Orte, die ich nicht kenne. Und bewege mich nur in vertrauter Umgebung.

Wie man sich vielleicht vorstellen kann, hat der Zustand der Orientierungslosigkeit eine ganz neue Qualität, seitdem ich blind bin. Wenn ich auf Reisen bin, ist die Dimension meiner Orientierungslosigkeit eine ganz andere als früher. Es geht nicht darum, sich auf der Straße zu verlaufen. Über das Stadium bin ich hinaus, obwohl auch die Straße weiterhin ein hartnäckiges Problem ist. Sondern es geht vielmehr um das mulmige Gefühl, das mich beschleicht, wenn ich z. B. in einer neuen Stadt in einer neuen Kneipe sitze, mein Bier kurz loslasse und feststellen muss, dass mir das Gefühl der Sicherheit abhandenkommt, das mir dieses Glas Bier vermittelt. Die Sicherheit, einordnen zu können, wo ich bin und was um mich herum passiert. Oft fehlt nicht viel, und ich fühle mich wie im luftleeren Raum. Auch dieses Gefühl treibt mich um und lässt mich nicht mehr los. Wenn ich meine gewohnte Umgebung verlasse, kann von großer weiter Welt keine Rede sein. Es ist beängstigend, aber ich fühle mich dann eingeengter denn je. Als würde ich einen detaillierten Stadtplan gegen eine karge Strichzeichnung eintauschen.

Bei uns zu Hause ist die Bushaltestelle zwanzig Schritte von der Ecke Fifth Avenue entfernt. Eine Bank zum Hinsetzen gibt es nicht. Dennoch weiß ich genau, wo ich zu warten habe, da sich die Haltestelle neben einem Baum befindet und seine Äste immer meinen Filzhut streifen. Der nächste Geldautomat ist gleich um die Ecke in einem Vorraum, der sich nur durch die rechte der beiden Türen betreten lässt. Die Anweisungen auf dem Bildschirm lese ich nicht. Muss ich auch nicht. Ich habe mir längst eingeprägt, welche Tastenkombination ich zu drücken habe. In Slickity Jim's Chat and Chew stellt mir Tyler die Kaffeesahne immer neben den Henkel meiner Tasse und den Zucker neben die Serviette. Die anderen, die dort arbeiten, sagen mir kurz Bescheid, wenn sie mir mein Sandwich servieren. Und die Toilette befindet sich links von der offenen Küchentür. Dieser geistige Stadtplan lässt mein Mittagessen zu Hause zu einer unkomplizierten Angelegenheit werden. Es vereinfacht auch vieles, dass ich weiß, welcher Schlüssel an meinem Schlüsselbund wofür ist, dass ich mir die Speisekarte verschiedener Restaurants je nach Gusto eingeprägt habe, dass ich mir gemerkt habe, wo ich Lebensmittelgeschäfte finde, oder dass ich inzwischen weiß, an welcher Linksabbieger-Kreuzung ich keinesfalls über die Straße gehen sollte etc. etc.

Aber wo steht hier in New Orleans oder sonst wo auf der Welt die Kaffeesahne? Welches Gebäude könnte eine Bank sein? Welche Tür führt zum Geldautomaten, und welche Tasten muss ich in welcher Reihenfolge drücken? Wie kann ich von hier draußen auf dem Gehweg sicher sein, dass diese Bank kein Bettengeschäft ist? Wenn ich von zu Hause weg bin, tappe ich völlig im Dunkeln. Jede Geste, jeder Schritt, jeder Griff nach der Kaffeesahne wird zum ultimativen Test, was meinen Weg – außer dem gesuchten Gegenstand, versteht sich – noch so alles kreuzen könnte. Ich bewege mich dann immer am Rande einer leeren und geschrumpften Welt und versuche, ihr nach besten Kräften zu mehr Substanz zu verhelfen. Das kommt eigentlich eher einem Forschungsauftrag als einer Urlaubsreise gleich, und schließlich ist allgemein bekannt, wie ausgeruht Forscher sind.

Warum dann also nach New Orleans oder sonst wohin? Für mich gibt es auf diese Frage nur eine Antwort: Selbsttäuschung. Vor jeder Reise denke ich, dieses Mal wird alles anders. Ich hoffe immer, dass es besser wird. Jedes Mal. Vielleicht könnte ich ja dieses Mal der Sache eine entscheidende Wendung geben – darin liegt meine Hoffnung. Darauf hoffte ich in New Orleans, und darauf hoffte ich auch für die Beziehung mit Jane.

Am ersten Tag unserer Reise verließen wir frühmorgens die Pension und bahnten uns unseren Weg über das kleine Stück Rasen neben dem Eingang. Wir überlegten, wohin wir frühstücken gehen sollten. Jane wollte Beignets im Café du Monde, und ich wollte so schnell wie nur irgendwie möglich Katzenfisch, am besten in Igor's Bar, Grill and Laundromat. Ich war vor allen Dingen gespannt, wer zum Teufel sich um sieben Uhr morgens in einem Laden herumtreibt, der Kneipe, Grillrestaurant und Waschsalon in einem ist.

Wir hatten das Stück Rasen noch nicht recht betreten, als Jane einen Schrei abließ und fluchtartig in Richtung Gehweg stürzte. Ihr verschwommenes Bild erinnerte mich an Filmaufnahmen aus dem Biologieunterricht an der Highschool, an eine Sequenz, in der eine Jesus-Echse Anlauf nahm, um über Wasser zu laufen. Ich für meinen Teil blieb wie angewurzelt stehen und erwartete weitere Instruktionen.

Es ist schon zum Piepen mit der Blindheit, verkehrte Welt. Wenn bei mir die Alarmglocken schrillen, wird meine Kampf-oder-Flucht-Reaktion von einem Kurzschluss lahmgelegt. Ich kann natürlich nicht einfach wegrennen, nicht ohne das Gefahrenpotenzial abzuschätzen, das eine derartige Reaktion mit sich brächte. Aber kämpfen kann ich auch nicht, weil, na ja, wie sollte ich kämpfen? Gegen wen oder was? Deshalb verharre ich wie ein blinder Passagier in meiner Position und warte auf weitere Anweisungen, wenn Gefahr im Verzug ist. Allerdings funktioniert diese Methode nicht besonders gut. Manchmal muss ich die Leute daran erinnern, dass ich noch in der Warteschleife bin. In diesem Fall war Jane so sehr damit beschäftigt, ihre Angst hinauszuschreien, dass sie mich glatt vergessen hatte.

«Was ist denn? Was ist los?», rief ich. Ich stand da wie festgenagelt und stocherte mit meinem Stock erfolglos nach möglichen Auslösern für die ganze Hektik. «Nun sag mir schon, was los ist!» Schlangen, war mein erster Gedanke. Bei meinem Glück ist es bestimmt eine Schlange. Janes Sprint führte sie auf direktem Weg auf den Gehsteig, wo sie sich offenbar sicher fühlte. Sicher vor irgendetwas, das ich jetzt an der Backe hatte.

«Was ist denn los? Jetzt sag endlich!», insistierte ich.

«Käfer! Um dich herum auf dem Boden. Riesendinger!»

Ich schaute auf den Boden, warum, kann ich nicht sagen. Ich konnte eh nichts sehen, nicht einmal mit dem immerhin noch intakten Tunnelblick auf meinem besseren Auge. Alles, was ich erkennen konnte, war ein buntes Spektrum von Grün-, Braun- und Gelbtönen. Vielleicht das Gras? Gras, auf dem sich ein paar braune Käfer tummelten? Braunes Gras mit gelben Käfern? Genauso abwegig. Nichts schien sich zu bewegen.

Ich beugte mich bis fast zur Grasnarbe hinab. «Hey, weißt du was?», sagte ich. «Ich sehe keinen einzigen.»

Ein Mann kam aus unserer Pension und ging auf dem eigentlich dafür vorgesehenen Fußweg an mir vorbei zum Trottoir.

«Das sind Heuschreckenpanzer», sagte er. «Sehen verdammt lebendig aus, die Dinger, sind aber nur die alten Panzer.»

«Und ich hätte mich fast zum Narren gemacht», meinte ich.

Mein Beitrag zur Senkung von Janes Adrenalinspiegel bestand darin, dass ich nachgab und wir Beignets frühstücken gingen. Im Gegenzug aßen wir an jenem Abend gleich um die Ecke bei Igor's und ließen den Tag dort ausklingen. Es sollte das letzte Mal sein, dass wir uns selbst etwas vormachten.

Ich war fest entschlossen, bis spät in die Nacht um die Häuser zu ziehen. Schließlich waren wir in New Orleans, und die Leute, die wir im Igor's kennengelernt hatten, reisten ausgerechnet nach Vancouver. Es fällt mir leicht, mit Leuten ins Gespräch zu kommen, und eine gute Unterhaltung weiß ich durchaus zu schätzen. Meine Blindheit spielt hier keine Rolle. Aber Jane konnte meiner Geselligkeit nicht allzu viel abgewinnen, es war nicht ihr Ding, mit fremden Leuten stundenlang zusammenzusitzen und endlos zu plaudern – dafür war sie einfach nicht der Typ, von ihrer Schwerhörigkeit einmal ganz zu schweigen. Obwohl wir uns gegenseitig mit unseren Behinderungen unterstützten, fanden wir nicht immer einen gemeinsamen Nenner. Jane wollte zurück in unsere Pension, ich aber protestierte und wollte noch im Igor's bleiben. Ihr war langweilig, und sie wollte gehen. Demnächst, sagte ich, aber sie wollte jetzt gehen, auf der Stelle.

Trotz Hörgerät bereiteten Jane Unterhaltungen in lauter Umgebung wie bei Igor's große Probleme. Hintergrund- und Vordergrundgeräusche verschmolzen zu einer gewaltigen Geräuschkulisse und waren manchmal nicht mehr voneinander zu unterscheiden. Jane war akustisch nicht in der Lage, dem Gespräch zu folgen, weshalb sie sich unwillkürlich von der Gruppe und der Unterhaltung ausgeschlossen fühlte. Ich kann mich erinnern, wie sie an jenem Abend etwas sagte, eine Feststellung machte, und von den anderen nur ungläubige Blicke erntete. Warum wiederholt sie Dinge, über die wir schon vor einer Minute gesprochen haben? Warum quatscht sie plötzlich von den Gefahren des Kiffens, wo wir uns doch über Gitarrenriffs unterhalten. Anders als ich mit meinem Stock konnte Jane ihr Hörgerät unter ihrer dicken Mähne verbergen und war nicht gewillt, daran etwas zu ändern – oft zu ihrem eigenen Leidwesen. Unsere neuen Kneipenkumpels wussten nicht so recht, was sie von ihr halten sollten. Erneut rammte sie mir mehrmals den Ellbogen in die Rippen, um zum Aufbruch zu blasen, aber ich tat so, als würde ich nichts merken.

Zugegeben, es war nicht besonders taktvoll, aber zuvor hatte ich mich stundenlang gelangweilt, als sie in diesen Nippes-Läden herumstöberte. Kein normaler Mensch kann so viele Saxophonlampen oder Schneekugeln mit Raddampfer-Motiv begrapschen. Ich ging egoistischerweise davon aus, dass es nur allzu legitim wäre, wenn ich jetzt auch endlich auf meine Kosten käme. Ich wollte mit Leuten zusammensitzen und mich unterhalten – zwei Dinge, die ich ganz gut kann. Auf diese Weise wären wir quitt. Der Streit war serviert. Ein lautloser Streit.

Ich stand auf, um Geld in die Musikbox zu werfen. Meine Entschlossenheit, länger bleiben zu wollen, hätte ich wohl kaum eindrucksvoller demonstrieren können. Entgegen unserer sonstigen Gepflogenheiten bot mir Jane keine Hilfe an. Trotzig ging ich den letzten paar Takten der Monkees nach, bis ich vor der Musikbox stand, fingerte nach dem Münzschlitz, warf mein Geld ein und drückte wahllos drei Songs. Zwar konnte ich das Titelverzeichnis nicht lesen – diesen Part übernimmt normalerweise Jane –, aber die Monkees waren ohnehin nicht zu unterbieten. Mein erster Song lief an. «Daydream Believer». Ich ging zurück an unseren Tisch. Ich war gereizt und fest entschlossen, keinen Millimeter Boden preiszugeben. Trotzdem hatte Jane das letzte Wort und entschied den Streit für sich. Als ich die Musik aussuchte, war sie kurzerhand aufgestanden und gegangen.

Wenn ich sehen könnte, wäre das für mich in Ordnung gewesen. Unsere Pension war ganz in der Nähe von Igor's, eigentlich nur ein paar Blocks die Straße runter, mit der ein oder anderen Abzweigung. Dann fiel mir plötzlich siedend heiß ein, dass ich außer meinem geistigen Stadtplan keinerlei weitere Ortskenntnisse hatte. Allein konnte ich die Pension jedenfalls nicht finden. Jetzt wusste ich, wie sich dieser knauserige Tourist gefühlt haben muss. Jane hatte das Geschehen an sich gerissen und ließ mir keine andere Wahl, als mit ihr mitzugehen.

Ich entschuldigte mich, legte Geld für unsere Zeche auf den Tisch und jagte hinaus. Jane wartete direkt vor der Tür und war sich sicher, dass ich ihr folgen würde, was ich aber nicht wusste. Ich war schon an der nächsten Ecke, bevor sie sich direkt hinter mir zu erkennen gab. Die Straßen waren so finster wie unsere Laune, und ich hasste die Dunkelheit ebenso abgrundtief wie meine Abhängigkeit von Jane.

In stiller Wut gingen wir unseren Weg, sie immer einen kleinen Schritt voraus. Durch diesen Abstand musste ich auf ihren Ellbogen als Orientierungshilfe verzichten, was mir jedoch gerade recht kam. Auf einmal brüllte jemand im Hintergrund etwas. Ich hörte Schritte. Ich drehte mich um und sah mich zwei großen Schatten gegenüber, von denen der eine mir auf die Pelle rückte und mich ansprach.

«Hey, Alter. Wat iss mit dir los?»

Ich zuckte zusammen. «Was?»

In voller Lautstärke legte der zweite Schatten nach. «Er hat dich gefragt, wat mit dir los iss, Mann. Wat verdammte Scheiße nochmal mit dir los iss.»

Die beiden Schatten rückten mir immer mehr auf die Pelle. Entweder hatten sie eine merkwürdige Vorstellung von Privatsphäre, oder sie rempelten mich absichtlich an. Ich war mir nicht sicher, hatte da aber so eine Vorahnung. Andererseits glauben die Leute oft, da ich blind bin, müsse ich auch taub sein. Fremde Menschen bringen sich direkt vor mir in Stellung und brüllen mir Sätze ins Gesicht wie: «Das klappt aber sehr gut mit dem Laufen!»

«Ihr wollt wissen, was mit mir los ist?», fragte ich. «Meint ihr das hier?» Ich hielt meinen Stock hoch. «Für Blinde.»

Ich bin nicht ganz bescheuert. Irgendetwas gefiel mir an der Sache nicht, ja, ich fühlte mich sogar irgendwie bedroht. Aber mich zu fragen «Wat iss mit dir los?», hätte natürlich auch zweideutiger nicht sein können. Ich hoffte, die Frage mit meinem Stock beantworten zu können. Dass mich die beiden Schatten immer massiver bedrängten, flößte mir Angst ein, aber ich konnte nicht sagen, was sie im Schilde führten. Die Mimik hätte da sehr aufschlussreich sein können.

Vor langer Zeit war ich einmal auf offener Straße überfallen worden, allerdings nie mehr, seitdem ich blind bin. Genauer gesagt, fing ich mir Prügel ein, als ich fünfzehn war. Auch damals begann alles mit einer mysteriösen Frage, mit der ich nichts anfangen konnte.

Eines Nachts waren mein Freund Chris und ich auf dem Heimweg, als ein goldfarbener Camaro an uns vorbeibrauste, eine Vollbremsung hinlegte und sich rückwärts mit hohem Tempo näherte. Uns war klar, dass dies nichts Gutes verhieß. Wir hofften, der Kelch würde an uns vorübergehen, aber der Wagen hielt neben uns an. Mitten auf der Straße, mit laufendem Motor. In einem Vorort wie Langley ist ein goldfarbener Camaro nie ein gutes Zeichen. Wie es generell kein gutes Zeichen ist, wenn es jemand offensichtlich darauf anlegt und man selbst dummerweise in diesen spitzen Grufti-Schuhen unterwegs ist. Man kann mit diesen Dingern nicht davonlaufen, was mit fünfzehn oft ein Problem war.

Ein langhaariger Typ mit Lederweste und T-Shirt mit dem Logo einer Biermarke sprang aus dem Camaro und schlug die Tür zu. Aus den Lautsprechern dröhnte Iron Maiden. Lederwesten sind übrigens auch ein denkbar schlechtes Zeichen bei uns in Langley.

«Wo ist das Problem?», brüllte er.

Chris und ich wussten nicht, worauf der Typ hinauswollte.

«Wo ist das Problem?», schrie er uns ein weiteres Mal an.

Ich machte den Fehler, mich zu einer Antwort hinreißen zu lassen. «Weiß nicht», sagte ich.

Dann zeigte er mir, wo das Problem war. An Ort und Stelle. Ich konnte seine Schnapsfahne riechen, als er sich vor mir aufbaute. Er packte mich am Kopf, als wollte er mich an sich ziehen und leidenschaftlich küssen. Aber anstatt meine Lippen auf die seinen zu pressen, wie sie das im Film immer machen, rammte er mein Kinn gegen sein angezogenes rechtes Knie. Mehrfach. Der ultimative Test für jede Kniescheibe. Freitagabend in Langley.

Als mich in New Orleans diese beiden Schatten fragten, was mit mir los sei, schoss mir unweigerlich jene Aktion mit dem Camaro durch den Kopf. Die Art und Weise, wie die zwei mich bedrängten, erinnerte mich ebenso fatal an den Camaro-Typen von damals wie ihre Vorgehensweise, vor einer potenziellen Tracht Prügel eine bekloppte Frage zu stellen. Ich musste davon ausgehen, dass ein einziges Wort von mir für die beiden Anlass genug wäre, ihre finsteren Absichten in die Tat umzusetzen und mich zu verprügeln oder auszurauben.

Und überhaupt – warum so hinterfotzig? Als würde jemand fragen: «Hey, was meinst du, muss der Müll raus?», obwohl er in Wirklichkeit meint: «Bring den verdammten Müll endlich raus!» Wenn meine zwei Schatten ganz unverhohlen gesagt hätten «Geld her!», wäre ich ihrer Aufforderung sicher nachgekommen. Aber nein, stattdessen hielten wir uns mit semantischen Spitzfindigkeiten auf, und ich zeigte ihnen meinen weißen Stock. Letztlich rettete mich wahrscheinlich ihr «Wat iss los?». Und die Tatsache, dass Jane dabei war.

Bevor sie einen Kommentar zu meinem Stock abgeben konnten, zum Beispiel was für ein schickes Teil er sei oder dass sie den Stock gar nicht meinten, spürte ich, wie Janes Hand meinen Ellbogen packte und mich wegzerrte. Im Laufschritt machten wir uns davon, was für einen Blinden gar keine so leichte Übung ist, wenn er ein Minimum an Würde wahren will.

Wir flitzten um die Ecken mehrerer Blocks. Als sie außer Janes Sichtweite waren, schalteten wir schließlich einen Gang zurück. Dieses Mal ließ ich Janes Ellbogen nicht mehr los und war froh, dass sie mich führte.

«Was zum Teufel hatte das denn zu bedeuten?», fragte ich.

«Ich glaube, die wollten mein Geld oder so. Sie fragten mich, was mit mir los sei, und ich sagte, das sei mein Blindenstock. Aber ich glaube, das meinten sie gar nicht.»

Bevor ich einen weiteren Ton sagen konnte, hörte ich wieder Schritte hinter uns. Bedrohlich nah.

Ich zog die Schultern hoch wie jemand, der sich wappnet, einem heranbrausenden Kieslaster Paroli zu bieten. Als ich stehen blieb, drehte sich Jane um, sah meine Schattenmänner und machte sich aus dem Staub. Nur hatte sie dieses Mal im Eifer ihres Selbsterhaltungstriebs ganz vergessen, mich mitzuschleppen. Die zwei Männer flankierten mich wieder wie gehabt. Sie hatten nach wie vor ein Problem mit der Privatsphäre.

«Hey, Alter!», brüllte einer der beiden, als müsse er sich erst noch bemerkbar machen. «Eins musste wissen, ey, verstehste, was ich meine?»

Ich nickte, hatte aber keinen Schimmer. Den würde ich noch früh genug bekommen, dachte ich.

«Wir, na ja, wir wussten nicht, dass du echt nix siehst und so, blind bist und so, und deshalb wollten wir uns einfach entschuldigen, verstehste, was ich meine?»

«Kein Problem, echt nicht», stammelte ich.

«Ja, genau», sagte die andere Stimme, «tut mir leid, die ganze Scheiße. Du siehst aber auch verdammt nochmal wie ein ganz normaler Typ aus, verstehste, was ich meine? Du siehst aus wie 'n ganz normaler Typ, und wir wollten uns da nicht irgendwie lustig machen oder so. Du siehst nicht aus wie 'n Blinder, ist dir das klar?»

Ich nickte zustimmend.

«Und ich respektiere auch deine Leutchen und wie schwer's ihr habt und so, Alter. Echt cool!»

Meine Leutchen und ich waren also cool. Als die beiden gingen, klopften sie mir auf die Schulter, als wären wir die dicksten Kumpel. Oder ich ihr Haustier.

Obwohl nichts passiert war, ließ mich jener erste Abend für den Rest unserer Reise nicht mehr los. Letztendlich wurde mir etwas genommen, wenn auch nur eine winzige Kleinigkeit. Eine seltsame Art von Würde, könnte man sagen. An ihre Stelle trat ein befremdliches Gefühl von Verachtung. Ich weiß, es hört sich albern an, wirklich, aber wie soll einem Gerechtigkeit widerfahren, wenn man nicht überfallen und ausgeraubt wurde? Ich meine die Frage ernst, auch wenn es sicherlich Wichtigeres gibt. So viel habe ich jedenfalls gelernt – selbst die alltägliche Gewalt auf der Straße gibt mir keine faire Chance. Diskriminierung bleibt Diskriminierung, auch wenn alles nur gut gemeint ist. Meine Generation ist in einer Gesellschaft groß geworden, in der vor allem unsere Rechte im Vordergrund standen, der Umgang mit Diskriminierungen jeglicher Art aber ein Mauerblümchendasein fristete. Und zwar so sehr, dass ich gar nicht weiß, wie ich mich dafür bedanken soll. Danke für das Klischee, das ihr mir verpasst. Danke, dass ihr mich von eurer Gewalt verschont, obwohl ich ein relativ wohlhabender Tourist bin. Dafür dankbar zu sein, dass man verschont geblieben ist, kann eine recht zweischneidige Angelegenheit sein. Ich wollte abgezogen werden. Ich wollte abgezogen werden wie jeder andere auch, um dieses bisschen Würde zu wahren.

Irgendwo existiert ein Foto von meiner Reise nach New Orleans. Am letzten Tag unternahmen Jane und ich eine Bootsfahrt im Mississippi-Delta. Wir hatten von einem Typen namens Sirus gehört, einem Krabbenfischer vor Ort, der kleine Ausfahrten für Touristen organisierte. Erst checkte er die Bootsklappen und entführte seine Passagiere dann in das Labyrinth alter, sumpfiger Wasserwege, wo er mit seinem großen, bauchigen Boot hier und da anhielt, um Krokodilen gut zuzureden, ins Wasser zu gleiten. Sein Lieblingsköder waren Marshmallows. Auf der Tour hatte er auch sein Haustier dabei – einen Alligator, der handzahm war.

Ich betrat das Boot und hielt Ausschau nach dem Tier, konnte aber keinen entsprechenden Umriss erkennen. Das beunruhigte mich. Auf einen Alligator zu treten oder ihn mit meinem Stock zu piksen, war das Letzte, was ich gebrauchen konnte. Es war ein großes Boot mit vielen Sitzbänken, Seilrollen stapelten sich hier und da, und unter Planen verbargen sich unzählige Klappen und Ausrüstungsgegenstände. Der Alligator konnte überall sein.

Als wir – die acht zahlenden Kunden – dann die paar Alligatoren begafften, die unser Guide vom Ufer gelockt hatte, ging Sirus hinter das Steuerrad des Bootes, zog eine Decke weg und nahm sein anderthalb Meter großes Kuscheltier an sich. Ich konnte nicht sehen, was er auf dem Arm hatte, konnte es mir jedoch zusammenreimen, als die Texanerin neben mir einen gellenden Schrei ausstieß und zu einem Gebet ansetzte. Ganz offensichtlich hatte sie das Kleingedruckte nicht gelesen.

Sirus beruhigte sie und erklärte ihr, dass das Reptil sein Haustier sei. «Gute Frau, sie ist zahm», versicherte er mehrmals. «Gute Frau, sie ist zahm.»

«Aber es sieht so echt aus!», rief die Texanerin aufgeregt.

Haustiere sind für manch einen keine echten Tiere.

«Sie ist echt», sagte Sirus und wollte den Alligator unserer betenden Texanerin anvertrauen. Sie lehnte ab. Sinus drehte sich mir zu. «Wie sieht's mit Ihnen aus?», fragte er. «Wollen Sie sie mal halten?»

Bevor ich antworten konnte, hatte ich einen Alligator auf dem Arm. Der Schwanz hing durch sein Eigengewicht herab. Sirus' Haustier fühlte sich an wie ein Sack Muskeln. Der feineren Art. Das Tier ertrug die entwürdigende Behandlung unsererseits mit einer stoischen Ruhe, um die ich es nur beneiden konnte.

«Lass mich ein Foto schießen.» Jane nestelte an der Kamera herum.

Ich wollte kaschieren, wie unwohl ich mich fühlte mit diesem Ding auf dem Arm, aber die Kamera brachte es zutage. Zu Hause beschrieb mir Jane das Foto. Sie meinte, der Alligator und ich sähen aus, als würden wir beide lächeln, aber wir lächeln nicht. Wir wollten uns nur über die Zeit retten und unseren gemeinsamen Auftritt beenden, bevor jemand ernsthaft Schaden nimmt.

Genau wie Jane.

Hier? Da? Dies? Das?

Ich werde oft gefragt, was ich am Blindsein am meisten hasse. Blind zu sein, wäre eine gute Antwort. Blind zu sein, hasse ich am meisten am Blindsein, aber das wollen die Leute in der Regel nicht hören. Nenn uns ein Beispiel, ganz konkret, sagen sie dann. Nach einem echten Ärgernis gefragt, fallen mir als Erstes Toiletten in Restaurants ein. Sie sind eine einzige Katastrophe. Eines schönen Tages wird der öffentliche Lokus für Otto Normalverbraucher ein für alle Mal den Beweis erbringen, dass sich hinter seiner glänzenden Porzellanfassade die Hölle befindet.

Nehmen wir an, mir geht eine freundliche Bedienung zur Hand, eine, die bereit ist, mich auf dem Weg zum stillen Örtchen zu begleiten. Ich weiß, ich sollte dankbar sein angesichts von so viel Hilfsbereitschaft, und bin es auch, allerdings verflüchtigt sich meine Dankbarkeit, wenn ich bedenke, wie erniedrigend es ist, im Alter von 33 Jahren auf jemanden angewiesen zu sein, um aufs Klo zu gehen. Mit siebzig oder achtzig könnte ich das vielleicht als unumgängliche Notwendigkeit des Alters akzeptieren. Wir alle hoffen, dass der Herbst des Lebens unseren Stolz relativiert, was ich allerdings bezweifle. Trotzdem ist es schlichtweg unmöglich, guter Dinge zu sein, wenn man älter als vier ist und nach Hilfe fragen muss, um auf den Topf zu gehen.

Nach Hilfe zu fragen, ist aber nicht der Punkt, der mir heutzutage am meisten Sorgen macht. Allein durch die Toilettentür zu kommen, ist der eigentliche Knackpunkt. Das Drama, die

Herrentoilette am Arm einer Frau aufzusuchen, hat etwas von einem ersten Date. An der Tür sehen wir uns mit dem heiklen Problem konfrontiert, ob oder wie wir uns voneinander verabschieden. Während ich ihr für ihre Hilfe danke, zerbrechen wir uns beide den Kopf, ob wir uns nun die Hand geben und es an dieser Stelle für heute Abend mit dem Eskortservice gut sein lassen oder ob ich sie noch hineinbitte. Oder sie macht sich Gedanken und fragt mich besorgt: «Soll ich nicht doch besser mitkommen?» Oder ich mache mir Gedanken, dass sie sich Gedanken macht, und so nimmt das unendliche neurotische Hin und Her seinen Lauf.

Meine Bedenken sind durchaus berechtigt. Ich weiß inzwischen nämlich, dass man den Enthusiasmus nicht unterschätzen sollte, mit dem manche Leute Behinderten gegenüber gerne den barmherzigen Samariter spielen. Auch wenn ich vor der Tür zur Herrentoilette mit Nachdruck darauf verweise, dass ich keine Hilfe brauche, wird dies manchmal fälschlicherweise als Schüchternheit interpretiert oder als einfaches Verlangen, niemandem zur Last fallen zu wollen, und schon gar nicht einer fremden Frau, die ihr Geld mit dem Servieren von Burgern verdient und nicht dafür, blinde Männer zum Pissoir zu bringen.

Kein Problem, wirklich nicht, versichere ich ihr. Zeigen Sie mir einfach die richtige Richtung, dann geht das schon allein, sage ich und schwinge wie zum Beweis meinen Blindenstock. Wenn sich niemand auf der Herrentoilette befindet, stolpere ich so lange herum, bis ich selbst ein Pissoir finde. Die einzige Gefahr, die lauert, wenn ich den Toilettengang auf eigene Faust antrete, ist, abzuschätzen, ob ich mich nun direkt *vor* einem Pissoir oder *zwischen* zweien befinde. Diesen Punkt verschweige ich natürlich geflissentlich. Ich könnte mit meinem Stock die Beschaffenheit der Oberfläche abtasten, allerdings sagt mir ein Blindenstock nicht, ob ich die Innen- oder die

Außenseite des Pissoirs vor mir habe. Um ganz sicherzugehen, müsste ich das fragliche Objekt vor mir mit der Hand abtasten. Was für ein Gedanke!

Tut mir leid, aber an dieser Stelle hört es für mich auf. Geben Sie zu, auch Sie würden nicht mit der Hand fremder Leute Toiletten abtasten. Wenn ich mich nach bestem Wissen und Gewissen entschieden habe, riskiere ich es, und sollte ich mit meiner Entscheidung danebenliegen, dann tut mir das leid. Aber man muss irgendwo die Grenze ziehen, vorzugsweise nicht mit bloßen Händen.

Danebenzuzielen ist eine weit weniger demütigende Perspektive als die möglichen Alternativen. Einmal zerrte mich ein Kellner am Ärmel in die Toilette und bugsierte mich in eine freie Kabine. «Danke, nicht nötig, wirklich nicht nötig!», flehte ich, aber er schleifte mich mit aufmunternden Kommentaren quer durch die stark frequentierten Toilettenräume. Womit hatte ich nur diese Vorzugsbehandlung verdient?

Es ist schwer, ungehalten zu sein, wenn jemand nur hilfsbereit sein will. Zumal wenn er säuselt: «Da sind wir schon. Falls Sie noch was brauchen, ich warte auf alle Fälle draußen vor der Tür» – wer kann da schon widerstehen?

Wenn der Gang zur Toilette ansteht, stelle ich immer wieder fest, dass ich zeit meines Lebens dazu verdammt bin, mich in der zweifelhaften Freud'schen Manie zwischen Reinlichkeit und Unabhängigkeit zu bewegen. Dabei will ich in den meisten Fällen nichts anderes als nur die grobe Richtung.

Einmal fragte ich die unscharfe Erscheinung einer rothaarigen Kellnerin nach dem Weg zur Toilette. Sie tänzelte zu mir an den Tisch, eingehüllt in eine Parfümwolke. Ich begann, mir Sorgen zu machen. Ich war bei Milestone's am Stadtrand von Langley, meiner alten Heimat, und saß gemütlich beim Mittagessen. Mehr als sonst kämpfte ich mit mir, ob ich nun nach Hilfe für den Gang zur Toilette fragen sollte, schließlich war ich in meiner Heimatstadt, und wer weiß, wer das alles mitbekommen oder wer – schlimmer noch – die Bedienung sein würde, die mich begleiten sollte. Was ich allerdings definitiv wusste, war die Tatsache, dass sie ein Parfüm aufgetragen hatte, das sinnigerweise «Poison» hieß. Und dabei hatte sie nicht gespart. Der Duft ließ mich hellhörig werden.

Lassen Sie mich ein für alle Mal mit einem Mythos aufräumen. Mit dem Mythos der übersinnlichen Fähigkeiten. Er trifft nämlich nicht zu. Der Geruchssinn eines Blinden kann nach meiner Erfahrung durchaus nicht mit dem von Superman konkurrieren. Es ist einfach nur so, dass der Geruchssinn unbewusst neue Funktionen übernimmt, wie zum Beispiel Leute zu erkennen. Ursprünglich mag das Gehirn diese Aufgabe dem Augenlicht zugedacht haben, aber im Laufe der Zeit werden zur Kompensierung neue Synapsen zwischen anderen Sinnesorganen geknüpft. So wie ich früher jemanden aus der Ferne an seinem Profil oder seinem vertrauten Gesicht erkennen konnte, erkenne ich ihn heute am Geruch oder der Stimme. Heute, da ich blind bin, kann mich eine Duftwolke genauso in ihren Bann ziehen, wie früher ein flüchtiger Blick meine Aufmerksamkeit wecken konnte.

Diese Kellnerin weckte durch den bloßen Duft ihres «Poison» meine Neugier. Die aufdringlich süßliche Note ihres Parfüms hatte eine ähnlich durchschlagende Wirkung wie ein nasser Lappen, der einem ins Gesicht geklatscht wird. Ich reckte meine Nase nach ihr und erkannte sie auf der Stelle wieder. Der Duft sagte mir, dass ich wahrscheinlich drauf und dran war, niemanden anders als Heidi um Hilfe beim Gang zur Toilette zu bitten.

Heidi war damals in der elften Klasse auf der Highschool ein berüchtigtes Partygirl, das nur auf Salonlöwen stand, diese drahtigen Typen, die an Basketballfeldern herumhingen, VW Cabrio fuhren und am Wochenende im «The Keg» arbeiteten und sich auf Studenten-Partys vergnügten. Aus irgendeinem Grund – einem Grund, wie er sich wohl nur im Storyboard eines John-Hughes-Films findet – interessierte sich Heidi in der elften Klasse ganze drei Wochen lang für mich, zum Entsetzen dieser ganzen Polohemd-Träger und sehr zu meiner eigenen Überraschung. Unsere Beziehung war, gemessen an den gängigen Highschool-Maßstäben, nicht normal. Vielleicht trübte auch der penetrante «Poison»-Duft, der sie umgab, derart meine Sinne, dass ich mir ihre kurzzeitige Affinität mir gegenüber nur einbildete. Wer weiß?

Nach jenen drei Wochen der Glückseligkeit gab sie mir den Laufpass, und was noch schlimmer war – sie ließ mich fallen wegen eines 21-jährigen Wachmanns, der im Einkaufszentrum *Willowbrook Mall* arbeitete. Er hatte einen orangefarbenen Sportwagen und einen Schnauzbart. Da konnte ich nicht mithalten. So außergewöhnlich die Beziehung zwischen Heidi und mir in Highschool-Kreisen auch war, so konventionell verlief unsere Trennung. Man wird immer wegen eines anderen in die Wüste geschickt, der einem nach eigenem Ermessen das Wasser um Längen nicht reichen kann. Was wiederum den schwachen Trost mit sich bringt, die bittere Abfuhr als schlichte Ungerechtigkeit zu betrachten, eine für den Betroffenen weniger schmerzliche Bezeichnung.

Nun saß ich hier, Jahre später, blind, leckte die Wunden der Vergangenheit und stand möglicherweise kurz davor, Heidi für den anstehenden Gang zur Toilette um Hilfe zu bitten.

«Darf ich Ihnen noch etwas Kaffee nachgießen?», fragte die schemenhafte Gestalt, die wahrscheinlich sie war.

«Gerne, aber noch lieber würde ich mich jetzt etwas frisch machen.»

Genau, «eklig» ist das richtige Wort, um meinen dilettantischen Versuch einer Charme-Offensive zu charakterisieren.

«Ah, die Herrentoilette ist gleich da drüben», sagte sie.

Ich stierte vor mich hin, und sie zeigte vermutlich immer noch in Richtung «da drüben». Dann vernahm ich das angenehme Geräusch, wie Kaffee eingeschenkt wurde.

«Tut mir leid», unterbrach ich, «aber damit kann ich leider nicht viel anfangen – mit ‹da drüben›, meine ich.» Ich zog meinen weißen Stock aus der Tasche neben mir. «Verstehen Sie jetzt, was ich meine? Es war wahrscheinlich auf den ersten Blick nicht zu erkennen, und ich habe es versäumt, es zu erwähnen …»

«O mein Gott! Das tut mir wirklich leid, ich wusste nicht, dass Sie blind sind! Sie wirken nicht wie … ich meine, Sie sehen nicht aus wie … überhaupt nicht, wirklich!»

Ich lächelte und verspürte dieses wohltuende Gefühl, das dich erfasst, wenn du sechzehn bist und dir jemand sagt, du sähst aus wie Anfang zwanzig. Vielleicht wäre es im Grunde genommen gar nicht so schlimm, Heidi in die Arme zu laufen.

«Danke, sehr nett von Ihnen. Wo, sagten Sie, sei die Toilette noch gleich?»

«Ach ja, genau. Die Herrentoilette ist drüben auf der anderen Seite.»

«Wo ist die andere Seite?»

«Da drüben», sagte sie und ging weg.

Eine Wegbeschreibung war eigentlich alles, was ich wollte, stattdessen zeigte mir die Bedienung die blinden Flecke meiner sprachlichen Kommunikationsmöglichkeiten auf. Sie waren irgendwann einmal parallel zum Verlust meines Augenlichts entstanden. Die Existenz dieses neuen blinden Flecks war mir nicht bewusst gewesen, bis sie ihn offenbarte. Das liegt in der Natur der Sache.

Man könnte sagen, dass die Bedienung einen Befund meines Sprachvermögens diagnostizierte, der dem ärztlichen Befund meiner Netzhaut entspricht. Mein peripheres Sehen tendierte gegen null, und meine Fähigkeit, mit sprachlichen Mitteln auf Dinge zu verweisen, war ebenfalls bereits stark eingeschränkt. Ich hatte meine liebe Mühe und Not mit Sprachkomponenten wie «dort drüben», «hier entlang». Oder «genau hier, direkt vor dir». «Hier.» – «Nein, da.» – «Gleich da drüben», wie wir sagen.

Dennoch sind diese Sprachkomponenten für die meisten blinden Menschen merkwürdigerweise gar nicht die eigentlichen Stolpersteine. In der Regel poltern die Militanten unter uns Blinden gegen die augenlichtlastigen Charakteristika englischer Idiome. Schau dich doch an! Wie siehst du denn aus? Ein echter Hingucker! Du siehst traumhaft schön aus. Schönheit liegt im Auge des Betrachters. Schön dich zu sehen. Es geht sichtlich bergauf. Ich habe dich im Auge behalten. Ich habe mir einen Überblick verschafft. Ich habe die Augen offen gehalten. Eine Augenweide! Kein schöner Anblick! Außer Sichtweite. Wen hast du im Visier? Holzauge, sei wachsam! Behalte ihn im Auge! Sieh zu, dass du ihn nicht aus den Augen verlierst. Auf Wiedersehen. Man sieht sich! Sehen Sie?

Auf der anderen Seite ist die englische Sprache bekannt für ihre Blinden gegenüber despektierlichen Metaphern, auch wenn diese per se gar nichts mit «blind sein» zu tun haben. Und Konnotationen hervorrufen wie ignorant, beschränkt, gestört, hinterhältig, dumm, falsch, naiv und – wie könnte es anders sein – verwirrt, um nur einige wenige zu nennen.

Aber all diese Metaphern haben mich nie gestört. Ich würde nie lauthals über meinen Opferstatus lamentieren wegen ein paar Metaphern oder der weitverbreiteten Tendenz, immer davon auszugehen, dass man es mit einem Menschen zu tun hat, der sehen kann. Einmal war ich in einem Kaufhaus und wollte ein Parfüm kaufen. Ich näherte mich mit meinem Stock, und der Herr an der Ladentheke nahm mich sogleich in Beschlag, um mir seine Verkaufsmasche unterzujubeln.

«Der Clou dieses eleganten Parfüms besteht darin, dass Sie

es in der Tiefkühltruhe aufbewahren und sich an heißen Sommertagen mit der stimulierenden, kühlen Brise eines dezenten Körpersprays erfrischen können.»

Echt cool, dachte ich. Das nehme ich. Er fragte mich, ob ich nicht einen Blick auf das todschicke Design des Flakons werfen wollte, und hielt das Fläschchen zur Ansicht hoch.

«Sehen Sie diese verspielten Linien?», fragte er.

Da ich nicht wusste, wo er das Fläschchen gerade hinhielt, stand ich also da und fuchtelte mit der Hand herum, um das gläserne Etwas greifen zu können. Als ihm sein Fauxpas klarwurde, schlug sich der Verkäufer mehrfach mit der flachen Hand gegen die Stirn und nuschelte: «Ach Gott, wie bescheuert von mir!» Eine überflüssige Bemerkung, zumal das Ganze für mich wahrscheinlich genauso peinlich war wie für ihn.

Die Wortwahl meiner Bedienung, um mir den Weg zu zeigen, ist eine einzige linguistische Eigentümlichkeit, eine, die näherer Betrachtung bedarf. Dies und das, hier und da und so weiter, also die indexikalischen Ausdrücke, derer man sich bedient, um im übertragenen Sinne mit dem Finger auf etwas zu zeigen, sind mir völlig abhandengekommen. Mit zunehmender Einengung meines Gesichtsfelds haben die Wörter ihre Plastizität verloren.

Ich bin überrascht, dass der Verlust des Augenlichts Sprachgewohnheiten verändern und Teile des Sprachvermögens auf Dauer deaktivieren kann. Mein Wortschatz ist ein Teil von mir und kann zweifellos unter den gleichen Krankheitssymptomen leiden wie mein Körper.

«Entschuldigen Sie.»

Meine Bedienung war zurück, und für mich wurde es höchste Zeit, zur Toilette zu kommen.

«Ich möchte nicht aufdringlich sein», sagte sie, «aber waren Sie nicht in Langley auf der Highschool?»

Schöne Aussichten waren das! Ich stellte mir vor, wie bierselige Kneipenbesucher feixend mit dem Finger auf uns zeigten, als Heidi mich Richtung Toilette schleppte, wo uns ein Wachmann mit einem überdimensionalen Schnauzbart und der Bemerkung erwartete: «Schatz, ab hier übernehme ich.»

«Ja, ja, ich war auf der Highschool in Langley.»

«Hab ich mir's doch gedacht! Du bist Ryan, stimmt's? Ich bin Danielle. Wir hatten denselben Literatur-Kurs belegt. Mein Gott, ich hab dich gar nicht gleich wiedererkannt.»

Meine im Schoß geballten Fäuste entspannten sich. Ich spürte, wie sich die Verkrampfung in meinem Rücken löste und ich zu meiner gewohnt legeren Haltung zurückfand. Selbst der süßliche Duft des «Poison» nahm eine etwas andere Note an.

«Du siehst so anders aus», sagte sie.

Das bringt meine Blindheit eben mit sich, dachte ich und musste mich zusammenreißen.

«Du auch», antwortete ich. Im gleichen Augenblick wurde mir klar, wie vollkommen verwirrend meine Antwort für sie wohl sein musste.

«Ich weiß eigentlich gar nicht so recht, warum. Vielleicht weil ...»

Der starre, leere Blick? Das heftige Schielen? Die Orientierungslosigkeit, die mir ins Gesicht geschrieben stand?

«Genau, ich hab's!» In einem Anflug von Mitleid legte sie mir dreist die Hand auf den Kopf. «Du hast dir den Kopf kahlrasiert. Schon lange?»

Ein weiteres Mal sah ich meinen Narzissmus vor eine harte Bewährungsprobe gestellt. Nur weil wir in einer Welt der Sehenden leben, muss das noch lange nicht heißen, dass Blindheit das Erste ist, was den Leuten ins Auge sticht.

«Ich erinnere mich genau, damals auf der Highschool waren deine Haare echt lang, mindestens bis hier.»

«Ja», lächelte ich, «bis hier.»

Ich warte auf dich

> Da sind diese beiden Betrunkenen, die sich vor einer Kneipe streiten, ob es sich bei dem Objekt dort oben am Himmel um die Sonne oder den Mond handelt. Ein dritter Betrunkener kommt aus der Kneipe gestolpert. Einer der beiden geht auf ihn zu und sagt: «Hey, Kumpel, kannst du uns aus der Patsche helfen? Wir haben einen Streit und können uns nicht einigen, wer recht hat.» Der dritte Betrunkene fragt: «Worum geht es bei dem Streit?» – «Was wir wissen wollen, ist Folgendes: ist das dort oben die Sonne oder der Mond?» Der dritte Betrunkene meint: «Äh, weiß nicht, Mann. Ich bin nicht von hier.»
>
> *Aus einer Erzählung von Townes Van Zandt*

Im Herbst 1995, wenige Monate, nachdem Jane und ich uns getrennt hatten, schrieb ich mich als Doktorand im Fachbereich Englisch an der Simon Fraser University ein. Lesen konnte ich noch, wenn auch nur mit Mühe. Ich konnte maximal drei zusammenhängende Buchstaben auf einmal erkennen. Das bedeutete, dass meine Augen letztlich mein Spezialgebiet konditionierten: Lyrik – je kürzer, desto besser. Außerdem belegte ich Kurse über Kinderliteratur, wo mir die in der Tat wirklich kurzen Wörter zugute kamen. Nach der Trennung von Jane und aufgrund des erhöhten Zeitaufwands, den die Lektüre von Texten erforderte, beschloss ich, mich voll und ganz auf mein Studium zu konzentrieren. Das Semester war noch keine zwei Tage alt, als ich eine Frau namens Tracy kennenlernte.

Sie war aus der Pampa nach Vancouver gekommen und war groß und hübsch. Ein echter Hingucker mit ihrem dunkelbraunen Haar und dem Elfengesicht. Auf dem Campus hefteten wir angehenden Doktoranden uns wie Kletten an ihre Fersen und ließen keine Peinlichkeit aus, um ihre Aufmerksamkeit zu erwecken. Sie ertrug unsere Avancen mit einem gequälten Lächeln und stachelte uns manchmal sogar an. Sei es, dass sie kurz über die Schulter blickte, wenn sie sich von uns entfernte, sei es, dass sie uns im Vorbeigehen am Arm berührte. Was Tracy auch machte – es brachte uns um den Verstand.

Mein Zimmer im Wohnheim befand sich schräg gegenüber von ihrem. Zum Glück waren wir beide Raucher. Ihr Zimmer hatte einen Balkon, meines nicht. Eines Nachmittags klopfte ich an ihre Tür und fragte, ob ich kurz ihren Balkon benutzen dürfte. Zum Rauchen, versicherte ich ihr. Sie leistete mir Gesellschaft. Bald schaute ich öfter vorbei, und es dauerte nicht lange, bis ich doppelt so viele Zigaretten qualmte wie normal.

«Ich dachte mir, du und ich könnten gelegentlich vielleicht etwas zusammen unternehmen», sagte ich eines Tages. «Nächstes Wochenende habe ich Geburtstag. Ich dachte, vielleicht …»

«Da kann ich nicht», bemerkte sie kurz und bündig.

«Na gut. In Ordnung, versteh schon.»

«Da habe ich nämlich selbst Geburtstag», ergänzte sie.

Es stellte sich heraus, dass wir im Abstand von zwölf Stunden zur Welt gekommen waren. Nach dieser Erkenntnis hingen wir den Rest des Tages miteinander herum, bis sie schließlich unmissverständlich klarmachte, dass sie für die Uni noch etwas zu erledigen hätte. In Kürze wären alle PCs im Computerraum besetzt, und auf sie wartete ein Stapel mit handschriftlichen Aufzeichnungen, die in den PC eingegeben werden mussten.

«Bist du schnell im Tippen?», fragte ich.

«Geht so.»

«Weil … ich schaffe fünfzig Wörter pro Minute. Ich meine, wenn du willst, jage ich dir den Kram eben schnell durch die Tastatur, und dann könnten wir vielleicht was essen gehen oder so.» Ich war ohnehin schon eine Stunde zu spät für ein Seminar über ein Buch, das ich nicht gelesen hatte.

«Nicht nötig», meinte sie. «Ich krieg das schon auf meine Art hin.»

«Aber ich bin echt schnell. Wie ein geölter Blitz. Du würdest eine Menge Zeit sparen, und wir könnten später was zusammen machen.»

«Wirklich, das kann ich nicht von dir verlangen.»

«Aber ich bestehe darauf.»

Also ließ mich Tracy schließlich ihre Aufzeichnungen eintippen, während sie es sich auf einem Stuhl bequem machte und mir den Text diktierte. Ich erklärte ihr, dass das Zehn-Finger-Blind-System am Computer wohl das Beste sei, was ich an der High School gelernt hätte. Ich brauchte nicht auf die Tastatur zu schauen, ich konnte sie fühlen. Was mir eine Menge Kummer ersparte. Ich legte ihr wärmstens ans Herz, ebenfalls das Zehn-Finger-System zu lernen, wenn sie Zeit hätte. Sie hörte aufmerksam zu und pflichtete mir bei, alldieweil ihr längst klar war, dass sie schneller tippen konnte als zwei von meiner Sorte.

Kurz zuvor hatte sich Tracy von ihrem langjährigen Freund getrennt. Im Nu war uns beiden stillschweigend klar, dass wir uns mühelos bis über beide Ohren in den anderen verlieben könnten, was derart Knall auf Fall dann allerdings doch etwas zu viel des Guten gewesen wäre. Beide wollten wir noch ein bisschen unsere Wunden lecken und dem Single-Leben frönen. Wir trafen uns zwar regelmäßig, hatten aber abgemacht, die Zukunft fürs Erste offenzulassen, da eine feste Beziehung für uns beide zu früh käme.

Ich hatte nur ein Problem mit unserer Abmachung. Während sich Tracy gelegentlich mit anderen Typen traf, hofierte ich, na ja, nur sie. Nicht dass ich es nicht versucht hätte, vor allem, nachdem einer ihrer neuen Verehrer, ein langhaariger Möchtegern-Revoluzzer, Tracy davon überzeugen wollte, mich abzuservieren. Laut ihrem Macho-Heini war ich vielleicht ein helles Köpfchen, aber alles andere als eine Schönheit. Starker Tobak für einen blinden Typen. Ich nahm den Konkurrenzkampf an und mutierte so einfalls- wie würdelos zum Alphatier männlicher Sexualität. Ich versuchte, Tracy eifersüchtig zu machen, so eifersüchtig wie nur irgend möglich.

Sehnsucht – der Begriff leitet sich ursprünglich vom Fixstern Sirius ab, dem hellsten uns bekannten Stern überhaupt. Viele antike Kulturen haben Sirius eine besondere Bedeutung beigemessen, auch wir orientieren uns an ihm. Sehnsucht als Ursprung allen sinnstiftenden Handelns. Wie in meinem Fall. Das Gefühl der Sehnsucht lenkt uns nicht nur, es ist die Triebfeder unseres Handelns. Wir werden, wie man so schön sagt, von unseren Sehnsüchten getrieben.

Sehnsucht impliziert auch ein Ziel in weiter Ferne, das unerreichbar bleibt, eine fixe Idee, der wir vergeblich nachjagen. Wie man sich vielleicht vorstellen kann, ist Blindheit nicht gerade die allerbeste Voraussetzung dafür, sich an Sternen, Sonnen, Monden oder Glühbirnen zu orientieren. Blindheit ist inkompatibel mit allem, was sich an einer Lichtquelle orientiert. Damals konnte ich das Objekt meiner sehnsüchtigen Begierde immerhin noch flüchtig erkennen, was jedoch nicht automatisch bedeutete, dass ich auch immer gewusst hätte, wohin zum Teufel die Reise geht.

Während meiner Studentenzeit hatte ich eine Lieblingskneipe. Der Laden hieß «The Rose and Thorn», war seinem Stammpublikum jedoch besser bekannt unter seinem Akronym «The Rat». Im Grundstudium hing ich oft dort herum und las Romane, verewigte Gliederungen für Seminararbeiten auf der Serviette oder machte mir Notizen auf meinen entwerteten Busfahrkarten. Die restliche Zeit versuchte ich, möglichst kunstbeflissen auszusehen. Für mich war die Kneipe wie ein merkwürdig produktivitätsfördernder Joint. Bevor ich die Fronten wechselte und nächtliche Szenekneipen frequentierte, verbrachte ich dort einmal einen bierseligen Abend mit *Fiesta*. Mehr als an das Buch selbst erinnere ich mich allerdings an meine damit verbundene fixe Idee. Ich wollte meinen ersten Hemingway-Roman mit einem Solei und einer existenziellen Krise beim Ritt auf einem mechanischen Bullen ausklingen lassen. Beides war im «The Rat» nicht zu bekommen, obwohl der Laden von der Sorte zu sein schien, wo man auf einem mechanischen Bullen oder bei einem gepflegten Wirte-Weitwurf-Wettbewerb als Mensch wachsen konnte. Ich begnügte mich schließlich mit einer Packung Doritos und etwas Kleingeld für die Busfahrt zum nächsten Ort des Geschehens. Moderne Literatur kommt immer besser mit kleinen Accessoires, vorausgesetzt, man kann sie auftreiben.

Tracy war heute Abend mit einem ihrer flammenden Verehrer in der Stadt unterwegs. Wenn ich mir schon ein paar schöne Stunden allein mit meinen Gedanken machen würde, dachte ich, warum eigentlich nicht im «The Rat»? In einer Kneipe hatte die Öffentlichkeit wenigstens die Möglichkeit, mich wahrzunehmen. Wenn ich eines Tages bei den armseligen Lichtverhältnissen dort keine Romane mehr lesen könnte, würde ich mich zumindest vielleicht selbst in einer Live-Story wiederfinden. Das war mein Credo, wenn man das so bezeichnen konnte.

Aufgrund meiner Blindheit vergesse ich neben zahlreichen anderen Dingen, dass ich mit meinen Augen nach wie vor irgendwohin schauen muss. Wenn ich einfach nur mit offenen Augen träume, der Musik oder den Unterhaltungen um mich herum lausche, nehmen mich die Leute viel weniger wahr als wenn ich sie in den letzten fünf oder zehn Minuten fixiert hätte. In der Öffentlichkeit wäre ich eigentlich gut beraten, meine Augen konsequent auf den Tisch oder den Boden zu richten, aber ich vergesse immer wieder, dass sie umherschweifen und Dinge wie «Hallöchen» oder «Hey, kennen wir uns nicht?» sagen. Oder irgendeine andere Nebensächlichkeit. Wenn ich den starren Blick eines Rindviehs aufsetze und trotzdem nichts auf der gegenüberliegenden Seite des Raumes erkennen kann, kommt es manchmal vor, dass ich mich ungewollt einem Blickduell mit fremden Leuten ausgesetzt sehe, die natürlich nicht wissen können, dass ich blind bin, und mich entweder für einen Hypnotiseur im ersten Lehrjahr, einen stierenden Psychopaten oder, noch schlimmer, für einen in seinem Sozialverhalten gestörten Lustmolch halten.

Als ich Schritte auf mich zukommen hörte, wusste ich, dass ich es wieder einmal vermurkst hatte. Je näher die Schritte kamen, desto lauter wurde das Klacken der Stöckelschuhe. Der forsche Schritt beunruhigte mich weniger als die kurze, inquisitorische Stille, die eintrat, als die Stöckelschuhe neben meinem Tisch zum Stehen kamen. Der schemenhafte Umriss einer Frau wollte wissen, was ich wohl eigentlich glaubte, sie anzustarren. Das hätte ich auch gerne gewusst. Es dauerte ein paar Sekunden, bis ich die Sprache wiederfand.

«Äh, keine Ahnung. Nichts. Ich habe, na ja, einfach so vor mich hin gestarrt. Ins Leere, wirklich.»

«Okay, ich weiß zwar nicht, was du so faszinierend an uns findest», sagte sie, «aber mein Freund und ich dort drüben wären dir dankbar, wenn du endlich aufhören würdest, uns anzustarren. Echt unheimlich, verdammt nochmal – ohne Scheiß!»

Die Behauptung, ich hätte nichts gesehen, stimmte nicht ganz. Von meinem Platz aus hätte ich schwören können, dass der Umriss ihres Kopfes ein Plakat ist. Ein Plakat, auf dem ein Bierkrug abgebildet ist. Da ich mir nicht vorstellen konnte, dass sie besonders geschmeichelt gewesen wäre, behielt ich meine Beobachtung für mich.

Ich bastle mir ständig Bilder zusammen. Was mir mitunter Schwierigkeiten einbringt. Egal, ob meine Augen rastlos umherschweifen oder nicht – sie erfinden meine ganz persönliche Sicht der Dinge. Dinge, die sie aus den spärlichen optischen Eindrücken zusammensetzen, die ihnen noch geblieben sind. Manchmal nehmen Blinde für sich in Anspruch, Ausschnitte der realen Welt außerordentlich detailliert und komplex wahrzunehmen, wie beispielsweise eine Person, mit der sie sich unterhalten. Dabei wird nicht etwa ein im Gedächtnis gespeichertes Bild abgerufen, sondern es handelt sich – wie bei Menschen, die sehen können – um die frischen Eindrücke bewegter Bildsequenzen, die real zu sein scheinen und nicht der Erinnerung entspringen. Eine Phantomsicht, die genauso schnell wieder verschwindet, wie sie auf den Plan getreten ist. Manchmal geht ein bewegtes Phantombild nahtlos in ein anderes über. So wird ein schwarzer Müllsack am Boden plötzlich zu einer schmierigen Öllache, die sich bei näherer Untersuchung wiederum als die zerknautschte schwarze Lederjacke entpuppt, nach der ich gesucht hatte. Wahrscheinlichkeit spielt dabei eine Rolle. Ich verwechsle zwar einen Briefkasten nicht mit einem tanzenden Kobold, aber manchmal kann es durchaus vorkommen, dass ich, sagen wir, eine Frau, die vor einer Wand sitzt, für ein Plakat mit einem Bierkrug halte. Ich dachte, ihre blonden Haare wären der Schaum.

Mein weißer Stock blieb unter dem Tisch verborgen und war nicht zu sehen. Meine Inquisitorin hatte nicht bemerkt, dass ich blind bin. Ich ging als jemand durch, der sehen kann, was mir dann doch etwas schmeichelte, so stinkig sie auch war. In dieser Situation hat man die Qual der Wahl. Ich muss mich entscheiden, ob ich mich als blind zu erkennen gebe, was für meinen aufgebrachten Gegenpart äußerst peinlich sein und ihn zum Rückzug bewegen kann. Oder ob ich weiterhin als jemand durchgehen will, der sehen kann, was manchmal für beide Beteiligten die einfachere Variante ist.

Momente wie diese haben eine wegweisende Dimension. Das heißt, ich muss abschätzen, inwieweit ich meine Geschichte mit jemandem teilen möchte, und zwar schnell. Wenn ich der Überzeugung bin, dass wir in diesem Leben bestimmt keine Busenfreunde mehr werden, oder davon ausgehen kann, die betreffende Person ohnehin nie mehr wiederzusehen, versuche ich meist, meine Blindheit außen vor zu lassen. Ich mache das, weil ich niemanden in Verlegenheit bringen möchte und weil ich keine Lust habe, immer die gleiche Litanei herunterzubeten, was ich denn nun sehen kann und was nicht, warum das so ist und so weiter. Im Gegenzug machen die Leute ihrem Ärger Luft. Wenn ich aber sage, dass ich blind bin, so ist das nichts anderes als ein – wenn auch vielleicht unterbewusstes – Zeichen der Sehnsucht, mir die Möglichkeit einer dauerhaften Beziehung zu diesen Leuten offenzuhalten. Was die Gefahr mit sich bringt, dass ich sie in Kalamitäten stürze.

Es ist mir jedes Mal aufs Neue ein Rätsel. Sage ich die Wahrheit, suchen die Leute oft das Weite, wenn ich jedoch lüge, leisten sie mir schon eher Gesellschaft und kommen schließlich selbst dahinter, was Sache ist.

«Tut mir leid», sagte ich schließlich, «ich war einfach nur in Gedanken versunken, und außerdem ist das hier meine alte Brille. Wahrscheinlich habe ich deswegen gar nicht bemerkt, dass ich euch anstarrte. Tut mir wirklich leid. War nicht meine Absicht, jemanden zu erschrecken. Jedenfalls nicht dass ich wüsste.»

Sie lachte, wenn auch nur verhalten. Mit dem Fuß checkte

ich meinen Stock unter dem Tisch. Kein Stück war von ihm zu sehen, dachte ich jedenfalls. Als Wiedergutmachung für den offensichtlichen Schrecken, den ich den beiden eingejagt hatte, lud ich meine Inquisitorin und ihren Freund auf einen Drink zu mir an den Tisch ein. Nach kurzem Zögern willigte sie ein. Als sie ihren Freund holen ging, zog ich flugs meinen Stock unter dem Tisch hervor, klappte ihn zusammen und ließ ihn in meinem Rucksack verschwinden. Viel unnötiger Aufwand, möchte man meinen, aber Fakt ist, dass meine Blindheit mit dieser Maßnahme fürs Erste außen vor war, entschärft wie ein paar Stangen Dynamit, die jederzeit hochgehen können. Selbst wenn ich – zumindest eine Zeitlang – als Blinder unerkannt bliebe, wollte ich vermeiden, dass einer der beiden mit dem Fuß meinen Stock berührt und dann mit der Situation nicht klarkommt. Hey, Mann, wie ist dieser Stock bloß unter den Tisch gekommen? Würde mich echt interessieren, wo der arme blinde Typ abgeblieben ist, der ihn vergessen hat.

Was auch mir immer mal wieder passiert. Ich habe meinen Stock schon überall in der Stadt liegen lassen, was unzählige Male Anlass für Spekulationen über meinen Aufenthaltsort war, und die Leute sich fragten, ob ich überhaupt noch am Leben war. Ein Blindenstock geht leicht verloren. So leicht wie eine Brille, die man vielleicht sogar auf der Nase hat und sich fragt, wohin man sie dieses Mal wohl verlegt hat. Schleppen Sie mal zwei Einkaufstüten mit sich herum, in jeder Hand eine, und schon werden Sie sehen, wie schnell Sie Ihren Stock im Bus liegen lassen. Ob Sie es glauben oder nicht, aber der Hauptgrund liegt in der Macht der Gewohnheit. Ich vergesse die ganze Zeit, dass ich blind bin, selbst wenn ich meine liebe Mühe habe, nicht überall anzustoßen. Der Stock ist wie meine Blindheit oder auch mein starrer Blick zu einem derart festen Bestandteil des täglichen Lebens geworden, dass ich ständig Gefahr laufe, ihn gar nicht mehr bewusst wahrzunehmen. Allen Anstrengungen zum Trotz ist niemand davor gefeit, seinen Blindenstock zu verlieren.

Der bemerkenswerteste mir bekannte Fall widerfuhr meinem einzigen blinden Freund Willy. Er wollte einmal in den Skytrain einsteigen, Vancouvers Magnetschwebebahn, als sich die Türen schlossen. Genau in dem Moment, als er zusteigen wollte. Die beiden Türen schnappten also zu und ließen Willy auf dem Bahnsteig zurück. Im Gegensatz zu seinem weißen Stock, der zwischen den Türen eingeklemmt war wie ein Zahnstocher zwischen zwei Zähnen. Willy zog und zerrte, was das Zeug hielt, aber die Türen waren zu fest verschlossen. Sekunden später fuhr die Bahn los und riss Willys Stock mit sich, der wie eine Sense über den Bahnsteig fegte und einige wartende Fahrgäste nur um Haaresbreite verfehlte. Sah sicher urkomisch aus. Ich habe mich oft gefragt, was die Leute an der nächsten Haltestelle wohl dachten, als sich die Türen öffneten und ihnen ein herrenloser Blindenstock vor die Füße fiel.

Wenn ich schon gegen meine Blindheit nichts machen konnte, so konnte ich wenigstens den Zeitpunkt meines Outings bestimmen. Wenn überhaupt, dachte ich, würde ich meinen neuen Bekannten erst später von meiner Krankheit erzählen, sofern es die Umstände erforderlich machten. Ich musste darauf bauen, nicht allzu früh zur Toilette zu müssen. Wenn wir uns gut verstünden und die Chemie stimmte, wäre meine Blindheit eine Überraschung für sie, ja vielleicht sogar eine geheimnisvolle Facette meines Wesens. Ein Mann kann durchaus tagträumen. Ich würde vielleicht aufstehen, um die Rechnung zu bezahlen, meinen Stock aus dem Rucksack holen und ihn mit routinierter Eleganz aufschnappen lassen, nur um meine Tischnachbarn mit meiner eher beiläufigen Enthüllung auf dem falschen Fuß zu erwischen. Mein lieber Schwan, würde es den beiden den Atem verschlagen. Wir hatten keine Ahnung, dass du … äh … na ja … äh … Und damit nicht genug, würde ich obendrein noch eine sympathische Bescheidenheit simulieren. Ach so, ihr meint den Stock hier? Hat nichts weiter zu bedeuten, wirklich. Mein Gott, wie ich doch immer wieder vergesse, dass ich blind bin. Eines dieser unerklärlichen Dinge eben. Eine geheimnisvolle Facette meines Wesens vielleicht.

Das würde mir gefallen. Wahrscheinlicher allerdings ist wohl, dass ich aufstünde, um die Rechnung zu bezahlen, meinen Stock aufklappen und meine neue Bekannte damit unglücklich an der Stirn treffen würde. Sie wäre sichtlich überrascht und würde bluten. Noch überraschter wäre sie allerdings von der Tatsache, wie kühl die Biere sind, die ich umstieß, als ich mich umdrehte, um mich zu entschuldigen. Dann würde ich jemandem mit dem Ellbogen im Gesicht herumfuchteln, vielleicht sogar allen. Nasenbeinbrüche würden meinen Weg durch die Menge pflastern. Das entspräche eher meinem Stil. Außerdem würde ich nach Begleichen der Rechnung an den falschen Tisch zurückgehen und mit den leeren Stühlen schäkern, während meine beiden Opfer diese Gelegenheit beim Schopf packen und den nächstgelegenen Ausgang ansteuern würden. Nicht dass ich Mitleid erheischen wollte. Blindheit, wie traumatisierend sie auch sein mag, ist ein Zustand permanenter Situationskomik. Und manchmal sind Unschuldige eben die Leidtragenden.

Mittlerweile befand sich meine Krankheit immer noch in einem Stadium, in dem ich ohne weiteres, ja täglich, als einer durchging, der sehen kann. Vorausgesetzt allerdings, ich bewegte mich nicht übermäßig in zu kurzen Abständen. In einer Kneipe zu sitzen und zu plaudern, kommt einem Stillleben gleich. Woraus ich schlussfolgerte, dass es kein größeres Problem darstellen dürfte, meine Blindheit zu kaschieren. Weit und breit keine Gabelstapler, keine Straßenräuber wie in Louisiana und keine widerspenstigen Reißverschlüsse, mit denen ich mich herumschlagen musste. Alles bestens. Ich musste einfach nur darauf achten, ständig Blickkontakt zu halten und die Hand stur an meinem Bier zu lassen. Andernfalls würde ich ungelenk am Tisch herumgrabbeln und Luftlöcher schlagen. Der Trick besteht darin, die Aufmerksamkeit der Leute auf das, was ich sage, zu lenken, und nicht auf das, was ich mache. Und jegliche Art von Bewegung auf ein Minimum zu beschränken.

Letzten Endes unterhielten wir uns angeregt, und ich hatte keinen Grund, meine Blindheit preiszugeben. Alle waren wir so klug wie zuvor. Unentdeckt zu bleiben, kann durchaus Spaß machen, wenn es denn funktioniert, auch wenn eine gewisse Anspannung nicht zu leugnen ist. Es ist wie eine Art Urlaub, in dem man ganz normal um die Häuser zieht. Ich nörgelte über Skiunfälle, Reisen mit dem Auto und andere visuelle Eindrücke, die mir entweder aus der Zeit geblieben waren, als ich noch sehen konnte, oder die ich kurzerhand aus Schilderungen von Freunden übernahm. Die Kunst, unentdeckt zu bleiben, hängt zum Großteil von einer gewissen Vertrautheit mit meiner eigenen Nostalgie ab, ohne die ich gezwungen wäre, auf irgendeinen Scheiß zurückzugreifen, in der Hoffnung, wenigstens mit dem ein oder anderen überzeugenden Detail aufwarten zu können.

«Ach ja, auch ich hatte schon mehr als genug Kackjobs», warf ich an einer Stelle ein. «Vor ein paar Jahren hatte ich im Sommer einen Job im, äh, wie war der Name doch gleich? Im Weizen-, im Weizen-Dingsbums. Weizen-, äh ... Scheiße, vergessen.»

«War es eine Bäckerei?», fragte die Frau, die mir vorgeworfen hatte, ich hätte sie angestarrt.

«Nein. Wo der ganze Weizen verschifft wird, unten am Hafen.»

«Im Weizen-Kontor?», fragte ihr Freund.

«Nein.»

«Im Weizen-Dock?»

«Nein, nein, es hatte irgendwas mit Lagerung zu tun, Weizenlager oder so ähnlich. Ich weiß nicht …»

Meine Inquisitorin hatte ihren Spaß. «Etwa die Landwirtschaftsgenossenschaft?», sagte sie. «Warst du der Mann fürs Grobe, wenn die Leute Schulden bei der Genossenschaft hatten? So eine Art Geldeintreiber vom Dienst?» Sie lachte, und mir gefiel ihre Lache.

«Klar, ich war schwer bewaffnet und habe unbezahlte Weizenlieferungen beschlagnahmt – für den Weizen-Pool. Genau! So hieß der Laden. Weizen-Pool. Aber im Ernst, in Wirklichkeit habe ich dort als Siloputzer malocht.»

«Siloputzer?», fragte sie.

Siloputzer war der ausgefallenste Job, den ich kannte, zumal einer, den ich nie gemacht hatte. Mein Freund Wayde arbeitete im Sommer nach dem Highschool-Abschluss als Siloputzer. Auf mich übte dieser merkwürdigste aller Jobs schon immer eine gewisse Faszination aus, und so dachte ich, er würde eine gute Story hergeben. Ich war jetzt seit fünf Jahren Student. Und verhauene Rechtschreibprüfungen sind nicht gerade dazu angetan, für Abende mit übermäßig vielen Lachern oder fesselnden Anekdoten zu sorgen.

«Ein Siloputzer wird in leere Getreidesilos geschickt. Ich hatte so einen Nylongurt umgeschnallt und wurde mit einer Winde abgeseilt. Wir mussten Schutzbrillen und Atemmasken tragen, weil alles so verdreckt war. Unsere Arbeit bestand darin, mit einem Pickel den Dreck von den Innenwänden des Silos abzuschlagen. Oder mit einer Hacke. Irgendwas in dieser Art. Jedenfalls hing ich stundenlang in der Luft herum und pickelte sämtliche Getreidereste und alles, was sich sonst noch so an Dreck angesammelt hatte, von der Silowand. Echt geisttötend. Ein Scheißjob. Genauso beschissen wie mein Staplerfahrerjob damals im Sommer. Mein Gott, ich hasse Gabelstapler.»

Als sich der Abend dem Ende zuneigte, war mir meine Inquisitorin durchaus wohlgesinnt. Wir verstanden uns prächtig, es schien, als hätten sich da zwei gefunden. Die Kneipe machte langsam dicht, aber weder sie noch ich waren gewillt, es dabei bewenden zu lassen. Als ihr Freund kurz aufgestanden war, um eine Tüte Chips zu kaufen, fragte sie mich, ob ich Lust hätte, später noch bei ihr vorbeizukommen. Die Kneipe hatte fürs Erste ihre Schuldigkeit getan. Die Öffentlichkeit hatte mich wahrgenommen. Der Abend mitsamt meiner Geschichtenerzählerei nahm einen Verlauf, mit dem ich nicht gerechnet hatte. Die Sehnsucht geht eben manchmal unerklärliche Wege.

«Gib mir eine halbe Stunde Zeit, um meinen Freund abzusetzen», sagte sie, während sie ihre Jacke anzog. Sie schrieb eine Adresse auf einen Bierdeckel und steckte ihn mir zu.

«Bis gleich bei dir», sagte ich.

«Ich warte auf dich.»

Ihre Wohnung zu finden, stellte mich vor keine größeren Probleme. Ich gab den Bierdeckel einfach meinem Taxifahrer und überließ es ihm, die Adresse zu entziffern und die Straße ausfindig zu machen. Trotz allem war mir klar, dass ich mich in einer etwas heiklen Situation befand, hatte ich doch die Sache mit meiner Blindheit viel zu lange unter den Teppich gekehrt. Nach all den Storys, die ich von meinen Freunden stibitzt und als meine eigenen zum Besten gegeben hatte, hätte ich es jetzt umso schwerer, meine Lebensgeschichte ins rechte Licht zu rücken, um nicht als Blender dazustehen. Angestochen und geil, wie ich war, kam ich zu dem Schluss, am besten meiner bislang kolportierten Version treu zu bleiben und meine Blindheit unerwähnt zu lassen.

Warum sollte ich einen perfekten Abend ruinieren? Als wir das Appartementhaus erreicht hatten, in dem sie wohnte, bildete ich mir ein, ich könnte mich mit meinem Stock unerkannt zur Eingangstür vorarbeiten. Hoffte ich zumindest. Wäre ich erst einmal in dem Gebäude drin, würde ich auf den beleuchteten Korridoren mühelos ihre Wohnung finden. Ich würde den Stock zusammenklappen, ihn wieder in meinem Rucksack verschwinden lassen, an die Tür klopfen und alles Weitere meinem Improvisationstalent überlassen.

Das Sofa in einer Wohnung zu finden, ist eine der leichtesten Übungen überhaupt. Sollte sie mich jedoch bitten, kaum dass ich bei ihr wäre, nach der Fernbedienung zu suchen, wäre ich aufgeschmissen.

Was kann ich zu meiner Verteidigung vorbringen? Nichts. Wie lässt sich diese ganze Doppelzüngigkeit erklären? Verzweiflung wäre auf den ersten Blick vielleicht ein Motiv. Oder niedere tierische Instinkte, schätze ich, weil sie dazu angetan sind, die Leidenschaft im anderen zu wecken. Betrachte ich die Sache jedoch etwas differenzierter, scheint mir die Erklärung weitaus plausibler, dass ich damals Himmel und Hölle in Bewegung gesetzt hätte, um nicht als blind zu erscheinen. Dass ich dabei meine Selbstachtung opferte, war noch das kleinste Übel. Ich konnte die mir innewohnende Blindheit nicht heilen, also setzte ich alles daran, so lange wie möglich als Mann durchzugehen, in dessen Leben Blindheit kein Thema ist. Eine Art Selbstmedikation. Lügen verdeckten die Symptome meiner Krankheit oder schoben sie zumindest auf die lange Bank. Manchmal.

Als der Taxifahrer vor dem Gebäude anhielt, fragte ich ihn, nach welcher Appartementnummer ich denn suchte. 107, meinte er, und gab mir den goldfarbenen Bierdeckel zurück. Ich stieg aus dem Taxi und fand mich im hellen Schein einer Straßenlaterne wieder. Ich schaute mich um, konnte aber nirgendwo die klobigen Gebäudeformen ausmachen, die ich einem Appartementhaus zuschrieb. Keine rasterartigen Lichtpunkte am dunklen Himmel, die auf Appartements schließen

ließen, schon gar nicht auf eines mit einem Licht im Fenster, das mir heimleuchtete.

Bevor ich die Wagentür zumachte, fragte ich noch: «Wo ist der Eingang?»

«Welcher?», fragte der Fahrer zurück.

«Wie meinen Sie das? Zu dem Gebäude natürlich.»

«Zur Nummer 107? Keine Ahnung, Mann. Dieser Weg hier ist so eine Art Eingang. Gehen Sie am besten hier links den Gehweg entlang, Ihre Adresse ist dann irgendwo da drüben.»

«Okay. Danke.»

«Soll ich Sie führen?»

«Nein», log ich ein letztes Mal. «Ich komme schon klar.»

Ich machte die Autotür zu, drehte mich um und marschierte auf direktem Weg in ein großes Gebüsch. Der Taxifahrer drehte die Scheibe herunter und gab mir Anweisungen, mich weiter links zu halten. Mit dem Stock konnte ich einen Gehweg erkennen. Dieser Betonweg führte weg von der Straße, aber wohin, konnte ich nicht sagen. «Die Reihenhäuser sind gleich dort drüben», sagte er und fuhr davon.

Ein kühler Abendwind wehte mir um die Nase und tat mir gut nach der verqualmten Kneipe und dem muffigen Taxi. Sieht man einmal von dem Surren der Straßenbeleuchtung ab, herrschte absolute Stille. Das Surren hinter mir wurde leiser, als ich mich auf den Weg machte und Neuland betrat, von dem ich annahm, dass es sich um eine Reihenhaussiedlung handelte. Mit dem Stock voran tastete ich mich über den breiten Betonweg. Zu meiner eigenen Orientierung schlug ich jeweils gegen die Seitenränder, und um sicherzustellen, dass ich freie Bahn hatte, klopfte ich auch die Mitte des Weges ab. Ich versuchte, so wenige Geräusche wie möglich zu verursachen, aber es war fast unmöglich, jeden Stockschlag zu dämpfen. Es dauerte nicht lange, und ich bemerkte, wie mein Stockschlag offensichtlich von Häuserreihen auf beiden Seiten widerhallte und in eine andere Tonlage überging. Der neue Ton war gleichbedeutend mit der Erkenntnis, dass es von nun an kein Zurück mehr gäbe. Zu jedem Haus gehörte eine kleine Zierlaterne direkt am Gehweg, die aber nur schwach leuchtete. Die Anordnung der Gebäude ließ auf eine Hufeisenform schließen, wobei kein einziges Haus beleuchtet war, geschweige denn eine Hausnummer aufwies, die ich hätte entziffern können.

Geräuschlos näherte ich mich einer Haustür im Dunkeln und tastete sie nach möglichen Informationen ab. Briefkastenschlitz, Türspion und ein kleines Bogenfenster konnte ich ausmachen, aber weit und breit keine Hausnummer. Ich ging zurück auf den Gehweg und versuchte mein Glück am nächsten Haus. Wieder tastete ich mit der Handfläche den Türbereich ab, in der Hoffnung, auf eine hohe Hausnummer zu stoßen. Es drängte sich mir die Vermutung auf, dass die meisten Leute, die in dem Komplex wohnten, unbehelligt bleiben wollten. Vielleicht so eine Art Zeugenschutzprogramm. Vielleicht hatte das nächste Haus ja eine Nummer.

Als ich mit den Fingerspitzen die Holztür des dritten Hauses berührte, schlug auf der anderen Seite der Tür plötzlich ein Hund an. Ein Adrenalinstoß schüttelte mich durch, und zwar nach allen Regeln der Kunst. Als das Tier dann mit seinem vollen Gewicht mehrfach gegen die Tür sprang, die uns trennte, wich der erste Schreck einer tiefen Beunruhigung. Der Hund hatte seine eigenen Wünsche und Vorstellungen, und ich stand zweifellos ganz oben auf seiner Wunschliste. Drinnen konnte ich einen Mann brüllen hören.

«Otto!! Otto, nein! Ott-o, still jetzt, oder es setzt was!»

Beim nächsten Versuch erwischte ich zufällig eine Tür im Dunkeln, an der tatsächlich drei Ziffern prangten, die über dem Spion festgenagelt waren: 1 – 0 – 3. Vier Zierlaternen weiter, kalkulierte ich, müsste ich schließlich vor Haus Nummer

107 stehen. Wieder tastete ich mit der Hand Tür und Wand ab, konnte jedoch kein Indiz dafür finden, dass es sich tatsächlich um die gesuchte Adresse handelte. Scheiß drauf, dachte ich, das muss einfach 107 sein. 103 plus 4 macht 107. Zahlen lügen nicht.

Es sei denn, es handelte sich um Zweifamilienhäuser. Ich machte eine neue Rechnung auf. Zu vorgerückter Stunde – es war inzwischen so gegen drei Uhr morgens – und mit ein paar Bier zu viel intus, brauchte ich eine geschlagene Minute, um auf Nummer 111 als die andere potenzielle Adresse zu kommen, deren Bewohner ich auf dem besten Weg war zu wecken. Was konnte ich tun? Weiterhin Türen mit der Hand nach Hausnummern abzutasten, war jedenfalls keine Option. So zog ich mein letztes Ass aus dem Ärmel. Ich drehte am Türgriff. Nicht abgeschlossen.

Zurückhaltung und Anstand sind Charaktereigenschaften, die ich gern für mich reklamiere. Vielleicht sollte ich mir dies öfter ins Gedächtnis rufen. Ich stutzte einen Moment und fragte mich, ob ich mich nun vornehm zurückhalten sollte oder ob ich vor der verhängnisvollsten Versuchung meines jungen Lebens stand. Und überhaupt – welchen Verlauf würde mein Leben danach wohl nehmen? Knast wegen Einbruch und Hausfriedensbruch? Würde ein Gericht mir den Einwand abkaufen, dass ich noch nie gut im Kopfrechnen war und außerdem fast blind? Oder war ich vielleicht gerade drauf und dran, ein Haus zu betreten, dessen Bewohner keine Sekunde zögerten, zur Selbstjustiz zu greifen? Dann hörte ich wieder diesen Satz meines Dates. «Ich warte auf dich», sagte sie. Hatte sie vielleicht die offene Tür damit gemeint? Sollte dies eine Geste ihrer Zuneigung, ihres Vertrauens sein oder, noch besser, so etwas wie ein neckisches Spielchen? Wartete sie wirklich, ich meine, wartete sie wirklich irgendwo im Haus darauf, dass ich hereinschneien und mich auf eine Art Katz-

und-Maus-Spiel einlassen würde? Ich komme aus Langley. Ich weiß solche Dinge nicht.

Ich öffnete die Tür einen Spaltbreit und steckte meinen Kopf hinein.

«Hallo?»

Keine Antwort. Zweiter Versuch, dieses Mal etwas lauter. Wieder keine Antwort.

Deutlicher hätte der Fingerzeig nicht sein können, nach Hause zu gehen. Entweder war es das falsche Haus, oder meine neue Bekanntschaft war als Kammerfrau sanft entschlummert. Keine allzu rosigen Aussichten, ob so oder so. Inzwischen hatte ich das Haus betreten, um etwas herumzuschnüffeln.

Zuerst war ich mir unschlüssig, was ich mit der Tür machen sollte. Sollte man bei einem Einbruch die Tür offen lassen, um eine schnelle Flucht zu gewährleisten, oder sie doch eher schließen, um ein Minimum an Privatsphäre zu wahren? Ich ließ sie offen. Würde ich auf frischer Tat ertappt, könnte ich ins Feld führen, dass ich gerade am Gehen war.

Meine Absicht war es, ein Licht anzuknipsen, und so glitten meine Hände auf der Suche nach einem Lichtschalter in Marcel-Marceau-Manier über die Wände. Neben der Tür entdeckte ich einen Katzentisch an der Wand. Ich tastete nach einer Lampe auf dem Tisch, leider ohne Erfolg. Stattdessen fiel mir ein Häufchen Post in die Hand, genauer gesagt drei Briefumschläge mit Plastik-Sichtfenster. Ich nahm die Briefe an mich, machte mich aus dem Staub und machte die Tür hinter mir zu. Damit hatte ich mein stattliches Strafregister um den Tatbestand des Diebstahls erweitert, was meinem Standing im Gefängnis nicht unbedingt förderlich sein würde. Mein Gott, was hätte ich für ein Standing!

«Warum bist du eingefahren?», würde mich mein Zellengenosse fragen, während er eine Zahnbürste an der Zellenwand zu einem Messer spitzte.

«Diebstahl», würde ich stolz wie Oskar verkünden.

Der Einäugige oder *Der Würger* – oder wie auch immer mein Zellengenosse hieße – würde für einen Augenblick die Anfertigung seines neuen Spielzeugs einstellen und sich umdrehen, um mich, den Neuen, zu mustern.

«Tatsächlich? Und?»

«Ach, die paar Monate sitze ich auf einer Arschbacke ab», würde ich antworten, in der Hoffnung, als alter Hase durchzugehen, der mit dem Knacki-Jargon vertraut ist.

«Was erzählst du mir da, du Penner? Ich will verdammte Scheiße nochmal wissen, was du eingesackt hast, du Vogel», würde er brüllen, als kommandierte er Otto, seinen alten Hund, herum, wobei er mir mit seiner Zahnbürste gefährlich nahe kam. «Also, was iss nu, du Vogel?»

«Du meinst, was ich gestohlen habe?»

«Okay, okay. Also was hast du gestohlen?»

«Eine Telefonrechnung.»

«Eine Telefonrechnung?»

«Ja. Und, ach ja, genau, außerdem noch die Chance auf einen Millionengewinn. Kam aber leider nicht mehr dazu, den Brief zu öffnen.»

Mit meinem Belastungsmaterial in der Hand ging ich zurück zur Straße mit ihrer surrenden Beleuchtung. Ich hielt die Briefe ins Licht und versuchte, die Anschrift in dem kleinen Sichtfenster zu entziffern. Die Straßenbeleuchtung verbreitete ein genauso schummriges Licht wie die Funzeln, die im «The Rat» für Ambiente sorgten. Es war entweder zu düster oder wurde von dem Plastikmaterial des Sichtfensters reflektiert, wodurch alles Lesbare unleserlich wurde. Ich machte mich mit meinem Stock auf den Weg zurück zu dem ominösen Reihenhaus.

Unterwegs nahm ich mich selbst ins Gebet. Steck die Umschläge einfach wieder in den Briefkastenschlitz und lass gut sein. Schau, dass du Land gewinnst, bevor es zu spät ist, sagte ich mir. Recht hatte ich. Ich schob die Post also durch den Schlitz, aber anstatt mich auf den Heimweg zu machen, öffnete ich die Tür und betrat das Haus, um mich ein zweites Mal umzusehen.

Sollte es einen anderen Grund für meine Situation geben als fleischliche Begierde, dann wohl meine Mär mit den Getreidesilos. Sich in einem Reihenhaus zu verirren, war ausgleichende Gerechtigkeit für meine Räuberpistolen. Ich stolperte im Dunkeln umher, lief frontal in einen Fernseher und stieß gegen eine Couch und einen unförmigen, scharfkantigen Gegenstand auf dem Boden, den ich nicht näher identifizieren konnte. Eigentlich war ich nichts anderes als ein bemitleidenswerter Mann, der ziellos einem lächerlichen Phantasma nachjagte. Und dabei einen Treppenaufgang entdeckte.

Ich hatte mich entschlossen, den Heimweg anzutreten, und tastete mich zurück zur Tür, als ich zufällig auf eine Treppe stieß, von der ich annahm, dass sie nach oben zu den Schlafzimmern führte.

Mühsam schlich ich die Treppe hinauf, eine knarzende Stufe nach der anderen. Schließlich erklomm ich die letzte Stufe und erreichte den Treppenabsatz. Ein hartes Stück Arbeit lag hinter mir. Und da man am siebten Tag bekanntlich ruhen soll, hielt ich inne. Ich spitzte die Ohren. Kein Geräusch war zu hören, das auf jemanden hingedeutet hätte, der wartete, der vor allem, wie ich hoffte, auf mich wartete. Es roch nach Hotdogs. Vorsichtig ging ich einen Schritt den Flur entlang. Und trat prompt auf etwas Weiches. Unter meinem Stiefel fing eine Puppe an zu heulen.

Ohne zu überlegen, schnappte ich die Puppe und steckte sie in meinen Rucksack. Dies schien mir der erfolgversprechendste Weg zu sein, sie mundtot zu machen, aber die Idee mit dem Rucksack erwies sich als Flop. Ich rannte die Treppe hinunter und stürzte zur Begleitmusik von täuschend echtem Babygeschrei aus der Haustür.

Das war's dann wohl, ich war ordentlich verschaukelt worden und hatte die Schnauze voll. Ich beschloss, nach Hause zu gehen, vorausgesetzt, ich würde den Weg finden. Es kam für mich jedenfalls nicht in Frage, noch einmal ins Haus zu gehen, um die Puppe zurückzubringen. Ich holte sie aus dem Rucksack und legte sie auf die Fußmatte.

Wer weiß, ob ich in jener Nacht im richtigen Haus war. Meine Kammerfrau hatte kein Kind oder ein jüngeres Geschwister erwähnt, aber schließlich hatte ich ja auch ein paar kleine Details zu meiner Person verschwiegen. Auf dem Bierdeckel, den sie mir zugesteckt hatte, stand zwar eine Adresse, aber keine Telefonnummer. Selbst im aufkommenden Licht der Morgendämmerung verspürte ich keine Neigung, eine letzte Suchaktion zu starten. Stattdessen rief ich Tracy an. Sie saß zu Hause und hoffte, ich würde anrufen. Wir plauderten stundenlang, als säßen wir am gleichen Frühstückstisch. Es sollte nicht mein letztes Date bleiben.

Ich stelle mir genüsslich vor, wie eine Familie an jenem Morgen aufsteht und jemand die Haustür öffnet, um die Zeitung hereinzuholen. Neben der Zeitung schlummert die Puppe auf den Eingangsstufen. Sie liegt da wie ein Betrunkener, der die letzten Meter nach Hause nicht mehr geschafft hat. Niemand hat eine Erklärung dafür. Vielleicht hat Klein-Cathy ihre heißgeliebte Hazel, die sprechen kann, gestern auf der Veranda vergessen. Oder vielleicht ist die Puppe Cathys Papa beim Ausladen seines Monster-Pick-ups heruntergefallen. Vielleicht werden sich auch geheimnisvolle Mythen um die Puppe ranken. Wie um einen herrenlosen Blindenstock am Bahnhof.

Die Kakerlake von Pusan

«Batman?», fragte ich. «Ist Batman hier?»

In meinem Tunnelblick tobte eine Horde Kinder.

Wieder rief ich nach Batman, dieses Mal lauter und in einem etwas schärferen Ton.

«Halt, stopp, alles bleibt stehen. Stopp. Bitte. Ich suche Batman.»

Es würde sich herausstellen, dass mir dieser Satz nie wieder über die Lippen käme. Nur über meine Leiche.

Es war mein erster Arbeitstag als Lehrer in Südkorea. Die Schüler veranstalteten wilde Verfolgungsjagden im Klassenzimmer, wobei sie mit Motorengeheul aller Art für eine unüberhörbare Geräuschkulisse sorgten. Lediglich einige wenige Kinder saßen friedlich an einem großen gelben Tisch und verschanzten sich hinter Papier und Bleistift. Fürs Erste verhallte mein Appell ungehört.

Als ein Junge an mir vorbeisauste, schnappte ich ihn am Ellbogen. Vielleicht war ich im falschen Raum. Eigentlich waren die einzelnen Klassenzimmer leicht zu finden, da jede Tür das Motiv einer anderen Obstsorte zierte. Allerdings konnte ein Apfel in meinen Augen auch eine Erdbeere sein. Verschwommen konnte ich etwas Rotes erkennen, aber damit hatte es sich auch schon. Ich war mir nicht einmal mit der Farbe sicher.

«Ist das hier ein Apfel?», fragte ich den Jungen und zeigte auf das Bild an der Tür. «Bin ich hier richtig?»

«Du Leh-rah! Du neu-ah Leh-rah!», meinte er.

«Genau. Hör mal, weißt du, wer hier Batman ist?»

«Batman!», pflichtete er mir bei und imitierte den Comic-Helden mit einer typischen Geste. So jedenfalls meinte ich, es gesehen zu haben. Vielleicht hatte der Junge aber auch nur einen Macho-Spleen. Ich konnte es beim besten Willen nicht sagen.

«Okay, Batman, ich bin Ryan.»

«Lion?» Er war vollkommen aus dem Häuschen. «Lion Leh-rah! Lion King!» Er fing an zu knurren, brüllte dann wie ein Löwe und schlug mit einer imaginären Pranke nach meinem Oberschenkel.

Weil es mein neuer Job war, in Pusan Englisch zu unterrichten, machte ich mich sogleich ans Werk und nahm mich Batmans Aussprache an, obwohl mir diese eigentlich herzlich egal war.

«Nein, nicht Lion. R-r-ryan. R-r-ryan. Verstehst du? Und jetzt du!»

Er rannte weg und skandierte meinen Namen. «R-r-r-r-l-lion King Leh-rah! Leh-rah Lion King!»

Tracy und ich waren am Tag zuvor spätabends in Pusan eingetroffen. Am kommenden Vormittag sollte ich um halb acht meinen ersten Unterricht halten und hatte nicht den blassesten Schimmer, wie. Wenn ich es draufhätte, würde meine natürliche Autorität die tobenden Kinder wie eine Dosis Ritalin ruhigstellen. Leider war mir dies nicht vergönnt. Und pädagogisch wertvolle Spiele kannte ich auch keine.

Einerseits war ich überrascht, ein Kind namens Batman in der Klasse zu haben, andererseits auch wieder nicht. Wenn ich hier sage, ich unterrichtete Englisch in Südkorea, dann ist das eine etwas beschönigende Stellenbeschreibung. In Wirklichkeit machte ich meine Schüler hauptsächlich mit dem American Way of Life vertraut mitsamt diesem ganzen Franchise-Dreck. Was sich praktisch von selbst ergab. Ich saß vorne am Pult und wartete, als ich neben der Klassenliste ein Lehrbuch entdeckte. Im ersten Kapitel ging es um einen Film mit dem Titel *Dinosaur Park*. Es handelte sich durchaus nicht um eine Promotion-Veranstaltung, sondern um eine ersprießliche Erzählung über – was schon – Verben natürlich. Riesenechsen, egal, ob ausgestorben oder nicht, brauchen ihr tägliches Quantum Vergangenheitsform. Nimmt man *Lion King* und *Batman* noch als Unterrichtsmaterial hinzu, muss man konstatieren, dass in dieser Englisch-Klasse der Kommerz die Kultur zur Bedeutungslosigkeit degradierte. Hakuna Matata.

In dem bisschen Korea, das Jane und ich bislang mitbekommen hatten, war die massive wirtschaftliche Präsenz des Westens jedenfalls unübersehbar. Alles war vertraut und doch neu. Und zudem falsch übersetzt und semantisch bisweilen so verstümmelt, dass man den Eindruck gewinnen konnte, wir wären ins Ausland gegangen, um in einer amerikanischen Realsatire zu leben. Als wir vom Flughafen in die Stadt fuhren, entdeckte Tracy Restaurants mit den unmöglichsten englischen Namen, die neonhell leuchteten. *Smog* war beispielsweise so einer. Ich für meinen Teil ging gerne ins *Smog*. Wo man hinsah, grinsten längst vergessene Hollywood-Stars mit einem makellosen Zahnpastalächeln von Plakatwänden. Tracy zufolge schien sich Meg Ryan besonderer Beliebtheit zu erfreuen. Ihr Konterfei zierte die ganze Stadt auf Schritt und Tritt, man hätte glatt annehmen können, sie hätte einen Kino-Hit gelandet.

Auch Konzertplakate waren auf der Straße allgegenwärtig. Tracy leierte im Vorbeifahren die Namen einiger Bands herunter. Die meisten Gruppen hatte ich längst vergessen und verspürte auch keinerlei Neigung mehr, auf Teufel komm raus mit Schweißband und aufgebügeltem Cock-Rock-T-Shirt herumzulaufen. Kam-sa-ham-ni-da, Südkorea! Rock-you-like-a-hurricane, hier sind die Scorpions! Vielleicht unterrichteten sie ja Englisch hier um die Ecke. Es herrschte Aufbruchsstimmung.

Anschließend die Bilder eines anderen, ursprünglicheren Koreas, das immer mehr zurückgedrängt wird. Tracy schilderte mir die Szenerie. Gebetstempel zwischen den Bürotürmen internationaler Banken, Nudelküchen und Soju-Zelte am Eingang zur U-Bahn. Und schmale Gassen zwischen gigantischen Einkaufsmalls, durch die man zu den typischen Märkten gelangte, wo die Aquarien mit frischem Fisch und Aal wie Schiffscontainer vor den knallbunten Wänden der Geschäfte aufgestapelt waren.

All dies waren die nächtlichen Eindrücke unserer Taxifahrt vom Flughafen in die Stadt. An unserem neuen Zuhause warnten ein Zaun und ein Hinweisschild vor gefährlichen Landminen im benachbarten Hügelland.

Das soll nicht heißen, in Pusan hätte die Moderne noch nicht Einzug gehalten. Als Tracy und ich am darauffolgenden Morgen erstmals mit unserer neuen Umgebung Bekanntschaft machten, fielen uns einzelne Grüppchen von Schülern auf, die auf dem Weg zur Highschool ein schrilles Outfit mit pinkfarbenen, überdimensionalen Handschuhen aus Pelzimitat, Daunenjacken im Pilotenstil und Fliegerhelmen zur Schau trugen. Eine koreanische Teenie-Band namens H.O.T. hatte diesen neuen Stil kreiert. Sei's drum. Schick, würde manch einer sagen, auch wenn dieser Look weitaus besser in den schneereichen Norden von British Columbia gepasst hätte als in ein Land mit erdrückender Luftfeuchtigkeit. Trotzdem waren die bauschigen Handschuhe zu etwas zu gebrauchen. Die älteren Schüler von mir bettelten förmlich darum, mit ihnen die Tafel wischen zu dürfen. Kommerz statt Kultur.

Selbst die Geräuschkulisse war gewöhnungsbedürftig. Am ersten Morgen wurden wir gleich von einem Müllwagen heimgesucht, dessen krächzender Lautsprecher dröhnende Opernmusik verbreitete. Tracy und ich lebten ein paar Stockwerke über den Klassenzimmern in umfunktionierten Büroräumen.

Vom Schlafzimmerfenster aus konnte Tracy beobachten, wie sich unsere Nachbarn mit ihren Müllsäcken am Straßenrand drängelten und im Gegenzug eine Rolle Toilettenpapier in Empfang nahmen.

Im Ausland mit all seinen Extremen, wo sich Vertrautes mit Neuem abwechselt, würde ich meine Beziehung zu meiner Blindheit und zu Tracy auf den Prüfstand stellen. Hier würde ich zu meiner eigenen Karikatur, wenn meine Augen an ihre Grenzen stießen und ich die Wahrheit weiterhin ignorierte. Mein Bruder Mykol hatte das Problem schon ahnen lassen. Zum Abschied schenkte er mir eine selbstgebastelte Karte. Auf der Vorderseite war eine kahlköpfige, schlaksige und bebrillte Comic-Figur Marke Ryan zu sehen, die schielend und x-beinig daherkam. Hinter mir stand mein Name, wie nur ich ihn in der Lage bin zu schreiben. Vier unterschiedlich große Buchstaben verloren sich da weit verstreut an der Tafel. Das kommt davon, wenn man so wenig sieht wie ich damals. Batman und ich hatten bereits die ersten Gemeinsamkeiten. Beide waren wir importierte Comic-Figuren, und auch ich hatte, was noch besorgniserregender war, eine geheime Identität. In den kommenden sechs Monaten würde ich so tun, als könnte ich sehen.

Nachdem ich Batman nun gefunden hatte, widmete ich mich wieder der Klassenliste. Mein Mini-Sichtfeld schweifte eine Zeile tiefer zum nächsten Namen. Ich konnte maximal zwei Buchstaben auf einmal erkennen. Noch ein Batman. Doch damit nicht genug. Als ich mir die folgenden Namen anschaute, zählte ich vier weitere. Die Klassenliste war nicht alphabetisch. Auf die Batmans folgten schlappe fünf Arnolds. Langsam taten mir die Augen weh vom Lesen. Nimmt man noch den Lärm hinzu, die herumtobenden Kinder, den Jetlag und die Unausweichlichkeit meiner Situation, dann stand ich vor der berechtigten Frage, wie ich in der Lage wäre, dies mit meiner kümmerlichen Sicht alles zu meistern. Was hatte ich mir dabei gedacht, hier anzuheuern, um durchgeknallte Siebenjährige zu unterrichten? Ich hatte ehrlich gesagt keinen Gedanken an die Praxis verschwendet, bis mich die Realität im Klassenzimmer in Form eines ohrenbetäubenden Motorengeheuls einholte.

Ich rief den nächsten Batman auf, aber niemand meldete sich. Da meine Appelle ungehört verhallten, ging ich dazu über, mit ausgebreiteten Armen durch das Klassenzimmer zu spazieren, um meine Schäfchen zusammenzutreiben. Als ich es irgendwann geschafft hatte, alle zwanzig Kinder um den gelben Tisch zu versammeln, konnte ich mich endlich daranmachen, jeden Schüler auf der Liste einzeln aufzurufen und auch meinen zukünftigen Part kundzutun.

Schulen wie unsere sind besondere private Einrichtungen und werden als *hagwan* bezeichnet. Eine Art Sonderschule, könnte man sagen. Bei uns wurden Englisch, Mathematik und Kunst unterrichtet, wobei die Lehrkräfte bis auf Tracy und mich – die Auswanderer – Einheimische waren. Dabei waren es in erster Linie Muttersprachler wie wir, mit denen die Schule warb. Zwei Gesichter aus der westlichen Hemisphäre als Marketinginstrument, die freundlich lächelnd das Hochglanzpapier der Informationsbroschüre schmückten. Gesichter von Muttersprachlern ließen vermuten, dass hier nicht einfach nur Englisch unterrichtet wurde, sondern das wahre Englisch, das Nordamerikanern so lässig über die glänzend roten Lippen geht. Lippen wie die von Meg Ryan zum Beispiel. Nachdem ich mit der Klassenliste durch war, durfte sich jedes Kind einen englischen Namen für sich aussuchen. Fantasialand par excellence.

Abgesehen von den Batmans und Arnolds, die kurzerhand von eins bis fünf durchnummeriert wurden, hatte ich es mit einer ganzen Reihe von Lillys und Daisys zu tun. Außerdem unterrichtete ich etliche Helden aus Videospielen, ein paar hoffnungsvolle Meg-Ryan-Nachwuchstalente und in etwa gleich viele Michael Jacksons. Sogar der ein oder andere Kevin – wie Costner – war vertreten. Diese Kinder hatten sich ganz offensichtlich den *Robin Hood*-Streifen etwas zu oft angetan. Wenn ich jemanden aufrief, antworteten alle gleichzeitig mit «Hiieeer!» und durchlöcherten mich förmlich mit ihren pfeilschnellen Antworten.

Zwischen den beiden Kevins auf meiner Liste stieß ich auf einen weiteren vermeintlichen Kevin.

«Cabin?», rief ich.

«Hier, Leh-rah!», antwortete er, stieg auf seinen Stuhl und schoss mich ab.

«Danke.»

Ich ging die Liste noch einmal durch. Mein Vorgänger hatte den Namen phonetisch genau so zu Papier gebracht, wie ich ihn ausgesprochen hatte.

«Heißt das, du willst auch Kevin heißen, Cabin?»

Ich sprach beide Namen langsam aus und bemühte mich, den Unterschied überdeutlich herauszustellen. Letztlich war mir das eine so recht wie das andere, aber da ich nicht wusste, was ich mit meiner Klasse sonst hätte machen können, schien mir Cabins Name ein willkommener Zeitvertreib zu sein.

«Nein», sagte er. «Cabin.»

«Cabin Kostner?»

«Ja, Leh-rah.»

«Du meinst Kevin, Cabin.»

«Nein, Leh-rah. Cabin. Ca-bin.»

Er war bekannt für seine Ungeduld. Bevor ich den nächsten Pfeil aus dem Köcher zog, fragte ich ein Mädchen neben mir, ob sie mir helfen könnte. «Kann ich bitte kurz deinen Füller und ein Blatt Papier haben?»

Sie grinste etwas grimmig, als würde ihr der strenge Zopf das Lächeln aus dem Gesicht ziehen. Ich schob Stift und Papier zu mir herüber, skizzierte eine Blockhütte und hielt die Zeichnung hoch, damit alle sie sehen konnten.

«Das hier heißt auf Englisch *cabin*», erklärte ich und schrieb das Wort unter die Skizze. Dann fügte ich den Namen *Kevin* hinzu und hielt das Blatt ein weiteres Mal hoch, um die phonetischen Unterschiede zu artikulieren. «Cabin, Kevin, Cabin, Kevin. Okay? Cabin, du meinst Kevin, stimmt's?»

Keiner machte einen Mucks.

Ich fragte mich, ob meine Blockhütte vielleicht gar nicht als solche zu erkennen war. Ich selbst konnte meine Zeichnung nur bruchstückhaft sehen. Vielleicht glich mein Kunstwerk eher irgendwelchem Gerümpel oder einem Pack Wiener Würstchen, falls es in den hiesigen Lebensmittelgeschäften überhaupt Wiener Würstchen im Pack gab. Keine Ahnung. Vielleicht sah das Ganze auch aus wie ein akkurater Scheißhaufen. Cabin wartete schließlich mit einer anderen Interpretation auf.

«Leh-rah, äh», meinte er und zeigte auf die Zeichnung. «Ist Haus von Leh-rah?»

Mit meinem guten Auge, auf dem ich immerhin noch eine Tunnelsicht hatte, observierte ich die Szenerie am Tisch. Und bemerkte nach und nach, wie mich zwanzig Kinder mit großen Augen völlig verdutzt anstarrten.

In jenem Augenblick wurde eine neue Pädagogik aus der Taufe gehoben – meine Pädagogik als Botschafter der englischen Sprache. Ich beschloss, mich bedingungslos nach den Wünschen meiner Kinder zu richten.

Offiziell unterrichtete ich Englisch in Südkorea, aber seit jenem denkwürdigen Augenblick nur noch mein Englisch, und das hatte mit dem der Queen oder von Walt Disney herzlich wenig zu tun. Scrabble wurde schon bald zum wichtigen Unterrichtsutensil und Tummelfeld für meinen pädagogischen Ansatz. Es dauerte nicht lange, und eine ganz normale Stunde verlief in etwa nach folgendem Strickmuster.

«Leh-rah», fragte Meg Ryan II. «Was ist …?» Sie zeigte auf das Wort, das sie gerade auf dem Scrabble-Brett gelegt hatte und nicht aussprechen konnte.

Sagen wir, die Buchstaben K, P, I und Q waren eher strategisch platziert, das Q auf einem Feld mit doppeltem Buchstabenwert. Zuerst musste ich auf dem Brett überhaupt erst einmal das Wort finden, auf das Meg gezeigt hatte. Also tat ich so, als würde ich angestrengt nachdenken, während mein gutes Auge das Brett überflog. Hatte ich das Wort gefunden, gab's eine kleine Lektion dazu.

«Sehr gut, Meg. Ein Kpiq ist wirklich eine tolle Sache.»

Auf diese Art konnte ich mehr Zeit an der Tafel verbringen und mit viel Liebe zum Detail alle möglichen Dinge bildlich darstellen, die meiner Phantasie entsprangen. Und mich so über die Runden retten. Einen Flipper, einen Gartenzwerg, Lasagne, Lametta, einen Gabelstapler. Meine Schüler waren voll bei der Sache und schrien freudig erregt auf Koreanisch die Namen der Gegenstände, die ich vermeintlich an die Tafel malte.

Manchmal wählte ich auch einen eher schülerorientierten Ansatz.

«Gut gemacht, Cabin! Für Xpligo gibt's den dreifachen Wortwert. Aber was ist ein Xpligo eigentlich? Was meinst du?»

Er ging nach vorne an die Tafel und malte eine ausgesprochen eigenwillige Interpretation von etwas, das ich sowieso nicht erkennen konnte.

«Gut!», sagte ich immer. «Sehr gut, Cabin. Wenn ich jemals einen echten Xpligo zu Gesicht bekommen habe, dann diesen hier. Wer von euch ist denn schon einmal von einem Xpligo gebissen worden?»

Als Cabin zunächst mutmaßte, ich würde in einer Blockhütte leben, musste ich ihm schon allein deshalb zustimmen, um meinem pädagogischen Ansatz gerecht zu werden. Meine Unterrichtsmethoden machten dies unumgänglich.

«Genau, dort wohnt euer Lehrer. Das ist mein Haus in Kanada.»

Unter Ohs und Ahs wurde das Bild meines Hauses zur näheren Betrachtung herumgereicht. Sofort machte sich Unruhe breit, und das Gequassel der Kinder setzte wieder ein. Manche verschönerten mein Zuhause mit einem Kamin, ein paar Bären und was man sonst noch so zum Leben in der Wildnis braucht, andere nahmen bereits keine Notiz mehr von mir, und auch die Verfolgungsjagden, die ich zuvor unterbunden hatte, waren wieder in vollem Gange.

Immerhin nahm jetzt mein Selbstverständnis als Lehrer konkrete Formen an. Ich hätte die Sache im Griff, solange alle stillsitzen würden und ich in der Lage wäre, die Kinder in meinen Bann zu ziehen. Ernsthafter Unterricht nach klassischem Muster würde nichts bringen. Sobald alles drunter und drüber ginge, käme ich unweigerlich in Verlegenheit. Wie sollte ich dann einen bestimmten Schüler ausmachen? Ganz zu schweigen von meiner eigenen Befindlichkeit inmitten einer Horde außer Rand und Band geratener Kinder. Die nächste Frage war, wie ich mit meinem Dienstherrn über die Runden käme. Sind ja nur ein paar Stunden am Tag, machte ich mir selbst Mut. Und natürlich wäre ich in der Lage, ein paar Stunden am Tag den Sehenden zu mimen. Abgesehen davon bin ich ja bekanntlich ein Kind der Wildnis und wurde in einer Blockhütte geboren. Im Unterricht könnte ich mich so langsam und merkwürdig bewegen, wie ich wollte. Die Kinder würden dieses Verhalten als etwas typisch Kanadisches interpretieren, und damit wäre der Fall erledigt.

Ich gab dem grinsenden Mädchen seinen Füller zurück.

«Danke», sagte ich und stellte fest, dass mir entgangen war, zu wem dieses Grinsen gehörte. «Und wie ist dein Name?»

«Ich heiße Shampoo.»

«Shampoo?»

Schließlich fand ich Shampoo als Vorletzte auf meiner Liste. Darunter stand noch Conditioner, die letzte Schülerin der Klasse. Die beiden waren die dicksten Freundinnen.

Gegen Ende dieser ersten Unterrichtsstunde brachen dann alle Dämme. Anstatt weiter zu unterrichten, mir also irgendetwas aus den Fingern zu saugen, verbrachte ich die restliche Zeit damit, meiner Orientierung etwas auf die Sprünge zu helfen. Vorsichtig tastete ich mich mit merkwürdigen Bewegungen – typisch kanadisch eben – durch das Klassenzimmer und machte mich mit den Räumlichkeiten vertraut. Ein Globus und eine Schachtel Bleistifte hier, ein paar Bücher dort, Lernlesekarten in dieser einen Schublade. Der Unterricht wäre noch das geringste Problem an meinem neuen Zuhause. Aber alles, was sich darüber hinaus in meinem Leben abspielte, bedeutete Chaos und Stress pur.

Die Idee, nach Pusan zu gehen, war ein paar Monate zuvor, im Sommer 1996, aufgekommen. Ich hatte meine Diplomprüfung zur Hälfte hinter mir, und Tracy hatte das Studium geschmissen, weil sie keinen Bock mehr auf akademische Weihen hatte. Keiner konnte es glauben. Mutig. Das Studium schmeißen? Schuldeneintreiber würden auf der Matte stehen, um Studienbeihilfen zurückzufordern. Leute mit Namen wie Will Powers oder Lucy Duty würden mit Anrufen nerven. Obwohl Tracy und ich praktisch zusammenlebten, befürchtete ich, sie könnte nach ihrem Studienabbruch Vancouver womöglich den Rücken kehren, schließlich war sie nur der Uni wegen in die Stadt gekommen. Familie und Freunde hatte sie in Saskatoon zurückgelassen, nicht gerade der Nabel der Welt, aber zweifellos harte Konkurrenz für Mr. Magoo und seine regnerische Stadt mit ihren Dumping-Löhnen.

Bei einer gemeinsamen Partie Pool-Billard eines Abends

spielten unser Freund Reg und Tracy mit dem Gedanken, im Ausland zu unterrichten. Wenn Tracy weggehen würde, wäre das eine Katastrophe. Und dank Reg schienen mir die Felle nun davonzuschwimmen.

Der Gedanke war für mich unerträglich, dass meine beiden besten Freunde ohne mich durch die Welt jetteten, um sich einen Job zu suchen. Dann hätte ich genauso gut aus Vancouver weggehen und in einer abgelegenen Blockhütte hausen können.

Ich hatte zwei Optionen. Ich könnte mich ihnen anschließen, ein Gehalt verdienen und einen Teil der Welt sehen, den ich noch nicht kannte, oder einsam und verlassen in Vancouver bleiben, mein Studium fortsetzen und die Kopf- und Augenschmerzen weiter in Kauf nehmen, die das beträchtliche Tagespensum an Textlektüre mit sich brachte. Damals besuchte ich gerade ein Hauptseminar über V. S. Naipaul und die postkoloniale Literaturtheorie. Meine Fresse! An jenem Nachmittag hatten vier Kommilitonen zwei Stunden lang darüber diskutiert, ob wir überhaupt das Recht hätten, Naipauls Bücher einer kritischen Betrachtung zu unterziehen. Wie es das Schicksal so wollte, saß ich zu weit vom Fenster weg, um mich hinauszustürzen. Südkorea mit Tracy hörte sich genial an. Außerdem war es V. S. Naipauls Fehler. Ich hatte keine Lust, etwas von einem Typen zu lesen, der sagte, nur ein Blinder könnte ein so unverständliches Buch schreiben wie *Finnegans Wake*. Meine schlechten Augen konnte ich nun wirklich für Besseres gebrauchen. Tracy ans andere Ende der Welt zu folgen, schien auf alle Fälle ein Schritt in die richtige Richtung.

Tracy, Reg und ich setzten uns mit einem Personalvermittler in Vancouver in Verbindung. Herr Kim vermittelte nicht nur Jobs, sondern kümmerte sich auch um Flug und Unterkunft. Reg entschied sich schnell für eine Stelle in Seoul, während Tracy und ich auf ein Angebot mit zwei freien Lehrerstellen an ein und derselben Schule warteten. Als die beiden Stellen in Pusan frei wurden, rief Herr Kim an und bat uns, ihm gleich am nächsten Morgen unsere Bewerbungsunterlagen zu faxen. Er brauchte eine Kopie unserer Scheine und jeweils ein Passbild. Wir vereinbarten ein Treffen in einem Coffee-Shop.

Bislang kannte uns Herr Kim nur vom Telefon, weshalb er zur Sicherheit noch einmal nachfragte.

«Wie erkenne ich Sie beide?», fragte er.

«Tracy hat lange braune Haare», sagte ich. Schnell wurde mir klar, dass er damit herzlich wenig anfangen könnte. «Ich habe einen kahlrasierten Kopf. Und einen weißen Stock wegen meiner Augen.»

«Einen weißen Stock?», fragte er.

«Hatte ich das nicht erwähnt?»

«Nein.» Herr Kim war perplex. «Sie sind blind?», fragte er.

«Äh, so ähnlich. Nicht ganz. Sehen kann ich schon noch. Ein bisschen.»

Ich wartete, dass er etwas darauf sagen würde, stattdessen machte sich eine angespannte Stille zwischen uns breit. Ich musste alles daransetzen, seine Bedenken zu zerstreuen.

«Ist nicht der Rede wert. Am Tag würden Sie es wahrscheinlich noch nicht einmal bemerken. Ich bewege mich etwas langsamer, und manchmal benutze ich auch meinen Stock – sicher ist sicher.»

«Was heißt, sicher ist sicher? Verstehe ich nicht. Sie können also sehen?» Er war so verwirrt, wie das jeder an seiner Stelle gewesen wäre.

«Ja, ich kann sehen. Ein bisschen. Ich meine, ich sehe genug. Sie müssen sich das so vorstellen, dass ich auf einem Auge wie durch einen kleinen Tunnel sehe. Und auf dem anderen alles etwas verschwommen.»

«Hmmm.» Er hörte sich an, als gäbe er sich nicht damit zufrieden, als suchte er krampfhaft nach einem Haar in der Suppe. «Das könnte ein Problem sein, oder nicht? Wie wollen Sie denn unterrichten?»

Zwei freie Stellen an einer Schule, hatte Herr Kim immer wieder betont, gäbe es nicht alle Tage. Ich wollte unsere Chance nicht zunichtemachen.

«Nein, natürlich kann ich unterrichten, da können Sie ganz beruhigt sein», sagte ich, obwohl ich mir über das Wie noch nie Gedanken gemacht hatte. «Ich kann lesen und das alles. Die meisten Leute würden nicht einmal ahnen, dass ich blind bin. Ich meine, schlecht sehe.»

«Gut, hmmm, okay», sagte Herr Kim. Begeistert schien er nicht gerade zu sein. «Das könnte der Schule ein Dorn im Auge sein. Das Image der Schule darf auf keinen Fall Schaden nehmen.»

«Völlig klar», sagte ich. «Dann behalte ich es einfach für mich. Braucht ja schließlich auch niemand zu wissen, oder nicht? Und merken tut's eh keiner, da bin ich sicher. Tracy hilft mir, wenn nötig, aber selbst das wird niemandem auffallen.»

Er grummelte etwas und war die Diskussion langsam leid. Ich konnte heraushören, dass Herrn Kim ernsthafte Bedenken plagten. Vermittelte er der Schule einen blinden Lehrer, könnte sein Ruf darunter leiden, was sich wiederum negativ auf sein Geschäft auswirken könnte. Für den Fall einer Entlassung, aus welchem Grund auch immer, war in unseren Reisepapieren festgelegt, dass man uns unverzüglich nach Hause schicken konnte. Auch unsere Arbeitserlaubnis galt ausschließlich für diese eine Schule. Wir konnten nur an ihr unterrichten und nirgendwo sonst, weshalb es mehr denn je darauf ankam, die Erwartungen unseres Arbeitgebers voll und ganz zu erfüllen. Und Herrn Kims Aufgabe bestand nicht zuletzt darin, auszusieben.

Herr Kim wechselte das Thema und kam auf einen weiteren Punkt zu sprechen, der ihm Kopfschmerzen machte.

«Und Sie haben keine Haare?», fragte er.

«Nee.»

Wieder grummelte er etwas und fragte sich wahrscheinlich, mit was für einem Blindgänger sich Tracy da zum Teufel wohl eingelassen hat.

«Haben Sie ein Foto von sich mit Haaren?»

«Klar, ist halt etwas älteren Datums.» «Etwas älteren Datums» bedeutete in diesem Fall, das Foto stammte aus meiner Highschool-Zeit, aber es gab keinen Grund, den Mann völlig zu desillusionieren.

«Okay. Und denken Sie morgen bitte an die Kopie Ihrer Scheine und die Passfotos.»

Zwei Wochen später spazierten Tracy und ich aus dem Flughafengebäude in Pusan und wurden von Herrn und Frau Yun empfangen, unseren neuen Dienstherren, die laut Tracy nicht schlecht staunten. Wir luden unser Gepäck in ihren Hyundai und machten uns auf den Weg zu unserem neuen Zuhause.

«Haben Sie schon etwas gegessen?», fragte Frau Yun und drehte sich zu uns um. Herr Yun saß am Steuer.

«Ja, danke», sagte Tracy, «im Flugzeug. Wir sind einfach nur sehr müde.»

«Dann gehen wir jetzt essen?», fragte Frau Yun.

«Wie, äh, dann gehen wir jetzt essen?», fragte ich zurück.

«Okay», sagte Frau Yun. Unser Wunsch war ihr Befehl.

Es dauerte eine gewisse Zeit, bis ich mich an diese Redensart gewöhnt hatte. Ein Imperativ war grundsätzlich immer als Frage verpackt. Wir gingen abendessen, wo uns weitere Fragen dieser Art erwarteten.

Ein Kellner brachte kleine Schüsseln mit klebrigem Reis und Fischsuppe zu uns an den Tisch. Als mir der Duft von Seetang, Kohl und Knoblauch in die Nase stieg, realisierte ich, dass ich es tatsächlich nach Übersee geschafft hatte. Diese Erkenntnis war genauso phantastisch wie das deftige Essen, und für einen Augenblick träumte ich von einer rosaroten Zukunft, was angesichts meiner bevorstehenden Blindheit sonst nicht allzu oft der Fall war.

«Sie haben keine Haare», bemerkte Frau Yun. «Aber, äh, auf dem Bild, da haben Sie Haare.»

«Ja, stimmt. Ich hab sie abrasiert. Ist viel pflegeleichter so und außerdem nicht so hässlich.»

«Ich finde, es ist gar nicht so hässlich mit Haaren», sagte sie.

Es war schwierig, ihren Tonfall richtig einzuschätzen. Vielleicht wollte sie, dass ich die Haare wieder wachsen lasse, vielleicht wollte sie aber auch einfach nur höflich sein.

Inzwischen war aufgetischt, und ich suchte möglichst unauffällig nach meinen Essstäbchen. Ich fingerte an der Stelle herum, wo ich sie vermutete, aber Tracy, der meine merkwürdige Handbewegung – als würde ich zum Klavierspielen ansetzen – nicht entgangen war, kam mir zuvor und drückte mir die Essstäbchen in die Hand. Später eröffnete sie mir, es hätte nicht viel gefehlt und meine Finger wären im Essen gelandet.

«Sie wollen sich also die Haare wachsen lassen?», fuhr Frau Yun fort.

«Will ich das?»

«Gut.»

Herr Yun verdrückte ein Nudelnest nach dem anderen. Ich versuchte, seine Esstechnik zu imitieren, aber ich bekam die Nudeln mit meinen dünnen, metallenen Essstäbchen nicht richtig zu fassen, geschweige denn war ich in der Lage, sie zu einem Nest zu formen. Es schien so, als würde ich für dieses Abendessen meine gesamte Vertragslaufzeit brauchen. Ohne aufzuschauen, kam Herr Yun wieder auf das Haarproblem zu sprechen.

«In Korea», sagte er und rubbelte sich mit der freien Hand über den Kopf, «bedeutet ein kahlrasierter Kopf zwei Dinge.»

Er überlegte und suchte nach den englischen Wörtern. «Entweder Sie sind, wie sagt man noch ...» Er wandte sich Frau Yun zu und fragte sie auf Koreanisch um Rat.

«Mein Mann meint Verbrecher», sagte sie, «ein Verbrecher, der im Gefängnis war. Und wieder draußen ist. Entweder das, oder Sie sind wütend auf Regierung. Auf die Regierung. Wollen Sie das probieren?»

Ich konnte sehen, wie sie auf etwas zeigte, allerdings nicht, auf was. Tracy war sofort zur Stelle und reichte mir eine Schüssel. «Kürbis, glaube ich», sagte sie und probierte kurz, bevor sie die Schüssel mit einem kräftigen Rums neben meinen Reis stellte. Durch dieses Geräusch konnte mein geistiges Auge abschätzen, wo die Schüssel stand, was mich in die Lage versetzte, selbst nach ihr zu greifen und sie wieder an ihren Platz zu stellen. «Schmeckt ausgezeichnet», fügte Tracy noch hinzu.

Im weiteren Verlauf unseres Abendessens zauberte Tracy die verschiedensten Gründe aus dem Hut, um mir alle möglichen Utensilien zu reichen, und kam so meinen hilflosen Versuchen zuvor, auf dem Tisch herumzutasten. Tracy und ich hatten zwar noch kein Wort darüber verloren, aber uns war beiden stillschweigend klar, welch immense Verantwortung wir auf Tracys Schultern geladen hatten. Ob sich meine Blindheit nun negativ auf unsere Jobsuche ausgewirkt hätte oder nicht, konnte ich nicht beurteilen. Es spielte jetzt ohnehin keine Rolle mehr. Wir waren im Augenblick so oder so nicht in der Position, auszutesten, was für eine öffentliche Resonanz meine Behinderung gehabt hätte. Wir hatten uns weit aus dem Fenster gelehnt und viel zu verlieren – eine Wohnung, die Auslandserfahrung, ein ordentliches Gehalt. Also setzten wir alles daran, dass unsere glänzende Perspektive nicht durch meine Behinderung getrübt würde, weshalb Tracy in unserer neuen Wahlheimat Mädchen für alles war. Sie musste für mich die

Augen offen halten, mich führen, meine Blindheit kaschieren und sogar den Schlichter für mich spielen. Sie würde praktisch zwei Leben führen, ihr eigenes und meines, zumindest wenn wir uns im Dunstkreis der Schule aufhielten oder die Yuns in der Nähe waren. Wenn ich an deren Reaktion auf meine Glatze denke, möchte ich mir gar nicht erst vorstellen, wie sie meine Behinderung aufgenommen hätten. Von nun an musste ich mich nicht mehr damit herumschlagen, meine Blindheit möglichst zu kaschieren. Das war ab sofort Tracys Job.

Als wir nach dem Essen das gähnend leere Restaurant verließen, wich Tracy nicht von meiner Seite und hakte sich eng bei mir ein, als wären wir frisch verliebt.

Unauffällig führte sie mich so zum Auto. Ich kam mir vor wie ein Karren, was in den nächsten fünf Monaten so bleiben sollte. Ich hätte ein Königreich gegeben für einen Stock in meiner freien Hand und fühlte mich wie ein Raucher auf Entzug.

Auf dem Weg zum Auto drehte sich Frau Yun um und musterte uns. Tracy sammelte die ersten Eindrücke in unserer neuen Stadt und machte mich geschickt auf die ein oder andere architektonische Besonderheit oder Schaufensterauslage aufmerksam. Sie deutete dann darauf und schickte immer ein «Hey, schau dir das an!» oder «Ist dir schon aufgefallen, dass …?» voraus, bevor sie Details folgen ließ. Eine diskrete Art, mir die Umgebung zu beschreiben.

«Ich glaube, Sie sind wirklich sehr verliebt, nicht wahr?», sagte Frau Yun.

«Ja», antwortete ich, «wir sind ein Herz und eine Seele.»

Unsere bloße Erscheinung stellte uns in unserem Viertel vor ein Problem, das wir beim besten Willen nicht hatten vorhersehen können. Wir waren die einzigen Exilanten aus der westlichen Hemisphäre. Statistisch gesehen in etwa so unauffällig wie ein Paar pinkfarbene, überdimensionale Handschuhe aus Pelzimitat. Wenn Tracy und ich zum nächsten Laden an der Ecke gingen, um Nudeln und Saft zu kaufen, erwartete uns in den Häuserschluchten der riesigen Apartmentgebäude ein großer Bahnhof. Die Leute standen am Fenster und grüßten freundlich. Und wir hielten uns schadlos und grüßten freundlich zurück. Die reinste Gruß-Orgie, sobald wir einen Fuß auf die Straße setzten. Nie zuvor hatte ich mich irgendwo so willkommen und doch so beobachtet gefühlt. Tracy und ich verkörperten ein Paradoxon, von dem ich bislang nur gelesen hatte: wir waren zwei Immigranten – anonym und dennoch wie auf einem Präsentierteller zur Schau gestellt.

Folglich war nicht daran zu denken, bei uns im Viertel auf meinen Stock zurückzugreifen. Die Schule war nämlich nicht der einzige Ort, an dem mein Stock tabu war. Zu viele Kinder aus dem Viertel waren unsere Schüler. Und die hatten wiederum zu viele Eltern, die die Geschäfte und Grill-Restaurants betrieben, die wir hier frequentierten. Schnell würde das Gerücht über den schrägen Typen von Lehrer die Runde machen, der nachts in Laternenpfähle hineinlief oder mit seinem Stock eine herumfläzende Skater-Truppe umkurvte. Ich hatte Herrn Kims mahnende Worte noch genau im Ohr. Das Image der Schule darf auf keinen Fall Schaden nehmen.

Herr Yun hatte es sich zur Hauptaufgabe gemacht, sein Lebenswerk – die Schule – zu bewundern. Er war buchstäblich überall zu finden. Mit stolzgeschwellter Brust und auf dem Rücken verschränkten Händen schritt er wie eine tragische Figur aus einem Dickens-Roman würdevoll und erhaben durch die Straßen. Oft unterhielt er sich draußen vor der Schule mit Eltern oder betrachtete stolz das neue Schild über dem Eingang.

Frau Yun, eine durchtriebene Geschäftsfrau, schmiss derweil den Laden. Auf einem extra dafür hergerichteten, neuen Stockwerk bot sie sogar illegal einen Kurs für Drei- bis Fünfjährige an. Wir wussten genau, dass sie die Lizenzgebühr nicht bezahlt hatte, da wir dazu angehalten wurden, den neuen Stock einfach dichtzumachen, falls eine Kontrolle anstand, und dafür zu sorgen, dass sich die Kinder ruhig verhielten oder ein Nickerchen machten. Kontrollen kündigten sich stets per Frühwarnsystem an, wenn Herr Yun die Straße auf und ab ging oder mit den Busfahrern der Schule an der Ecke eine Zigarette rauchte und die Inspektoren schon von weitem kommen sah.

Herr Yuns Allgegenwärtigkeit war für mich das andere große Problem. Weil man nie genau sagen konnte, wo er sich gerade aufhielt, blieb mein Stock zu Hause, und Tracy führte mich diskret am Ellbogen, selbst wenn ich nur zum Supermarkt um die Ecke ging, um mir Chips mit Tintenfischaroma zu kaufen. Nach wenigen Tagen hatten wir unsere Lektion gelernt, was Herrn Yun anging. Eines Nachmittags waren wir in der Stadt unterwegs und wollten irgendwo etwas essen gehen. Ich bog mit meinem Stock in der Hand und Tracy im Schlepptau um eine Ecke und lief geradewegs in den Besitzer eines Imbisswagens. Auf der anderen Seite des Wagens stand Herr Yun, der jedoch glücklicherweise zu sehr mit Essen und Quasseln beschäftigt war, als dass er den Zusammenstoß bemerkt hätte.

Mit einer einzigen Bewegung, die mir längst in Fleisch und Blut übergegangen war, klappte ich meinen Stock zusammen wie ein Soldat, der routiniert sein Gewehr zerlegt. Tracy ließ den Stock in ihrer Handtasche verschwinden. Flugs waren wir dazu übergegangen, wie gewohnt Arm in Arm herumzulaufen, als uns ein sichtlich überraschter Herr Yun grüßte.

«Sie sehen aus, als hätten Sie Hunger», sagte er.

Er hielt einen langen, dünnen Spieß hoch, an dessen Ende, soweit ich das erkennen konnte, ein brauner Klumpen hing.

«Sehr gut», sagte er, tunkte den Klumpen in eine Soße und biss ein Stück ab. «Essen Sie das?»

Bevor wir ein Wort sagen konnten, bestellte Herr Yun zwei frisch zubereitete Klumpen für uns. Tracy, die beim Essen ausgesprochen mäkelig und in einem früheren Leben wahrscheinlich einmal ein Salatkopf war, traute der Sache nicht.

«Was ist das, Herr Yun? Ich kann kein rotes Fleisch essen.»

Herr Yuns Englisch war überaus dürftig, er wirkte verdutzt.

«Rindfleisch», erklärte Tracy, «kann ich nicht essen.» Sie suchte nach dem koreanischen Wort. «Bulgogi?»

Um ihre Vorstellung von schlechtem Essen bildlich darzustellen, hielt ich mir beide Zeigefinger an die Stirn und imitierte die Hörner eines Stiers.

Herr Yun lächelte, er hatte den Wink verstanden. «Nein, nein», sagte er und lachte. «Hier, für Sie.» Er reichte mir einen stattlichen Spieß und klärte mich auf, worum es sich bei meinem Mittagessen handelte. «Kot», meinte er.

Dass sich jemand Shampoo nannte, mochte ja noch angehen, aber ich hatte keine Lust, ein Stück Scheiße auf einem Spieß spazieren zu tragen, geschweige denn zu essen. Das kann einfach nicht sein, sagte ich mir. Ich wollte keiner dieser kleinkarierten Touristen sein, denen man aufschwatzen konnte, Fäkalküche sei ein florierender Geschäftszweig und eine Spezialität in Pusan. Aber meine Paranoia kam nicht von ungefähr. Wenn man nicht sehen kann, wird sie zum ständigen Begleiter.

Da des Rätsels Lösung weder auf sprachlicher noch auf optischer Basis zu finden war, blieb viel Raum für Spekulationen. Ekel und Angst machten sich breit. Die Tatsache, dass ich die Landessprache nicht beherrschte und Korea auch nicht mit eigenen Augen sehen konnte, katapultierte mich zurück auf das Level eines arglosen Kindes, dem man alles erzählen konnte, vor allem, wenn es sich um etwas Braunes, nicht Identifizierbares handelte, das für meinen Gaumen bestimmt war.

«Kot?», fragte ich nach.

«Ja», strahlte Herr Yun. «Leckerer Kot.»

Tracy konnte sich mit Mühe das Lachen verkneifen und flüsterte mir ins Ohr: «Lass dich nicht verarschen. Er meint irgendeine Fischart. Du hast nur die Schwimmbewegung nicht gesehen, die er gerade mit der Hand machte.»

Dadurch dass ich meine Blindheit für mich behielt, musste ich mich Tag für Tag als eine Person gerieren, deren Charakter ich eigentlich abstoßend fand. So zu tun, als könne man sehen, oder als jemand durchzugehen, der sehen kann, setzt voraus, dass man ein beträchtliches Maß an Ekel vor sich selbst und Selbstverleugnung an den Tag legt. Da stand ich nun mit einem gutgemeinten Fischspieß in der Hand und wurde mir auf einen Schlag darüber klar, dass mein falsches Spiel nichts anderes als Ausdruck meiner eigenen Verbitterung war, die chronisch zu werden drohte. Eine Gemütsverfassung, in der ich befürchten musste, ich würde entzaubert, wenn ich nicht als jemand durchging, der sehen konnte.

Selbst Herr Yun gab sich alle Mühe, mir einen Schritt entgegenzukommen, und strapazierte sein rudimentäres Englisch bei dem Versuch, mir die einheimischen Sitten und Gebräuche näherzubringen. Dagegen hielten sich meine Bemühungen in Grenzen, ihn oder sonst jemanden an der Schule zu treffen. Ich ging immer vom schlimmsten aller Fälle aus, war reserviert und verschlossen, von Zweifeln geplagt und gleichgültig. Hinter diesem Schutzwall verschanzte ich mich, um meine Legende aufrechtzuerhalten und, wie ich kalkulierte, meine Stelle an einer Schule nicht zu gefährden, in der ich mich ohnehin keine Sekunde länger als nötig aufhielt. Ich war letztlich weit und breit der Einzige, der den Leuten irgendeinen Mist auftischte. Die Sache stank zum Himmel.

Wenn ich mich recht erinnere, war jenes Mittagessen mit Herrn Yun mein letzter öffentlicher Auftritt mit Blindenstock in unserem Viertel. Und wahrscheinlich auch das letzte Mal, dass ich Tracy lachen hörte in Südkorea.

Die Belastung, die meine Blindheit für Tracy mit sich brachte, war zwar überschaubar, dennoch wuchs die Anspannung im Laufe der Wochen und Monate durch die zermürbende Monotonie zur Zentnerlast an. Ich konnte die Wohnung nicht verlassen, jedenfalls nicht allein und ohne mich auf der Straße in Gefahr zu bringen. So ging ich dazu über, meine Freizeit zu Hause zu vertrödeln oder einfach zu verschlafen. Ich fühlte mich eingeengt, in meiner Freiheit beschnitten, und bemitleidete mich selbst. Wenn wir ausgingen und Tracy mich führte, hing ich permanent wie eine Tasche an ihrem Arm, was unserer Beziehung langsam die Luft abschnürte. Meine Blindheit wog schwer, vor allem für Tracy.

Zum ersten Mal musste sie die Erfahrung machen, wie ihre eigene Unabhängigkeit zugunsten meiner Bedürfnisse und depressiven Anflüge verlorenging. Hier war meine Unabhängigkeit Geschichte, ähnlich wie das landminenverseuchte, benachbarte Hügelland, das man nicht betreten durfte. Tracy musste sich buchstäblich um alles kümmern.

Als wir einmal im Nampo-dong-Viertel auf dem Markt waren, ließ sie meinen Ellbogen los, um Gemüse auszusuchen. Ich schlenderte etwas herum, wie das wohl jeder gemacht hätte. Zwar blieb ich in der Nähe, verlor mich aber schon bald in den Menschenmassen, die über den Markt strömten. Ich betastete die Auslage auf den Regalen oder in den Körben der umliegenden Stände und vertrieb mir die Zeit damit, zu ergründen, um welche Art von Ware es sich handelte.

Ein Freund beschrieb mir einst den Bilderwitz, den ich drauf und dran war, zu reproduzieren. Ein Verkäufer steht wie versteinert hinter der Ladentheke und beobachtet mit angsterfüllter Miene, wie ein Blinder hereinkommt und mit dem nächsten Schritt in eine akkurat aufgeschichtete Riesen-Pyramide aus Glühbirnen hineinzulaufen droht. Den Witz verstand ich wohl, allerdings musste ich mich fragen, welcher

Heimwerkermarkt so bescheuert wäre, eine Pyramide aus Glühbirnen mitten auf dem Gang direkt vor der Kasse zu platzieren. Auf dem Markt in Nampo-dong musste ich jedenfalls keinen Berg Glühbirnen befürchten – Glück für mich und den Typen in der Glühbirnen-Abteilung. Aber meine Schulter machte Bekanntschaft mit der Kante eines ein Meter fünfzig hohen Stapels durchsichtiger Plastikschachteln, in denen sich jeweils ein Dutzend Eier befand.

Die weißen Bodenfliesen und die Eier verschwammen durch die transparenten Kartons zu einer unkenntlichen Masse, sodass ich den Stapel als solchen gar nicht sah. Ein leerer weißer Gang. Danach sah es zumindest aus, bis ich den Stapel schließlich hörte. Ich eckte mit der Schulter an. Plastik knarzte. Ich drehte mich blitzschnell um und erkannte, was mir zuvor entgangen war. Aus dem Augenwinkel sah ich, wie eine fremde Hand nach den Eiern griff und den Stapel festhielt. Er hörte auf zu wackeln, und ich dankte meinem Retter in genauso wackeligem Koreanisch.

Tracy fand mich, sah meinen Auftritt und ging auf mich los wie von Sinnen. Sie war wütend.

«Herrgott nochmal, Mensch – ich weiß auch nicht. Lass es einfach, okay? Lass es einfach! Du hättest beinahe die Eier umgeworfen.»

Wenn ich etwas nicht ausstehen kann, dann sind es Leute, die meinen, mich belehren zu müssen, obwohl ich die Tücke des Objekts längst erkannt hatte. Dies war so ein Moment.

«Ich weiß, dass ich gegen die Eier gestoßen bin. Das brauchst du mir nicht zu sagen. Ich bin kein Idiot. Ich bin durchaus im Bilde. Und hör auf, mich anzuschwärzen. Ich hab sie eben nicht gesehen. Und überhaupt – wer zum Teufel kommt schon auf die Idee, einen Stapel Eier mitten in einen Gang zu stellen?»

Zu meiner Verteidigung zeigte ich mit dem Finger einfach

auf andere, eine Taktik, die meine Geschwister und ich in unserer Kindheit bis zur Perfektion beherrschten, wenn auch meist ohne Erfolg. Auch heute kam ich nicht damit durch.

«Wovon redest du?», sagte Tracy. «Die Welt ist nicht allein für dich gemacht. Auch nicht hier in Südkorea.»

«Aber Eier gehören in den Kühlschrank. Wer erwartet schon einen Stapel Eier mitten in …?»

«Es geht hier überhaupt nicht um die Eier oder was du erwartest.»

«Doch, genau darum geht's.»

«Nein, eben nicht!»

«Und was soll ich deiner Meinung nach ohne meinen Stock machen? Einfach hier herumstehen und nichts tun, weil ich nicht sicher sein kann, ob ich vielleicht in ein paar dämliche Eier hineinlaufe? Völlig bescheuert. Das Einzige, was ich tun kann, ist – ich weiß nicht –, einfach auf Verdacht losziehen und alles nehmen, wie es kommt.»

Tracy war außer sich. Sie erklärte das Thema für beendet, aber es war noch nie meine Stärke, einem Streit aus dem Weg zu gehen.

«Nein, im Ernst», fuhr ich fort, «was erwartest du von mir, was soll ich machen? Nichts? Die ganze Zeit untätig herumstehen und auf dich warten? Genauso gut könnte ich den Rest des Jahres zu Hause bleiben. Wenn ich irgendwo reinkrache, ist das doch nicht dein Problem. Also lass mich einfach machen.»

«Warum sollte ich? Soll ich dir etwa seelenruhig dabei zusehen, wie du irgendwelchen Krempel über den Haufen rennst? Gut, in Ordnung. Aber das ist dann wirklich bescheuert, und nicht die Frage, ob die Eier nun im Kühlschrank sind oder sonst wo stehen.»

«Aber ich …»

«Ich habe jetzt keine Lust auf dieses Thema. Lass einfach gut sein.»

«Aber ich …»

«Lass – einfach – gut – sein.»

Ich wollte die Sache nicht auf die Spitze treiben, weshalb ich schließlich den Mund hielt. Würde ich noch mehr Öl ins Feuer gießen, käme sie vielleicht auf die Idee, mich kurzerhand stehenzulassen, was sie dann aber doch nicht übers Herz brächte. Bis jetzt hatte sie das noch nie gemacht, und ich wollte das Schicksal nicht herausfordern. Ich konnte noch so stur und nervig sein, wenn wir uns stritten, aber aus irgendwelchen Gründen ließ Tracy mich nie im Regen stehen und instrumentalisierte auch meine Blindheit nie. Ging es einmal ums Prinzip, konnten wir uns wegen einer Kleinigkeit hitzige Wortgefechte liefern. Zum Beispiel wenn wir uns fertigmachten, nach draußen zu gehen. Fummelte ich dann nach meiner Jacke und konnte sie nicht finden, reichte Tracy sie mir ganz nebenbei und stritt sich dabei unbeirrt weiter mit mir. Jetzt hatte sie keine Lust, über unsere Probleme zu sprechen, also ließ ich es dabei bewenden, und wir gingen nach Hause.

In den kommenden Monaten fanden wir uns immer häufiger in hässliche Szenen verstrickt. Da ich ständig an Tracys Arm hing, fühlte sie sich bald derart eingeengt, dass ihre Engelsgeduld und ihr sonst so tolerantes Wesen darunter zu leiden begannen. Unsere Beziehung war im wahrsten Sinne des Wortes zu eng.

Anfangs war unser zur Wohnung umfunktioniertes Büro unmöbliert, aber wir waren so klamm, dass wir uns außer dem Allernötigsten nichts weiter leisten konnten: Propangasflaschen für die Kochplatte, Handtücher, Bettzeug und dergleichen. Die Lehrer, die vor uns hier wohnten, hatten Töpfe und Pfannen dagelassen, einen Küchentisch, ein paar Stühle sowie eine Schlafmatte, aber das war's dann auch schon. Im Laufe der nächsten Monate vervollständigte Tracy in Eigenregie unsere Einrichtung.

An manchen Abenden zog sie durch die Straßen und Gassen und suchte nach ausrangierten Möbelstücken oder Holzkisten, eben nach allem, was uns als Tisch, Stuhl oder Regal dienen könnte. Möbel standen auf der Straße mehr als genug herum, aber unsere Transportmittel waren begrenzt: Ich konnte nicht helfen. Die Krux war, dass Tracy beide Hände brauchte, um unser Mobiliar zu schleppen, mich aber bei Dunkelheit unter gar keinen Umständen meinem Schicksal überlassen konnte. Wenn sie die Straßen durchkämmte, kam sie immer mit etwas Neuem für unsere Wohnung zurück, manchmal auch mit neuem Frust. Eines Abends entdeckte sie ein Sofa. Es fehlte jemand, der mit anpacken konnte. Anstatt mich von zu Hause zu Hilfe zu holen, schaute sie in der Schule vorbei, in der Hoffnung, einen hilfsbereiten Lehrerkollegen zu finden. Keine Ahnung, welche Ausrede sie sich für mich einfallen ließ. Jedenfalls muss es erniedrigend gewesen sein, meinetwegen einen Kollegen zu fragen, ob er helfen könne, irgendwelchen Plunder von der Straße zu uns nach Hause zu schaffen. Unsere Beziehung war wirklich zu eng, wir hingen ständig aufeinander. Aber wenn sie mich brauchte, war ich irgendwie trotzdem nicht da.

Ihr neues Leben war vielleicht härter als alles, was ich bislang zu bewältigen hatte.

Obwohl sie mich liebte, musste sie feststellen, dass ihr Altruismus langsam aufgebraucht war. Wir begriffen, dass eine Frau ihr Blickfeld gehörig einschränken und in ihrem Leben Abstriche machen musste, wenn sie ihren blinden Partner mitschleifen wollte. Genau zu dieser Erkenntnis war sie gelangt. Unsere Beziehung verlangte ihr dieses Opfer ab, was mir heute noch leid tut für sie. Beide zahlten wir einen zu hohen Preis. Wir lebten völlig isoliert in einem neuen Kulturkreis und hatten niemanden, mit dem wir uns austauschen konnten. Und dann die Geheimnistuerei mit meinen Augen und all diese

Ammenmärchen. Wir lernten meine Blindheit von einer ganz neuen Seite kennen: als Krankheit, die Tracys Leben genauso in Mitleidenschaft zog wie mein eigenes.

Fünf Monate lang verloren wir praktisch kein Wort über unser Problem und kehrten alles nach besten Kräften unter den Teppich. Schließlich fand unsere Misere ihren Ausdruck in einer einzigen Vokabel: Sex. Er verschwand aus unserem Leben. Im Nachhinein gesehen musste es zwangsläufig so kommen. Beide unterrichteten wir Kinder, und wenn Tracy nach der Schule nach Hause kam, musste sie sich um mich kümmern. Sie half mir und führte und betreute mich angesichts meiner selbstauferlegten Hilflosigkeit. Ich mutierte langsam zu einem ihrer Kinder und sie zu einer Ganztagsmutter. Das Letzte, wonach ihr abends der Sinn stand, war körperliche Nähe. Unsere Matratze auf dem Boden war der einzige Fleck Privatsphäre, der ihr noch geblieben war, während ich an ihrer Seite wach lag und ihr nichts bieten konnte. Anstatt mich wie ein Mann und ihr Lover zu fühlen, kam ich mir vor wie ein kleines Kind oder Ballast.

Wenn es noch eines definitiven Beweises bedurfte, dass wir uns in einer Beziehungskrise befanden, dann genügte diese eine kleine Begebenheit, die sich kurze Zeit später ereignete. Eines Morgens saß ich auf unserem verdreckten Sofa und zählte die Minuten bis zum Unterrichtsbeginn. Seit drei Tagen hatte ich das Haus nicht verlassen, was nicht ungewöhnlich war, weil für mich die einzige Möglichkeit, eine Art Unabhängigkeit zu bewahren. Meistens ging ich morgens die drei Stockwerke bis zur Schule hinunter, unterrichtete – gut, blödelte herum – und ging anschließend wieder nach oben, wo ich dann auch blieb. Essen ließ ich mir vom Restaurant «Green Boy» ins Haus bringen, Suppe oder Pizza, wenn auch Pizza mit Mais, weshalb ich keinen Grund hatte, das Haus zu verlassen. An besagtem Morgen saß Tracy im Schneidersitz auf dem Boden und föhnte sich die Haare. Keiner von uns sagte ein Wort. Dann plötzlich, ohne erkennbaren Grund, schaltete sie den Föhn aus, machte einen Satz auf das Sofa und murmelte etwas von «Scheiße, ach du Scheiße ...». Ich horchte auf wie ein Hund, der auf ein verdächtiges Geräusch aufmerksam wurde, richtete mich auf und peilte die Lage.

«Was ist los? Stimmt was nicht?»

«Eine Kakerlake», sagte sie, «eine riesige Kakerlake.» Sie starrte irgendwohin auf den Boden. «Ach du Scheiße.»

Wenn ich es mir genau überlegte, hätte ich wetten können, dass sich noch jede meiner bisherigen Freundinnen einmal mit einem Satz vor irgendwelchem Ungeziefer in Sicherheit gebracht hatte. Wenn ich sehen könnte, würde ich das genauso machen. Allerdings bin ich da in der Regel nicht so empfindlich. Außer bei Schlangen. Und Kakerlaken. Vor allem bei Kakerlaken.

«Wo ist sie?», fragte ich und zog die Füße hoch auf das Sofa. Nicht dass ich mir barfüßig, wie ich war, eine Kakerlake an meinen Füßen vorgestellt hätte. Nein, ich stellte mir unzählige vor. Was soll hier überhaupt der Singular? Kakerlaken treten nie im Singular auf. Tracy gab mir keine Antwort, weshalb ich nachhakte.

«Nun sag schon, wo ist sie?»

Vielleicht saß Tracy ja wie gelähmt auf der Couch und starrte auf einen dieser riesigen Käfer, die sich zu Tausenden auf dem Boden tummelten. Unsere neuen Mitbewohner. Wir schliefen auf dem Boden. Genau das war mein erster Gedanke und mit Sicherheit auch Tracys, wenn sie sich nicht schon längst im Geist eine Hängematten-Konstruktion zurechtgezimmert hatte, die wir an der Decke anbringen könnten.

«Ach du Scheiße», murmelte sie ein weiteres Mal. Allerdings mit einem Unterton, der mir fremd war und der nichts Gutes verhieß. Sie gab sich geschlagen, hatte kapituliert. Das war's dann wohl. Sie hatte die Schnauze voll. Gestrichen voll.

«Jetzt sag mir endlich, wo sie ist», insistierte ich.

«Dort auf dem Boden, aber mach dir keine Mühe …»

«Wo auf dem Boden?»

Sie war ungehalten. «Ach, ich weiß auch nicht. Halt dort drüben auf dem Boden.»

«Wo ist dort drüben?»

«Wo ich vorhin saß.»

«Okay, okay. Wie soll ich das wissen? Neben dem kleinen Tischchen?»

«Nein», seufzte sie, «neben dem Stuhl.»

Ich hatte verstanden. Tracy überlegte fieberhaft, was als Nächstes zu tun sei, während ich sie nervte wie eine Kakerlake.

«Ich kriege sie schon», sagte ich.

Die Aussicht, auf Kakerlakenjagd zu gehen, begeisterte mich nicht gerade, aber ich musste irgendwie helfen, irgendetwas unternehmen, um Tracy wieder aufzurichten. Schließlich ging es nur um eine Kakerlake, mehr nicht. Ich wollte der Sache nicht mehr Bedeutung zukommen lassen, als ihr zustand. Ich wollte keinen Präzedenzfall schaffen, weder für meine Blindheit noch für mein eigenes Versagen oder sonst irgendwas. Ich musste den Käfer totmachen, solange die Sache noch keine größeren Kreise gezogen hatte, und würde Tracy auf einen Schlag den Wind aus den Segeln nehmen.

Sie sagte etwas, meinte, ich solle mich nicht bewegen, aber ich war längst von der Couch aufgestanden und schlurfte vage in die Richtung, wo ich die Kakerlake vermutete.

«Hier ungefähr?», flüsterte ich. Wahrscheinlich wollte ich vermeiden, dass die Kakerlake Wind von meinem Plan bekommt.

Tracys Stimme klang entschieden und hart. «Nein, sie ist

weg. Ich hatte dir doch gesagt, du sollst dich nicht bewegen. Jetzt hast du sie verscheucht.» Ich schaute krampfhaft auf den Boden, als könnte sie sich vielleicht geirrt haben. «Danke übrigens», fügte sie noch hinzu.

«Spar dir deinen Sarkasmus. Ich will schließlich nur helfen. Wo ist sie hin?»

«Sie ist unter den Bücherkisten, aber halte dich bitte zurück, okay? Lass einfach gut sein.»

«Nein, ich schaff das schon.»

«Nein, schaffst du eben nicht.»

Das hatte Tracy noch nie zu mir gesagt, und weder sie noch ich wollten es jemals so weit kommen lassen. Mit einem Wort, sie hatte recht. Sie schaltete den Föhn wieder an und machte sich fertig, zur Arbeit zu gehen. Ich gab mich geschlagen und setzte mich wieder auf die Couch.

Ich kann nicht sagen, ich wäre enttäuscht gewesen, dass Tracy mir nicht zutraute, einen Käfer in unserer Wohnung totzumachen. Enttäuschung ist nicht das richtige Wort. Viel zu harmlos. Ich war meiner Männlichkeit beraubt, hatte eine Stinkwut auf Tracy, auf die Kakerlake, auf meine Blindheit, auf herumtobende Kinder, auf unsere trostlose Wohnung, auf Herrn Yun und seine Umtriebigkeit, auf meine Selbstzweifel in Korea, auf nichtgekühlte Eier, auf das Gewicht von Sofas, auf alles, einschließlich meiner eigenen Komplizenschaft. Warum konnte ich nicht einfach ein blinder Mann sein, egal, ob hier oder zu Hause? Ich tat mich schwer, meine Blindheit zu akzeptieren und einen Modus vivendi zu finden, mit dem Tracy leben konnte. Und ich auch.

Wir saßen auf der Couch und starrten auf die Bücherkisten, unter denen es sich die Kakerlake gemütlich gemacht hatte. Wahrscheinlich hatte sie sich längst vermehrt, und ich hätte meinen Präzedenzfall. Bei Dunkelheit konnte die Kakerlake wie ich tagelang ihr Refugium nicht verlassen. Rein theoretisch jedenfalls, was sie aber nicht machte. Nach ein paar Minuten krabbelte sie wieder hervor. Dieses Mal entdeckte ich sie. Mein verbliebenes Sichtfeld war gerade noch groß genug, um die Ausmaße ihres kleinen Körpers zu erfassen. Mein gutes Auge registrierte etwas schwarz Glänzendes. Ich nahm ein Buch vom Kaffeetisch und versuchte, mit einer schnellen Bewegung am Boden zu sein und zuzuschlagen.

«Da ist sie nicht», sagte Tracy.

Normalerweise hätte sie es lustig gefunden, wie ich auf den Boden eindrosch. Aber sie klang müde und ausgelaugt. Zugegeben, meine Versuche, es den Leuten gleichzutun, die sehen können, entbehren manchmal nicht einer gewissen Komik, aber wo gehobelt wird, fallen auch Späne.

«Wo ist sie dann?»

«Vergiss es einfach. Egal. Du kriegst sie sowieso nicht.»

Ihre Bestimmtheit und innere Emigration taten weh.

«Also gut, dann mach's doch besser!», blaffte ich sie an. «Ich versuche es wenigstens.»

Tracy schaltete den Föhn wieder aus. «Ich habe die Schnauze voll», sagte sie und meinte nicht nur die Jagd nach der Kakerlake. Sie hatte innerlich die Schotten dichtgemacht, es war unmöglich, an sie heranzukommen. Sie stand auf, ging ins Schlafzimmer und machte die Tür hinter sich zu.

Frau Yun hatte die Inszenierung eines großangelegten Musicals organisiert, das von den Schülern aufgeführt werden sollte. An jenem Morgen waren wir eingeteilt, bei den Proben zu assistieren. Die Aussprache der Darsteller, die Texte und Lieder aus *Charlie und die Schokoladenfabrik* rezitierten, machte ein gründliches Coaching unumgänglich. Ich tat so, als wäre ich mit Begeisterung bei der Sache, auch wenn ich auf all diese klugscheißerischen Oompa Loompas gut hätte verzichten können, die mir geschlagene sechs Stunden lang erzählten, welche Lehren ich daraus zu ziehen hätte, wenn ein Kind zu viel Kaugummi kaut oder zu viel fernsieht. Immerhin brachte ihr Fehlverhalten ganz neue Metamorphosen hervor – ein Mädchen, das zu einer Heidelbeere mutiert, ein Junge, der auf die Größe eines Klebestifts schrumpft. Aber niemand, nicht einmal ein Oompa Loompa, hatte mich davor gewarnt, was mit einem blinden Typen passieren würde, der partout seine Blindheit nicht akzeptieren will.

Im Schlepptau von Tracy, deren schemenhafte Gestalt mir etwas Orientierung bot, betrat ich den Proberaum. Little John, mein Lieblingsschüler, der Kleinste und Quirligste von allen, zwängte sich zwischen uns und begrüßte seinen Lehrer, den Lion King. Viele der anderen Kinder hänselten Little John, dem ich diesen Namen gegeben hatte, weil das schlichtere «John» bereits an einen mürrischen Jungen christlichen Glaubens vergeben war. Little John erinnerte an die gleichnamige Figur aus Robin Hood, und der Junge war glückselig, dass ich ihn als dessen Ebenbild sah. Meist war er morgens der Erste, der auf mich zugerannt kam, um mich zu begrüßen.

Er hüpfte in Hüfthöhe vor mir herum, schaute zu mir auf und rief: «Guten Morgen, Lion King!» Seine Begeisterung ging derart mit ihm durch, dass er mit einer Hand meine Eier packte und sie zur Begrüßung einmal kräftig durchschüttelte. Zu meiner eigenen Überraschung hatte ich tatsächlich noch welche.

Ich musste etwas unternehmen. Da mir in Pusan die Felle davonzuschwimmen drohten, beschloss ich, lieber meinen Job zu verlieren als Tracy. Am Ende jenes Tages war ich fest entschlossen, mich mit meinem Stock zu outen. Vielleicht war es bereits zu spät, aber wir mussten herausfinden, ob wir der Sache noch eine positive Wendung geben konnten.

Als Erstes eröffnete ich Tracy, dass ich am nächsten Tag allein weggehen würde, damit sie etwas Zeit für sich hätte.

Unser Freund Reg würde am Nachmittag mit dem Zug aus Seoul eintreffen. Es war unser freier Tag.

«Du kannst endlich machen, worauf du Lust hast», sagte ich. «Ich hole Reg ab, und wir sind rechtzeitig hier, um abends zusammen irgendwo essen zu gehen.»

Tracy war so überrascht wie skeptisch. «Wie bitte? Das schaffst du nie», sagte sie. Offensichtlich gehörte dieser Satz inzwischen zu ihrem Standardrepertoire. «Wie willst du das alles finden?»

«Ich nehme einfach meinen Stock mit. Die U-Bahn-Station kenne ich auch. Ich werde Reg schon finden, kein Problem. Mach dir mal keine Gedanken.»

«Was, du willst jetzt auf einmal deinen Stock benutzen?»

«Ist wahrscheinlich besser so, meinst du nicht?»

«Und was ist mit den Yuns?»

«Ich weiß nicht. Wir werden sehen.»

Tracy sagte nichts weiter zu meinem Plan. Auch wenn sie es nicht explizit erwähnte, war sie mit mir doch einer Meinung, dass wir nicht viel zu verlieren hatten. Wenn meine Blindheit tatsächlich derart ins Gewicht fiele, wie uns Herr Kim glauben gemacht hatte – sei's drum. Irgendwie würde es schon weitergehen, wir würden einen anderen Job finden oder nach Hause gehen. Jedenfalls war es die ganze Sache nicht mehr wert.

Am nächsten Morgen verließ ich unsere Wohnung und ging die Treppe hinunter, wobei ich Stufe für Stufe mit meinem Stock abklopfte. Es war, gelinde gesagt, ein überwältigendes Gefühl. Wenn die Medizin jemals in der Lage sein sollte, mir neue Augen zu verpflanzen, könnte ich wetten, dass sich meine ersten Schritte aus der Klinik genauso anfühlen würden wie diese ersten Schritte hier mit meinem Stock. Ich konnte wieder sehen. Jeder Stockschlag bedeutete ein Stück Information und ließ mich einen weiteren – zugegebenermaßen etwas wackligen – Schritt hinaus in die Freiheit machen. Als ich den letzten Treppenabsatz erreicht hatte und die letzte Treppe in Angriff nahm, schneite Herr Yun durch die Eingangstür herein und kam mir auf der Treppe entgegen.

«Guten Morgen», sagte er. «Haben Sie schon was gegessen?»

Seit jenem Tag, als sich unsere Wege an dem Imbisswagen gekreuzt hatten, war Herr Yun von unserem täglichen Speiseplan geradezu besessen.

«Kal-gook-su», sagte ich. Meine Aussprache war miserabel, aber er konnte sich zusammenreimen, was ich sagen wollte. Er klatschte in die Hände und lachte, honorierte meine sprachlichen Bemühungen. Wir standen nebeneinander auf der Treppe, und ich stützte mich auf meinen Stock und harrte der Dinge, die da kommen sollten.

«Was ist das?», fragte er und zoppelte kurz an meinem Stock wie an einem Kontrabass.

«Das ist ein Stock», sagte ich und schlug damit leicht gegen eine Treppenstufe.

«Ahhhhhh, Stock.»

«Genau, ein Stock.»

«Warum Stock?»

Meine Antwort war vielleicht nicht korrekt, entsprach aber meiner subjektiven Wahrheit.

«Na ja, mit der Mobilität ist das so eine Sache, aber mein Stock hält mich im Erwerbsleben.»

«Ein Stock ist für …?» Er wollte den letzten Halbsatz wiederholen, brachte aber nicht mehr alle Silben zusammen.

«Erwerbsleben», wiederholte ich.

In meinen Scrabble-Stunden hatte ich eine wertvolle Erfahrung gemacht, die mir jetzt zugutekam. Wenn ich meinen Stock schon nicht verbergen konnte, dann konnte ich zumindest dafür sorgen, dass er nicht ständig zum Gesprächsthema

Nummer eins würde. Wenn er kein Thema war, dann war er kein Thema. Tracy und ich wussten dies nur allzu gut.

«Ahhhh», sagte er, nachdem ich ihm etwas auf die Sprünge geholfen hatte, «ein Stock für Er-werbs-le-ben.»

«Sehr gut, Ihre Aussprache.»

«Danke», sagte er. «Und Erwerbsleben ist was?»

«Schwer zu erklären. Kompliziert.» Ich stützte mich eine Spur demonstrativer auf meinen Stock und verwies mit einer ausladenden Handbewegung auf den Ort unseres kleinen Treppenplauschs. «Erwerbsleben.»

«Aaaaah», sagte er.

«Okay?»

«Okay», bestätigte Herr Yun, der sichtlich zufrieden war mit seiner neuen Erkenntnis. Er wünschte mir einen guten Morgen und ging die Treppe hinauf.

Tracy und ich sahen nie andere Blinde in Pusan, und wenn, dann hätten sich deren Blindenstöcke vielleicht von meinem unterschieden. Vielleicht war das völlige Fehlen von blinden Menschen im öffentlichen Straßenbild als Folge kultureller und politischer Zwänge auch der Grund, weshalb ein weißer Stock Leuten wie Herrn Yun suspekt war. Wie dem auch sei, er kaufte mir mein Gefasel vom Erwerbsleben ab und kam nie wieder auf das Thema zu sprechen. Ohnehin hielt sich sein Interesse an der englischen Sprache in Grenzen. Während der letzten paar Wochen, in denen Tracy und ich in der Schule wohnten und mit den Yuns zu tun hatten, war ich immer mit meinem Stock unterwegs, ohne ihn jemals zu thematisieren. Manchmal hatte ich ihn für alle Fälle zusammengeklappt unter dem Arm dabei, und manchmal benutzte ich ihn wie zu Hause und bahnte mir in meinem unnachahmlichen Stil salopp den Weg. Damals schwang ich den Stock kaum seitwärts. Ich checkte nur meinen Laufweg und stakte dabei mit dem Stock wie ein Gondoliere, der die Wassertiefe prüft. Manchmal benutzte ich ihn auch als Spazierstock. Vielleicht lag es an diesem Gesamteindruck, den ich mit meinem Stock abgab, dass die Yuns und die anderen Lehrer nie auf die Idee kamen, mich als Blinden zu sehen. Vielleicht war es auch eine Frage von Höflichkeit oder Respekt meiner Privatsphäre gegenüber. Jedenfalls verlor niemand viel Worte darüber, als könnten die Leute die Blindheit nicht sehen, die ich im Grunde verheimlichte.

Sei es, wie es sei – ich änderte meine Gewohnheiten. Und obwohl mein Stock voll zum Einsatz kam, als ich Reg am Bahnhof abholte, schien auch dort niemand Notiz von mir zu nehmen.

Das Erfolgserlebnis mit Herrn Yun und die Aussicht, dass sich zu Hause die Dinge möglicherweise wieder einrenken würden, beflügelten mich. Ich verließ das Schulgebäude, ging mit Stockeinsatz zur U-Bahn-Station und fuhr zum Bahnhof. Trotz der ganzen Menschenmassen – in der U-Bahn standen alle dichtgedrängt Schulter an Schulter – kam ich mir vor, als sei ich in einer Geisterstadt gelandet. Ich war endlich mein eigener Herr und hatte meine Hand nicht an Tracys Ellbogen. Zur Feier des Tages summte ich auf der ganzen Fahrt einen Charlie-Feathers-Song. *Leave me one hand loose, and I'll be satisfied …*

Ich verließ die U-Bahn und trat auf einen öffentlichen Platz hinaus, der gegenüber dem Bahnhof lag. Zufällig traf ich Neil, einen Typen aus Oregon, der an einer anderen Schule ebenfalls Englisch unterrichtete, einer der wenigen Ausländer, mit denen wir befreundet waren.

Der Platz war voller Menschen, aber es schien sich niemand zu bewegen. Neil und ich grüßten uns. Er wusste von meiner Erblindung, konnte es allerdings erst wirklich glauben, als er mich jetzt mit einem Blindenstock sah. Die Spur der Verblüffung in seiner Stimme war unüberhörbar, als er mich grüßte.

«Was ist los hier auf dem Platz?», fragte ich.

«Hast du nichts davon gehört? Eine Demo. Überall Polizei und Studenten.»

«Eine Demo? Warum?»

«Umweltgeschichte. Flussverschmutzung in einem der Flüsse hier. Ein Hüttenwerk oder so, glaube ich.»

Ich spitzte die Ohren, konnte aber nichts hören, was auf eine Protestveranstaltung hindeutete.

«Ist die Demo schon vorbei?», fragte ich.

Neil schaute sich für mich um. «Nein, ich glaube nicht. Viele sitzen noch da.»

«Ein Sit-in also?»

«So ähnlich. Die Studenten machen das hier so. Und um ihre Solidarität zu bekunden, rasieren sich viele den Schädel kahl.»

Der Wind blies mir um den kahlrasierten Kopf. Und Neil wurde bewusst, was er da gerade gesagt hatte.

«Hey!», platzte es aus ihm heraus. «Du könntest glatt einer von ihnen sein. Mach besser einen Bogen um die Bullen.»

Ich schaute über Neils Schulter hinweg auf die Menschenmenge und versuchte, die Trennungslinie zwischen kahlköpfigen Demonstranten und Polizeikordon auszumachen. Die Bedeutungsschwere seiner Worte lastete wohl auf Neil.

«Kommst du klar hier allein, oder soll ich dir helfen?»

Ich hätte Hilfe gut gebrauchen können, aber ich wollte meine neugewonnene Freiheit nicht schon am ersten Tag wieder aufgeben. Ich konnte jetzt keinen Rückzieher machen, dafür ging es mir einfach zu gut, und außerdem stand für mich zu viel auf dem Spiel.

«Nicht nötig, ich komm schon klar. Bis dann.»

Mit meinem Stock bahnte ich mir den Weg durch die überwiegend am Boden sitzende Menschenmenge. Ich schlug ihn möglichst hart aufs Pflaster, in der Hoffnung, die lauten Schlaggeräusche ließen die Leute auf meinen Stock aufmerksam werden, sodass sie mir vielleicht Platz machten. Ich wusste nicht, wie ich sonst hätte sagen sollen, ich bin blind und muss mal eben durch eure Demo durch. Vereinzelt zogen mich Leute am Hosenbein, um mich dazu zu bewegen, mich zu ihnen auf den Boden zu setzen. Ich zuckte dann immer nur mit den Schultern, als wollte ich diesen Leuten sagen, ich bin jeden Tag so kahl rasiert und folglich nicht hier, um an eurem Sit-in teilzunehmen, obwohl ich mir das durchaus vorstellen könnte, wenn ich Zeit hätte, danke. Nur wenige machten Platz. Mein Stock hatte schon effektivere Auftritte.

Auf der gegenüberliegenden Straßenseite konnte ich, wie ich zu erkennen glaubte, die Eingangstüren zum Bahnhof sehen. Während ich mich durch die Menge kämpfte, verschwand dieses Bild immer wieder, weshalb ich ziemlich lange brauchte, bis ich es nach dort drüben geschafft hatte. Gelegentlich hielt ich an, um meinen Kurs zu korrigieren und verlorenen Boden gutzumachen. Als ich schließlich die Treppe am Bahnhofseingang erreicht hatte, lag ein wilder Zickzackkurs durch die demonstrierende Menge hinter mir. Ich vermute, genau das war es auch, was die Polizei auf den Plan rief. Sie konnte sich keinen Reim darauf machen, was ich da veranstaltete, wohin ich ging und warum. Für sie war ich ein Sonderling – ein herumvagabundierender weißer Zeitgenosse, der auf sie zuhielt, mit einem Stock bewaffnet und mit Protestler-Haarschnitt.

Als ich die Handvoll Stufen zum Bahnhofseingang in Angriff nahm, stellte sich mir ein Polizist in den Weg. Er brüllte mich an, stellte mir vermutlich Fragen und wartete ungeduldig auf Antworten. Er hielt mich offensichtlich für einen Demonstranten, aber ich wollte, dass er mich als einen blinden Mann wahrnähme und nicht als Dissidenten mit einem Stock. Meine Bedenken, dass mein Stock Schwierigkeiten verursachen könnte, verflogen auf einen Schlag, als der Bulle mein Erwerbsleben einkassierte und wegging.

«Nein!», schrie ich. «Ich bin blind. Ich kann nicht sehen.» Mein Stock war weg – und ich auf der Bahnhofstreppe außer Gefecht gesetzt.

Hätte sich das Ganze in der Nähe unserer Wohnung zugetragen, wäre alles halb so schlimm gewesen. Im Schulgebäude kam ich in der Regel ohne Stock aus, und wenn es sein musste, auch in der näheren Umgebung – allerdings nur bei Tageslicht. Aber nur deshalb, weil ich mir bis zum Lebensmittelladen oder zum Klassenzimmer den Weg eingeprägt und mir die Zahl der Schritte gemerkt hatte. Ich wusste jedoch nicht, wie viele Schritte es bis in den Bahnhof waren, geschweige denn, wie ich wieder zu meinem Stock kommen könnte.

Ich besann mich auf meine Stimme und brüllte in die Richtung, in die der Bulle gegangen war. Ich meinte, ihn immer noch sehen zu können, wie er ganz in der Nähe mit anderen Polizisten zusammenstand und vermutlich meine tödliche Waffe gerade unschädlich machte. Ich brüllte etwas lauter, sah die gleichgültige Menschenmenge und kapitulierte. Vielleicht würde Reg ja aus dem Bahnhofsgebäude herauskommen und mich finden, dachte ich, wenn er lange genug gewartet hatte. Wenn nicht, würde er bestimmt Tracy anrufen, und sie würde mich abholen. Im Gewusel der Leute wartete ich wie ein Schiffbrüchiger auf einer einsamen Insel auf meine Rettung, hatte keinen Stock, war bewegungsunfähig und hatte Hummeln im Hintern.

Glücklicherweise erübrigte sich dann aber eine Rettungsaktion. Ein zweiter Polizist kam auf mich zu und gab mir meinen Stock zurück. In ruhigem Ton sagte er etwas zu mir, das sich nach einer Entschuldigung anhörte. Ich hatte soeben zum zweiten Mal an einem Tag meinen Stock zurückbekommen. Als ich damit gegen die Treppenstufen tippte, ging meine Welt in neuem altem Glanz auf. In Armlänge. Ich spürte den Spirit, den ich von Vancouver nach Pusan mitgebracht und beinahe eingebüßt hätte.

Ich wünschte, ich könnte behaupten, dass mein Stock uns in Korea gerettet hat. Ich war wieder blind – welch seltsame Art von Rettung, wenn auch noch lange nicht filmreif. Ein Happy End würde es in diesem Film erst geben, wenn Tracy und ich am Küchentisch säßen und über die alten Dramen und Missgeschicke herzlich lachen könnten, in der Gewissheit, dass sie endgültig der Vergangenheit angehörten. Wir hatten Excalibur befreit und ihn heimgeholt – meinen Stock. In der Schlussszene würden Tracy und ich an unserem Tisch Tee trinken, lächeln und uns angeregt unterhalten. Die Kamera würde umschwenken auf unsere alte Wohnung, wo es vor Kakerlaken nur so wimmelte, unseren Mitbewohnern, die vertraut und doch so neu waren, niedlich und liebenswert, ihre eigene Karikatur. Einfach Kakerlaken. Unsere Kakerlaken. Ich wünschte, ich könnte sagen, mein Stock reichte aus, um ein Bild wie dieses heraufzubeschwören, was aber leider nicht der Fall war. Zum Schluss noch die übliche Hollywood-Chose und Helden mit übernatürlichen Kräften. Mein Stock war weder ein Wunderheilmittel, noch konnte er unsere kriselnde Beziehung zurück auf null stellen. Er machte unsere letzten paar Wochen zwar erträglicher, aber in allererster Linie ließ er Tracy genug Abstand und Unabhängigkeit gewinnen, um wieder zu sich zu finden. Und genau das wollte und brauchte sie. Wie der Film für mich ausgehen würde, konnte keiner von uns sagen.

An meinem letzten Unterrichtstag spielten wir in der Klasse Galgenmännchen. Cabin suchte ein Wort aus, und ich half ihm, dessen Buchstabierung im Wörterbuch zu finden. Unter seine Zeichnung mit dem Galgen machte er dann für jeden Buchstaben eine Leerstelle. Und los ging's. Die Megs und Kevins und Batmans blätterten ihr Wörterbuch durch und kreischten aufgeregt Wörter und Buchstaben durch die Gegend. Die meisten tippten auf seltene Buchstaben wie x, q oder j, vermutlich in der Hoffnung, sie wären nicht ganz so selten, wie sie in Wirklichkeit sind. Exotische Buchstaben. Das Männchen hing praktisch schon am Galgen, aber Cabin kritzelte trotzdem weiter und fügte für jeden falsch geratenen Buchstaben ein weiteres Detail hinzu. Bald zeichnete sich ein glatzköpfiger Mann mit Brille und zwei Ohrringen ab. Die Lösung hieß «Ryan». Unter frenetischem Beifall erklärte die Klasse mein Porträt für das beste Galgenmännchen, das sie je gesehen hat. Ein würdiger Abschied.

Rory fehlt

Als Tracy und ich aus Pusan zurückgekehrt waren, beschritten wir den einzig möglichen Weg, unsere Liebe aufzufrischen und unsere überstrapazierte Beziehung zu kitten. Wir trennten uns. Wenige Tage nach unserer Landung in Vancouver buchte Tracy einen Flug nach Saskatchewan, um ihre Familie zu besuchen. «Ich brauche ein paar Wochen», sagte sie. «Nur ein paar Wochen.»

Vier Wochen später flog ich Richtung Prärie, um die Situation auszuloten. Ich musste herausfinden, für wen Tracys Herz schlug und was sie vorhatte. Tracy und ihr Herz wollten in Saskatchewan bleiben.

«Vielleicht noch einen Monat», meinte sie. Es war offensichtlich, dass sie nicht wusste, was sie tun und wo sie hinwollte. Nur so viel war sicher: Sie wollte nicht bei mir in Vancouver sein.

Ich wartete noch eine Zeitlang, aber als in einer ihrer E-Mails von einem Job in einem Klamottenladen die Rede war, wusste ich, dass ich zunächst einmal mein Leben in Ordnung bringen musste. Seit einem Monat lebte ich in einer Souterrain-Wohnung von der Größe meines rechten Lungenflügels. Ein tiefer Atemzug genügte, und meine Wohnung wurde zum sauerstoffleeren Raum. Und Schimmelsporen tummelten sich in meiner Lunge. Das Geld wurde knapp, und so bewarb ich mich als Sachbearbeiter bei einem gemeinnützigen Kunstverein. Mein Organisationstalent entsprach ohne Frage meinem Sehvermögen, außerdem konnte ich keine nennenswerte

Büroerfahrung vorweisen. Glücklicherweise kam nichts davon bei meinem Vorstellungsgespräch zur Sprache.

«Ryan, stellen Sie sich einen hektischen Vormittag vor. Folgende Situation: Sie kommen morgens zum Kunstverein, um aufzuschließen. Vor der Tür warten bereits zahlreiche Leute. Zwei brauchen umgehend Hilfe beim Ausfüllen von Förderanträgen, und Sie wissen ja, diese Künstler können niemals warten! Ein Dritter möchte in die Bibliothek, die aber erst mittags öffnet. Als Sie ins Büro kommen, klingelt das Telefon, und der Anrufbeantworter blinkt hektisch. Das Faxgerät zeigt einen Papierstau an, dabei erwarten wir händeringend ein wichtiges Dokument. Unter den Wartenden ist ein Kurier mit einem Päckchen, für das Sie sofort gegenzeichnen müssen. Allerdings hatten Sie noch keine Zeit, die Beleuchtung einzuschalten und unser Schild vor die Tür zu stellen. Außerdem muss die Alarmanlage innerhalb von sechzig Sekunden deaktiviert werden. Sie sehen, ziemlich viel auf einmal. Ich würde gerne von Ihnen wissen, was Sie als Erstes machen.»

«Zunächst würde ich den Anwesenden erklären, wie merkwürdig dies alles ist, befinde ich mich doch in genau der chaotischen Situation, die mir bei meinem Vorstellungsgespräch ausgemalt wurde. Wie sieht's aus?»

Am nächsten Tag fing ich an.

Ich bin noch heute überrascht, wie schnell in einem Büro das absolute Chaos ausbrechen kann. Innerhalb eines Monats waren meine Unzulänglichkeiten nicht mehr wie im Vorstellungsgespräch zu kaschieren. Mein Ablagesystem lieferte den Beweis für Dauerstress und befand sich kurz vor dem Kollaps. Es bestand aus drei Stapeln Papier: «Zu erledigen», «Ebenfalls zu erledigen» sowie «Wahrscheinlich wichtige Dinge, mit denen ich aber nichts anfangen kann». Der dritte Stapel war der höchste. Während eines achtstündigen Arbeitstages erledigte ich so gut wie nichts. Drucksachen zu lesen und Dokumente in einem Aktenschrank aufzustöbern, dauerte bei mir so lange, dass es selbst mir weh tat. Das einzig Positive war, dass ich immer geschäftig wirkte und ständig etwas las oder suchte. Ich war sehr beschäftigt, aber leider nicht produktiv. Man hätte meinen können, ich erledigte viel Korrespondenz, aber meist tippte ich nur die gleiche Seite wieder und wieder, weil ich das Tipp-Ex nicht finden konnte. Nicht dass ich besonders angestrengt danach gesucht hätte.

Obwohl ich wenig zustande brachte, schmerzten meine Augen von der Anstrengung, die Arbeit eines Sehenden zu machen, und spätestens ab fünf Uhr fühlte ich mich wie verkatert. Ich war nicht der Richtige für diesen Job, konnte den Anforderungen nicht genügen und wollte dies auch gar nicht. Es war offensichtlich, dass ich mir keine Mühe gab und mich hinter meiner alten Taktik verschanzte: abstreiten und ignorieren. Weder lebte noch arbeitete ich. Sondern wartete darauf, dass Tracy heimkam. Als sie allerdings diesen Job in Saskatchewan annahm, musste ich mir eingestehen, dass mein Ablagesystem vor dem Kollaps stand und mich unter sich begraben würde, bevor Tracy wieder in ihre angestammte Rolle schlüpfen würde. Ich musste endlich die Dinge selbst in die Hand nehmen, zum ersten Mal seit langer Zeit. Ich musste meinen eigenen Rhythmus finden und mich von dem Leben lösen, das ich am Ellbogen eines anderen Menschen führte.

Als ersten Schritt kündigte ich meinen Job und schrieb mich wieder an der Simon Fraser University ein, um endlich meinen Abschluss zu machen. Dort gehörte ich hin. Ich nahm an der Uni sogar eine Stelle als wissenschaftlicher Mitarbeiter an. Meinen Stock hatte ich immer dabei und benutzte ihn auch. Ich erklärte von Anfang an allen Professoren und Studenten, dass ich fast vollkommen blind war und es bei mir etwas länger dauerte, die Bücher für meine Seminare zu lesen und die Seminararbeiten meiner Studenten zu korrigieren.

Niemand zuckte zusammen, ich wurde weder gefeuert noch in die Verbannung geschickt. Ich bemühte mich, mein Leben konsequent im Rahmen meiner Fähigkeiten und körperlichen Möglichkeiten zu gestalten. Ich suchte nur Hilfe, wenn ich tatsächlich darauf angewiesen war. Ich fühlte mich gut. Jetzt, wo ich keine Belastung mehr für Tracy war, gestaltete es sich einfacher für mich, mit meiner Blindheit umzugehen.

Dies schien auch Tracy meinen E-Mails zu entnehmen. Ich weiß noch, welche Mühe ich mir Tag für Tag mit diesen paar Zeilen gab, wie sehr ich versuchte, meinen Charme spielen zu lassen. Ich wollte, dass Tracy meinen Zeilen entnahm, wie gut ich mich eingelebt hatte und wie entspannt und zufrieden ich war. Voller Motivation und Hoffnung. Abgesehen natürlich von ihrer Abwesenheit. Vielleicht würde das ausreichen, damit sie sich an den jungen Mann erinnerte, der ich vor meiner selbstauferlegten Apathie und Hilflosigkeit gewesen war. Wer weiß. Ich kann nicht sagen, welche geheimnisvollen Mächte im Spiel waren, aber eines Tages, knapp ein halbes Jahr nach unserer Landung in Vancouver, stand Tracy plötzlich mit ihren Koffern vor meiner Wohnungstür.

Wir nahmen uns Zeit. Sie nahm sich eine eigene Wohnung, und wir gaben uns eine neue Chance. Gemeinsam, aber dennoch unabhängig. Ausgewogen. Weder zu viel von dem einen noch zu viel von dem anderen. Das Idealbild einer Beziehung. Wäre ich in der Lage, eine methodische Gesetzmäßigkeit zu erkennen, die unsere Beziehung wiederaufleben ließ, und diese in Flaschen abzufüllen, könnte ich mit einer eigenen Dauerwerbesendung viel Geld verdienen. Im Sommer 1998 schloss ich mein Studium ab. Nach einem Bewerbungsgespräch mit offenem Hosenschlitz, bei dem ich keinen Hehl aus meiner Blindheit gemacht hatte, stellte mich das Capilano College ein und stellte mir die erforderliche Computertechnologie für meine Arbeit zur Verfügung. Seit jenem Tag arbeite ich dort und bin dankbar und zufrieden. Tracy und ich haben eine schöne Wohnung mit alten Holzböden und blühenden Kirschbäumen im Vorgarten gefunden. Wir sind wieder zusammengezogen. Es mochte noch den ein oder anderen Geist aus der Vergangenheit geben, aber wir hatten genügend Stauraum.

Am Morgen des 12. Mai 1999 saß ich in meinem Büro und hatte einen Stapel noch nicht korrigierter Aufsätze vor mir auf dem Schreibtisch. Wenn ich etwas aufschieben will, greife ich als Verzögerungstaktik immer zuerst auf meinen Anrufbeantworter zurück. So auch an diesem Morgen.

Zwei neue Nachrichten, beide als dringend gekennzeichnet. Meine Verzögerungstaktik war also durchaus gerechtfertigt. Ich drückte die Taste und hörte zweimal die Stimme meines Vaters. Sie klang dünn und flach, irgendwie angespannt. Zwei Nachrichten mit ein und demselben Text: «Ryan, Dad hier. Ruf mich bitte auf dem Handy an. Dringend.» Kein albernes «Tach auch» statt «Hallo», kein «Tschüssikowski» wie sonst immer. Irgendetwas stimmte nicht. Ich rief ihn zurück und bemühte mich, entspannt zu klingen.

«Hallo, Dad. Was gibt's?» Er antwortete nicht. Ich bekam Angst. «Dad? Bist du dran?»

Statt einer Antwort bekam ich ein unterdrücktes Wimmern zu hören. Bauchschuss. Wie beim Pokern. Ein Wimmern, wie ich es noch nie gehört hatte. Leise und doch so herzzerreißend. Geradezu unheimlich.

«Was ist passiert?», schrie ich.

Er begann leise zu schluchzen, dann wieder dieses Wimmern. Er brachte kein Wort heraus. Ich war auf das Schlimmste gefasst und zögerte keine Sekunde, die alles entscheidende Frage zu stellen: «Wer?», einfach nur «Wer?».

Keine Antwort. Ich wusste nicht, ob er noch in der Leitung war, was mich nicht davon abhielt, nachzuhaken. «Wer, Dad? Wer? Ist was mit Mama?»

Das Handy rauschte in meinem Ohr, jemand nahm es meinem Vater wohl aus der Hand. Dann hörte ich eine neue Stimme – eine Frau. «Gib her, Miles, lass mich mit ihm reden», hörte ich die Frauenstimme sagen.

«Mama?»

«Ryan?»

«Was ist …?»

«Ryan, hier ist Tante Angie. Ich bin, ich bin so …»

«Wo ist meine Mutter, Angie?» Langsam bekam ich Panik. Ich fühlte mich so orientierungslos, als wäre ich in eine dunkle Höhle gestoßen worden. Mit angstvoll aufgerissenen Augen fragte ich: «Angie, was ist passiert?»

«Es tut mir so leid, Ryan. Es ist … es geht um Rory», sagte sie.

Erleichterung machte sich breit. Meine Mutter war wohlauf, es ging um jemand anderen. Fast gleichzeitig realisierte ich, dass der Name meines kleinen Bruders gefallen war – eine Erkenntnis, die mich mit voller Wucht traf. Meine Erleichterung wich Schuldgefühlen. Angie redete weiter. Sie vermittelte mir die Neuigkeit so einfach und schnörkellos, wie sie konnte, als würde sie einem Kind etwas Neues und schwer Verständliches beibringen.

«Hör mir mal zu, Ryan. Rory hat gestern Nacht ein paar Pillen geschluckt», hob sie an. Sie sprach langsam. «Viel mehr wissen wir im Moment auch nicht, aber ich bin mit deinen Eltern hier in der Klinik, verstehst du? Sie haben alles versucht, aber jede Hilfe kam zu spät. Es tut mir so leid, Ryan. Rory ist tot.»

Ich fühlte mich, als hätte mich ein Amboss niedergestreckt. Ich vernahm ihre Worte und fiel in ein tiefes Loch. Dann kam der Schmerz. Und mit ihm die Sprachlosigkeit. Körper und Seele trennen sich, man weiß nicht mehr, ob man noch lebt. Ich war unheimlich taub und leer. Wie nicht existent.

«Rory? Aber das kann doch nicht …» Ich suchte nach dem Argument, mit dem ich den Tod austricksen könnte. Vergeblich.

«Es tut mir so leid, Schatz.»

«Gibt es einen Abschiedsbrief?»

«Kannst du dir freinehmen, Ryan? Deine Eltern brauchen dich jetzt. Komm ins Langley Memorial Hospital. Wir sind alle hier. Deine Mutter, dein Dad, Mykol und Erin – alle.»

Als ich diese Aufzählung hörte, wurde mir schlecht. Rory fand als Familienangehöriger bereits keine Berücksichtigung mehr. Er war auch in der Klinik, aber nicht mehr unter uns. Mein Leben lang hatte ich diese Namen in der gleichen Reihenfolge heruntergebetet: Mama, Dad, Rory, Mykol, Erin. Und jetzt fehlte plötzlich einer. Die neue Reihenfolge befremdete mich, sie war leer. Das war nicht meine Familie.

«Ich weiß nicht, wie ich da hinkommen soll», sagte ich. «Wir haben kein Auto.»

«Kannst du dir nicht ein Taxi nehmen?»

«Hat er einen Abschiedsbrief hinterlassen?»

«Nein, Schatz, es gibt keinen Abschiedsbrief.»

«Aber Tracy ist auf der Arbeit.»

«Hol sie unterwegs ab, okay?»

«Wer ist alles da, Angie?»

«Hör zu, Ryan. Ruf dir ein Taxi, hol Tracy auf der Arbeit ab und komm hierher ins Krankenhaus. Okay? Ich warte am Eingang auf dich.»

«Aber ich habe keinen Cent in der Tasche. Ich kann mir kein Taxi rufen.»

Wenn man traumatisiert ist, entwickelt man seine eigene Logik. In meinem Zustand war ich tatsächlich davon überzeugt, Rory könnte unmöglich in der Klinik sein, wenn ich nicht dorthin fahren könnte. Angie und ich redeten noch eine Weile so weiter. Sie versuchte, meine Schockstarre aufzubrechen und mich in ein Taxi zu bekommen. Nachdem ich aufgelegt hatte, ging ich zu einer Kollegin ins Büro gegenüber. Maria, mit der ich gut befreundet bin, stand vor ihrem Bücherregal und suchte nach etwas. Sie sagte hallo, als ich hereinschlurfte, und hörte sich nach einem Lächeln an. Ich wusste nicht, was ich tun oder wo ich überhaupt anfangen sollte. Mein Kopf war leer, Angies Anweisungen hatte ich längst vergessen. Ich ging auf Marias verschwommenen Umriss zu, schlang meine Arme um sie und sagte: «Mein Bruder hat sich gerade das Leben genommen. Kann mir jemand helfen, nach Hause zu kommen?»

Maria und Sharon, eine andere Kollegin, fuhren mich zu meiner Wohnung. Auf dem Weg zum Auto hakten mich meine beiden Freundinnen unter und nahmen mich tröstend in den Arm. Kurz darauf fand ich mich in einem Taxi wieder. Von zu Hause aus hatte ich Tracy auf der Arbeit angerufen und versucht, ihr die Situation genauso ruhig zu erklären, wie Angie sie mir erklärt hatte. Im Taxi auf dem Weg zur Klinik weinte keiner von uns, wir redeten auch nicht viel. Wir hielten uns an der Hand, und ich kämpfte dagegen an, mich an Tracy regelrecht festzuklammern. Ich hatte das Gefühl, es würde mich aus dem offenen Fenster ziehen, wenn ich sie losließe. «Alles wird wieder gut, ich bin in Ordnung», betete ich vor mich hin. Als würde ich austesten, ob dieser Wunsch jemals Realität werden könnte.

Ich wünschte, ich könnte Rorys Charakter in all seinen Facetten beschreiben und die Anekdoten erzählen, die am besten illustrieren, wie mein kleiner Bruder wirklich war. Aber es fällt mir schwer. Es ist durchaus nicht so, dass mir nichts einfallen würde. Aber ich weiß einfach nicht mehr, wie ich ihn beschreiben soll. Hätte mich jemand am Tag vor seinem Tod gefragt, hätte ich das erzählt, woran ich gerne zurückdenke. Er ist einer der wenigen Menschen, die ich gesehen habe – damals, als ich noch richtig sehen konnte. Aber inzwischen ist alles anders. Meine Erinnerungen sind die gleichen, aber er ist ein anderer Mensch geworden und nicht mehr der von früher, wie ich ihn kenne. Es ist frustrierend, wie sein Tod unsere Erinnerung an ihn konditioniert.

Viele Leute, Freunde der Familie und selbst Rorys alte Schulkameraden können vermutlich gar nicht anders. Sie sehen sein Leben durch die Brille seiner Überdosis. Wenn ich heute sage, Rory war einer der lustigsten Menschen, die ich je kannte, dann stimmt dies nach wie vor, aber sein Tod lässt die Leute Rückschlüsse ziehen. Als könnte seine Überdosis sein Leben erklären. Das kann und darf nicht sein. Was mir zum ersten Mal bei seiner Beerdigung klarwurde. Viele schwelgten mit mir in Erinnerungen und waren sich einig, ja, Rory war ein unglaublich lustiger Mensch. Es sieht so aus, als habe Rory mit seinem Humor verzweifelt gegen etwas angekämpft, das ich nie werde benennen können. Kann sein. Aber das macht die Erinnerung an seinen Humor so traurig. Zudem ist es mir egal. Ich werde ihn immer als den lustigsten Menschen in Erinnerung behalten, den ich jemals kannte, und nicht als den lustigsten Menschen, der mit Depressionen zu kämpfen hatte. Dennoch bleibt für mich die Frage, wie man einen Toten beschreibt, so beschreibt, wie er war, als er noch lebte. Der Tod konditioniert die Erinnerung in ähnlicher Weise, wie meine Blindheit mein Leben konditioniert. Mannomann, dieser Ryan ist bestimmt ein ehrgeiziger Workaholic, was? Der lässt sich von seiner Blindheit nicht aufhalten. In Wirklichkeit bin ich ein hundsgewöhnlicher Workaholic. Selbst ich muss aufpassen, meinen Werdegang nicht ausschließlich als logisches Produkt meiner Augenkrankheit zu sehen. Unsere Erinnerungen und unsere Wahrnehmung kreisen immer um diese schwarzen Löcher in unserem Leben. Dennoch muss man festhalten, dass Rorys Tod nicht viel über sein Leben aussagt.

Ein bisschen, aber nicht viel. Der Tag, an dem er starb, war nur einer der vielen tausend in diesen einundzwanzig Jahren, die ihn zu dem Menschen machten, den ich kannte. Und das zählt für mich.

Ich werde ihn als jemanden in Erinnerung behalten, der so einnehmend wie abweisend sein konnte, als jemanden, der es jedem recht machen wollte. Ein kleiner Junge, der entweder ein Grinsen im Gesicht hatte oder tief in sich versunken war. Ich werde mich immer daran erinnern, wie ich ihn als jungen Mann verschwommen in der Küche sah. Kräftig und untersetzt, hochgezogene Schultern und der kurze, breite Brustkorb unseres Vaters. Ich werde mich an eine Delle von der Größe einer Faust im Kühlschrank meiner Eltern erinnern. Rory war einsam, eine Seele von Mensch, der nur Leuten gegenüber aufbrausend wurde, die damit umgehen konnten. Er war manisch-depressiv, was aber jahrelang nicht erkannt wurde. Ich erinnere mich, wie unser Dad dabei war zu grillen und Rory ihn mit einem Schmusetanz umgarnte und dabei «Miles, o Miles» hauchte. Ich werde mich an die Zeit erinnern – ich hatte längst meinen Stock –, als Rory mich seinen Wagen lenken ließ, während er die Pedale bediente, genau wie ich ihn damals ans Steuer ließ, als er noch ein Kind war. Moral und Ethik waren ihm wichtig, jegliches Unrecht war ihm zutiefst zuwider. Er konnte nie verstehen, warum unser Vater mein Auto verkaufte, ohne die Käufer darauf aufmerksam zu machen, dass der Wagen Öl verliert. Ich werde mich auch daran erinnern, wie sich das Dornen-Tattoo anfühlte, das er innen auf dem Arm trug. In der Schule ergriff er immer Partei für die Schwachen und die Außenseiter. Meine Schwester, die gerade einmal 50 Kilo wog, nannte er Dickerchen und mich Krüppel. Wir nahmen es mit Humor, allerdings fanden wir nie einen passenden Namen für ihn. Er war wunderbar impulsiv und undiszipliniert. Wenn er allein zu Hause war, machte er alle Lichter im Haus an. Ich werde mich daran erinnern, wie er mit unserer Großmutter jedes Frühjahr Tomaten pflanzte. Er kaufte die stärksten Zigarettenmarken ohne Filter. Und konnte jeden perfekt nachahmen und karikieren. Obwohl er ein unruhiger Geist war, zog es ihn nur einmal weg von zu Hause. Ich werde mich an seine Zimmertür erinnern, die immer offen blieb, wenn er schlief, und an ein brennendes Licht in der Ecke. Wenn wir nicht am Lachen waren, trug er diesen inneren Kampf mit sich aus, also lachten wir viel.

Bis heute sind die damaligen Ereignisse nicht restlos geklärt. Wir können uns nur auf Spekulationen stützen, was wesentlich härter ist, als die Gewissheit von Fakten zu haben. Für meine Eltern ist es die Hölle, sie werden von Schuldgefühlen geplagt. All diese ungeklärten Fragen, all dieses Was-wäre-wenn. Und was das Schlimmste ist – nichts, keine Therapie, keine Zeit der Welt und kein noch so gutgemeinter Rat, nach vorne zu schauen, wird daran etwas ändern. Die obige Beschreibung meines Bruders mag den Eindruck entstehen lassen, dass er den Kampf gegen die manischen Depressionen irgendwann einmal verloren hatte, aber keiner von uns kann das so genau sagen.

Am Morgen, als Rory starb, war meine Mutter in der Polizeistation in Langley, wo sie vor ein paar Jahren zunächst als Wärterin im Zellenblock angefangen hatte zu arbeiten, um schon bald in verantwortungsvollere Positionen aufzusteigen. Nach kurzer Zeit war sie Disponentin in einem Notruf-Center, und heute hat sie die Aufsicht über die Disponenten im Center. Sie war immer auf dem Laufenden. Sie wusste zu jeder Sekunde, wo ihre Polizeibeamten gerade waren und warum. Sie konnte es sogar sagen, ohne auf ihren Bildschirm zu schauen. Außerdem hatte sie die Gabe, Dinge vorauszuahnen. Sie konnte antizipieren, wann ein Einsatz bevorstand oder Verstärkung benötigt wurde, und handelte entsprechend.

Sicherheit hatte höchste Priorität für sie, weshalb sie zeitweise sogar auf bestimmten Vorsichtsmaßnahmen bestand. Obwohl meine Mutter selbst nicht mehr als Disponentin arbeitete, sondern ihr junges Team schulte, zeigte der Bildschirm auf ihrem Schreibtisch alle eingehenden Notrufe an. Am Morgen, als Rory starb, schaute sie auf ihren Bildschirm und sah einen Notruf. Es handelte sich um einen 21-Jährigen, der leblos in seiner Wohnung aufgefunden worden war. Es war Rorys Adresse.

Damals lebte Rory mit seiner neuen Freundin zusammen, einer Frau, die ich hier Robin nenne. Er hatte Robin erst wenige Wochen zuvor kennengelernt, kurz nachdem er sich von Paula getrennt hatte, seiner langjährigen Freundin und Mutter seines einjährigen Sohnes Gavin. Rorys Stimmungsschwankungen und seine Sprunghaftigkeit hatten ihn von seiner jungen Familie entfremdet. Er zog freiwillig aus und ging zurück nach Hause zu den Eltern, damit Gavin und Paula in einem stabileren Umfeld leben könnten. Rory sah seinen Sohn jeden Tag. Er behielt immer die Ruhe und verlor nie die Geduld. Obwohl das nicht einfach für ihn war. Er musste hart an sich arbeiten, um seine schlechte Laune nicht an Leuten auszulassen, die ihn nicht verstehen oder ihm nicht verzeihen könnten. Wie sein kleiner Sohn, den Rory mehr liebte als alles andere auf der Welt.

Robin ist die Schwester der Freundin meines Bruders Mykol, aber wir kannten sie zuvor nicht. Sie war jahrelang heroinabhängig und hatte selbst mit ihrer eigenen Familie nichts mehr zu tun gehabt. Vor kurzem hatte sie eine Therapie gemacht und war anschließend zurück nach Langley gekommen, wo sie bei ihrer Schwester und Mykol unterkam. Auf diese Art sollte sie von ihrem früheren Leben auf der Straße in Vancouver wegkommen. Rory mochte sie von Anfang an. Beide waren Menschen, die versuchten, sich zu ändern, und beide waren einsam und trugen einen inneren Kampf mit sich aus.

Die Weitsicht meiner Mutter war nicht nur aufs Berufliche beschränkt. «Weißt du, Ror, vielleicht sollten du und Robin etwas langsamer machen», war eine ihrer Bemerkungen. Aber im Gegensatz zu den Polizeibeamten, denen sie Einsatzbefehle gab, hörte Rory nicht auf sie. Außerdem war er einundzwanzig und kein kleines Kind mehr und wie ich ein Sturkopf durch und durch. Er zog mit Robin zusammen. Spontan. Typisches Strickmuster, könnte man sagen.

Eines Tages passierte dann das Unfassbare: Robin erhielt ungehinderten Zugang zu einer Arztpraxis in Langley. Den Schlüssel dazu bekam sie ausgerechnet von ihrer Mutter. Robins Mutter putzte dort nachts. Als sie einmal verhindert war, bat sie ihre drogenabhängige Tochter, für sie einzuspringen. Robin, eben erst aus der Therapie entlassen, war also die ganze Nacht über allein in einer Arztpraxis – Medikamente und Verschreibungsblöcke satt.

Beim Putzen fielen ihr zahlreiche Betäubungsmittel in die Hände, die lose herumstanden. Unter anderem zwei Pillenfläschchen, die der Arzt in einer Schachtel unter seinem Schreibtisch aufbewahrte. In der Schachtel befanden sich Medikamente ehemaliger Patienten, die entweder verstorben oder von ihrer Krankheit genesen waren. Was an Medikamenten übrig war, ging vorschriftsmäßig zurück an den behandelnden Arzt zur fachgerechten Entsorgung, die jedoch leider auf sich warten ließ. Robin steckte ein Fläschchen Valium und ein Fläschchen Morphiumkapseln ein. Zu sagen, sie war ihrer Versuchung erlegen, würde voraussetzen, sie hätte innerlich mit sich gerungen, was ich in Robins Fall nicht beurteilen kann. Sie brachte das Zeug mit nach Hause und zeigte Rory dieses Geschenk des Himmels. Eine fatale Idee. Sie kannte meinen Bruder nicht im Geringsten. Hätte sie ihn gekannt, dann hätte sie zumindest vermuten müssen, dass eine mit Morphium zugedröhnte Freundin alles andere als seine Vorstellung von einem Sechser im Lotto war.

Nur Robin weiß, was dann passierte. Rory nahm keine Drogen, geschweige denn, dass er abhängig gewesen wäre. Nein, es waren ihre Drogen, die ihn umbrachten. In ihren zahlreichen Aussagen während der polizeilichen Ermittlungen wartete sie jedes Mal mit einer anderen Version auf und verstrickte sich in unzählige Widersprüche. Nach Angaben der Polizei selbst dann, wenn sie nichts zu befürchten hatte. Was nicht weiter verwunderlich ist, da der erste Reflex eines Süchtigen seinem Selbsterhaltungstrieb gilt. Aufrichtigkeit wäre fehl am Platz, weil zu gefährlich.

Lediglich in einem Punkt herrscht Klarheit in ihren Aussagen: Als Rory von den Drogen erfuhr, begann ein zähes Ringen. Sie behauptet, Rory sei wütend gewesen und habe sie aufgefordert, die Pillen zurückzubringen. Eine andere Version besagt, er habe versucht, ihr die Drogen wegzunehmen und in der Toilette hinunterzuspülen. In einer weiteren Aussage behauptet sie, er habe ihr in einem Handgemenge ein paar Pillen abgenommen und in einem bühnenreifen Wutanfall zertreten. Wie dem auch sei, fest steht, es kam zu einer Auseinandersetzung, und am Ende des Tages gab Robin Rory zwei Valium mit dem Hinweis, er solle sich schlafen legen. Sie sagte, die Pillen würden sich beruhigend auf sein aufbrausendes Wesen auswirken und sie würde auf der Couch schlafen. Die Autopsie ergab jedoch keine Spuren von Valium. Sie hatte ihm Morphium gegeben.

Laut toxikologischem Befund wurden Morphiumspuren in einer Konzentration festgestellt, die in etwa der Menge von zwei Kapseln entsprach. Gerade eben ausreichend für eine Person seines Alters und Körpergewichts, um einen Kollaps hervorzurufen.

Nach Robins Aussage war er wütend, als er ins Bett ging, und schnarchte laut am nächsten Morgen. Sie bekam ihn nicht wach, weshalb sie ihn zunächst weiterschlafen ließ. Als sie ihn das nächste Mal wecken wollte, war seine Atmung unregelmäßig.

Vieles ergibt keinen Sinn und wird vermutlich auch nie geklärt werden. Warum sollte ausgerechnet er Drogen nehmen, wo er sie doch so hasste? Einmal heißt es, er habe um die Pillen gebeten, dann wieder, sie habe sie ihm mit der Bemerkung in die Hand gedrückt: «Nimm die hier mal!» Wusste er, um welche Pillen es sich handelte? Wusste sie es? Hat sie ihm absichtlich Morphium statt Valium gegeben? Weil sie möglicherweise spekulierte, er könnte Gefallen daran finden und würde ihr erlauben, die Pillen zu behalten? Oder handelte es sich lediglich um die kostspieligste Verwechslung seines Lebens? Und um es noch einmal in aller Deutlichkeit zu sagen: Warum sollte er irgendwelche Drogen nehmen, obwohl er ein erklärter Gegner von Drogen war? Selbstmord ist angesichts von nur zwei Kapseln ebenfalls ausgeschlossen. Was bleibt uns also unter dem Strich? Herzlich wenig. So gut wie nichts. Sein Tod. Unglaubwürdige Aussagen und viele schmerzliche Widersprüche. Es gibt einzelne Fakten, die aber kein schlüssiges Gesamtbild ergeben.

Genau diese Ungereimtheiten, Schlussfolgerungen und Mutmaßungen sind es, die auch mich umtreiben. Die gleiche Art und Weise, wie ich die verwischten Konturen dieser Welt sehe und durchs Leben stolpere, in der Hoffnung, Fehler würden keine allzu schmerzlichen Konsequenzen haben.

Nur wenige Tage nach Rorys Tod zog Robins Ex-Freund, ebenfalls Junkie, in die Wohnung ein. Als mein Vater und meine Schwester eines Nachmittags dorthin fuhren, um Rorys Sachen abzuholen, fläzte Robins Freund auf Rorys Couch herum und spielte mit der Sega-Konsole meines Bruders.

Sich in eine Materie zu verbeißen und Wissen anzueignen, ist eine für meine Mutter typische Form von Trauerarbeit. Jahrelang hat sie im Stillen mit ihrer Traurigkeit über meine schleichende Erblindung gekämpft. Aber wie immer bei ihr erwuchs aus diesem Kampf nach kurzer Zeit ein unbändiger Tatendrang. Nach meiner Diagnose und dem daraufhin einsetzenden Erblindungsprozess konnte sie mir nicht zur Seite stehen, da ich schon früh von zu Hause auszog. Da sie jedoch gar nicht anders konnte, als mir zu helfen, stürzte sie sich stattdessen auf die einschlägige Literatur und eignete sich die neuesten wissenschaftlichen Erkenntnisse an. Bis zum heutigen Tag ist sie besser informiert als ich, was den medizinischen Aspekt meiner Netzhauterkrankung angeht. Gelegentlich bringt sie mich behutsam auf den neuesten Stand über klinische Studien, von denen ich sonst nie etwas mitbekommen würde. Wir wissen beide, dass es meiner Psyche unzumutbar ist, alle Hoffnungen auf den wissenschaftlichen Fortschritt in einer mehr oder minder fernen Zukunft zu setzen. Man sollte sein Leben nicht auf der Prämisse aufbauen, dass die Rettung naht und eine Heilung vielleicht schon bald möglich ist. Trotzdem lässt meine Mutter nicht locker und bleibt für mich auf Empfang. Sobald ihre Radarschirme einen verheißungsvollen Durchbruch vermelden, wird mein Telefon klingeln.

Das ist typisch für meine Mutter, wenn ein Mitglied ihrer Familie in Schwierigkeiten ist. Sie unternimmt alles in ihrer Macht Stehende, damit ihre Lieben, die sich in einer scheinbar aussichtslosen Situation befinden, wieder Boden unter die Füße bekommen. Sie schöpft ihre Kraft aus ihrem Wissen. Sie hat auch jahrelang getan, was sie konnte, um Rory zu helfen. Ernährungsberater, Psychologen, Psychiater, Ärzte, selbst Tanzstunden, um Rory zu helfen, eine andere Beziehung zu seinem Körper und seiner Reizbarkeit zu entwickeln. Auf der Basis des Fachwissens, das sie sich angeeignet hatte, entwickelte sie ihren eigenen therapeutischen Ansatz. Wenn Rory wegen etwas manisch wütend war, schickte ihn meine Mutter nach unten, wo er ihr zuerst einen Brief schreiben musste, bevor sie über die Sache sprachen. Durch Schreiben bekam er den Kopf frei, Schreiben wirkte beruhigend auf seine aufgebrachte Gemütsverfassung. Und die hatte es bisweilen in sich. Ich erinnere mich, wie meine Mutter einmal meinem Vater unauffällig den Auftrag gab, das Anlasserkabel in Rorys Wagen abzuklemmen, eine Maßnahme, die ihr angemessen erschien, bevor sie Rory mit einer Sache konfrontierte, die er verbockt hatte. Sie wollte verhindern, dass sich ihr Sohn schäumend vor Wut ans Steuer setzte und mit achtzig Sachen an der Grundschule vorbeirauschte. «Wenn er sich schon aus dem Staub machen will», sagte sie, «dann zu Fuß. Das wird ihm guttun.»

Natürlich machte sich meine Mutter nach dem eingegangenen Notruf sofort auf den Weg zu Rorys Wohnung. Schon jetzt überkamen sie Schuldgefühle für etwas, das sie nie und nimmer hätte vorhersehen oder vermeiden können. Sie stürzte ins Schlafzimmer, wo Rettungssanitäter versuchten, ihren Sohn wiederzubeleben. Zwei Stunden zuvor hatte sie angerufen, und Robin hatte gesagt, er würde noch schlafen, obwohl es schon spät war. Das alles ist jetzt sechs Jahre her, und Mutter kümmert sich wie eh und je um ihre Rosensträucher oder schrubbt das Besteck. Aber dann kommen die Gewissensbisse. Sie war so nahe dran, darauf zu bestehen, dass Robin Rory weckt. Vielleicht hätten diese zwei Stunden den entscheidenden Unterschied ausgemacht. Wer weiß. Als wäre es möglich gewesen, die Ereignisse kommen zu sehen. Hätte der Mensch Augen für Voraus- und Einsicht – meine Mutter hätte sich ihre spätestens jetzt geblendet. Und ich würde ihr dabei helfen, damit sie endlich zur Ruhe kommt.

Als Tracy und ich in die Klinik kamen, waren alle außer Tante Angie bereits gegangen. Dort gab es nichts mehr zu tun, und der letzte Funken Hoffnung war verflogen, weshalb meine Eltern, mein Bruder und meine Schwester nach Hause gegangen waren. Zu uns nach Hause. Aber wozu? Was wollten sie dort? Ausflippen? Auf und ab gehen? Abendessen machen? Ins Leere starren? Was macht man in einem Vakuum?

Täglich nerven mich Dinge, mit denen ich schmerzvolle Erfahrungen mache: Stühle, halboffene Türen, Reklametafeln, ja, manchmal sogar Hunde, wenn sie mit der Spitze meines Stocks Bekanntschaft machen. In der Regel hält sich der Schaden in Grenzen, aber in manchen Fällen lande ich auch im Krankenhaus oder in der Notaufnahme. Oft sehe ich aus wie ein Boxer, wenn ich morgens zur Arbeit gehe, mit all diesen Schrammen und Blutergüssen im Gesicht. Wir Blinde passen uns physiognomisch immer mehr den Gegebenheiten an. Wir fallen auf die Schnauze, rappeln uns wieder auf und schreiten unaufhaltsam weiter voran. Es muss wohl so sein, dass wir diesen Charakterzug haben, wie die Terminator dieser Welt. Ich halte es da mit dem Blues und seinen Weisheiten. Wie sagt mein Freund Harmonica Slim immer, wenn ich wieder einmal besonders lädiert daherkomme? «Tja, Junge, du siehst zwar nicht gut aus, aber du bist nicht totzukriegen.»

Vielleicht war das der Grund, weshalb ich mir auf dem Heimweg in Angies Auto fest vornahm, in dieser Situation in die Bresche zu springen und dafür zu sorgen, dass es mit meiner Familie weiter voranginge. Ich würde jetzt das Heft in die Hand nehmen. Sollen sie sich ausruhen, die Seele baumeln lassen oder tun und lassen, was auch immer gut für sie wäre. Ich würde einen Schritt vorangehen, energisch meinen Stock schwingen und den Weg für sie bahnen. Es gab einiges zu erledigen: Verwandte anrufen, Rorys Freunde, seinen Vermieter und seine Bank, den Gerichtsmediziner. Viel Kleinkram. Und der ganz normale Alltag mit seinen unverzichtbaren Nichtigkeiten wie Einkaufen, Kochen oder Abspülen musste schließlich genauso bewältigt werden. Egal, wie viel mir abverlangt würde – ich würde mich drum kümmern und die Dinge am Laufen halten. Aber ich würde keine Träne vergießen, bevor ich alles erledigt hätte. Das war mein Versprechen, das ich auch hielt. Zugegeben, nicht ganz uneigennützig. Ich brauchte die Gewissheit, dass meine Familie in mir jemanden sah, der den Laden zusammenhielt. Ich hoffte, dies wäre vielleicht ein kleiner Trost für sie.

Das Chaos, das im Haus meiner Eltern herrschte, ist schwer zu beschreiben. Als Tracy, Angie und ich ankamen, ging ich mit meinem Stock die Treppen hinauf und stapfte durch die Eingangstür. Im Haus herrschte dieser vertraute Geruch, allerdings lag auch eine gespannte Stille in der Luft. Ich kann mich erinnern, dass wir die ersten Stunden nichts anderes machten, als uns auf Schritt und Tritt gegenseitig in den Arm zu nehmen und zu drücken. Meine Schwester klammerte sich an mich und weinte leise. So verharrten wir eine Zeitlang, ohne ein Wort zu sagen. Dann ging ich in die Küche zu meiner Mutter. Sie hielt meine Hand und murmelte etwas Unverständliches daher. Irgendwann ließen wir uns wieder los, und ich ging zum Nächsten. Jeder war mit sich allein, irrte ziellos im Haus umher, ließ sich förmlich treiben. Man fiel sich in die Arme, wo man sich gerade über den Weg lief, sei es auf dem Flur, im Wohnzimmer oder auf der Terrasse, um anschließend weiter einsam seine Kreise zu ziehen. Eine Familie brach auseinander, vereinte sich wieder, um sich abermals in ihre Bestandteile aufzulösen – wie Moleküle auf der Suche nach ihrer verlorengegangenen Ordnung. Irgendwann kehrte uns Mykol den Rücken, es zog ihn hinunter zum ausgetrockneten Flussbett, wo wir als Kinder immer spielten. Dort fand er an der Brücke eine zerbrochene Bierflasche und ritzte sich mit einer Scherbe Rorys Namen in den Arm.

Als meine Großeltern eintrafen, fügten sie sich nahtlos

in das Chaos ein. Ich war inzwischen die meiste Zeit einen Stock tiefer am Telefon und rief alle Leute an, deren Nummer ich auswendig kannte. Auf dass das Haus voll werde, dachte ich, und noch mehr Leute wie ferngesteuert herumliefen. Nachdem sich ein gewisser Rhythmus eingependelt hatte, bot unser Haus über Wochen hinweg das gleiche Bild. Überall Blumen. Der Kühlschrank quoll fast über vor Essen. Kaffeeduft von morgens bis abends. Überall Zigarettenschachteln und Tempotaschentücher.

«Ich kann nicht», sagte meine Mutter am nächsten Morgen zu mir. «Der Gerichtsmediziner wollte anrufen wegen des toxikologischen Befunds, aber ich kann das nicht.»

«Mach dir keine Sorgen», sagte ich, «ich geh schon ran.»

Jedes Mal, wenn das Telefon klingelte, wurde es mucksmäuschenstill im Haus. Ich stapfte von wo ich gerade war zum Telefon und griff nach dem Hörer. Schließlich kam der Anruf. Ein Kauderwelsch aus Zahlen und Chemie. Ich verstand zwar nicht alles, aber doch genug, um folgen zu können.

«Sag nichts», meinte Mutti, «ich will das jetzt gar nicht alles wissen.»

Es fiel mir nicht gerade leicht, aber ich behielt die Informationen für mich. Ich wusste, dass die in Rorys Körper gefundenen Drogenspuren relativ gering waren. Ich wusste auch, um welche Substanz es sich handelte. Die Auswirkungen dessen, was ich wusste, waren mir zum jetzigen Zeitpunkt allerdings noch nicht klar. Ich kam mir ein bisschen so vor, als würde ich glühende Kohlen umhertragen, die ich so schnell wie möglich loswerden wollte, aber meine Eltern waren noch nicht in der Lage, sich damit auseinanderzusetzen. Wahrscheinlich wäre dies erst nach der Beerdigung der Fall. Wenn Mutti der Sache schließlich gewachsen wäre, was nicht lange auf sich warten ließe, würde sie ihre üblichen Mechanismen in Gang setzen und jeder noch so winzigen Information nachgehen. Die

Tatsache, dass ich zunächst alles für mich behielt, räumte ihr das Recht ein, den ihr angemessen erscheinenden Zeitpunkt zu wählen. Zumindest so viel hatte sie verdient, auch wenn es herzlich wenig war.

Der Beerdigungstermin stand fest, weshalb wir die Leute anrufen mussten. Ich saß mit meiner Schwester in Rorys altem Zimmer auf dem Boden. Sie schlug das dicke, schwarze Adressbuch meiner Eltern auf und las mir, beginnend bei A, jeweils Vorname und Telefonnummer vor. Ich kam mir vor wie ein Heckenschütze. «Hallo, hier ist Ryan Knighton. Ja, freut mich auch, mal wieder deine Stimme zu hören. Verdammt lang her. Ich wünschte, ich hätte erfreulichere Neuigkeiten, aber …» Immer wieder das Gleiche. «Es ist etwas Schreckliches passiert …» oder «Ich habe leider keine gute Nachricht …». Laden, anlegen, Feuer frei, neu laden. Mit jedem Anruf verstummte jemand am anderen Ende der Leitung.

Es geht mir nicht darum, mich hier als Helden darzustellen. Zu helfen, hat nichts Heldenhaftes. Rorys Tod machte jedem schwer zu schaffen, woran sich bis heute nicht viel geändert hat. Ich bin da nicht allein. Aber es gibt einen entscheidenden Unterschied. Wenn ich mein bisheriges Leben Revue passieren lasse, meine fortschreitende Erblindung, dann weiß ich heute, dass Rorys Tod aus mir einen anderen Mann und auch einen anderen Blinden werden ließ. Meine Augen sind heute schlechter als damals. Dennoch bin ich heute irgendwie wesentlich mehr mit mir im Reinen, obwohl ich wesentlich weniger sehe. Mit Rorys Tod wurden die Dinge einfacher; natürlich nicht im Sinne von perfekt, aber eben einfacher. Bis dato war ich ein junger Mann gewesen, der sich selbst verleugnete, einer, der sich auf Schritt und Tritt gegen seine Diagnose und seine Zukunftsperspektive wehrte. Ich habe mich über meine Blindheit lustig gemacht, sie ignoriert, kaschiert, ja, sogar geringfügig akzeptiert.

Rorys Tod jedoch hinterließ eine Lücke, deren Vakuum ich nur ausfüllen konnte, wenn ich mich zu dem Menschen entwickelte, der ich eigentlich sein wollte: entschlossen, uneigennützig, kompetent. Alles, was meine Blindheit zur Bedeutungslosigkeit verdammte. Rorys Fehlen ließ mir Raum zur Entfaltung. Hatte ich mich jemals im Kriegszustand befunden, dann war dieser Krieg jetzt so gut wie vorbei. Es spielte für mich keine Rolle mehr, wogegen ich angekämpft hatte. Schlicht zu unbedeutend.

Die eigene Blindheit zu akzeptieren, loszulassen, ist kein intuitiver Prozess. Was bei mir in Pusan begann, endete mit Rorys Tod. Vor allem sah ich mich durch seinen Tod gezwungen, für eine Welt Raum zu schaffen, die sich nicht nur um meine Blindheit drehte. Jeden Tag entgehen mir viele Dinge. Na und? Irgendwelche Gegenstände. Mit einer bestimmten Farbe und einer bestimmten Form. Einem bestimmten Geruch und einem bestimmten Geschmack. Einer bestimmten Konsistenz und einem bestimmten Gewicht. Mehr nicht. Diese Welt macht eine Menge Lärm, vor allem, wenn ich sie unfreiwillig aufmische. Was sich vor meinem Fenster draußen im Regen abspielt, kann ich zwar nicht sehen, dafür aber hören. Und zwar in seiner ganzen Tragweite. Sicher, manches entgeht mir, aber nach Rorys Tod vermisse ich tatsächlich zum ersten Mal etwas in meinem Leben. Meine Welt ist nicht mehr wie zuvor.

Als wir Rory zu Grabe trugen, beschloss ich deshalb, auch in mir etwas zu Grabe zu tragen. Dinge werden mit zunehmendem Abstand kleiner und verschwinden schließlich ganz von der Bildfläche. Dies kann durchaus auch für das Phänomen der Blindheit gelten. Darauf beruht meine Hoffnung. Das bin ich ihm und mir schuldig.

Am Tag vor seiner Beerdigung waren mehrere Stunden mit der ganzen Familie in der Aussegnungshalle vorgesehen, um

Rorys Leichnam nah zu sein. Jeder würde an den Sarg treten, um sich von ihm zu verabschieden und ihn ein letztes Mal zu sehen. Man sagt, es sei gut, einen Menschen ein letztes Mal zu sehen. Man sagt, es sei ein Schlussstrich. Was aber, wenn man blind ist? Wie sieht ein Schlussstrich aus?

Ich ging nicht zur Totenwache. Mein früheres Ich wäre zu Hause geblieben, um sich der Verantwortung zu entziehen. Aber das war Geschichte. Ich saß aus freien Stücken hier hinten auf der Terrasse in der Sonne, rauchte eine Zigarette und dachte an Rory, wie er aussah, wie er sich bewegte, wie sich sein kräftiger Arm anfühlte, wenn er mich führte. Ich hörte seine Stimme beim Reden. Der Mensch, von dem ich mich an jenem Tag verabschiedete, hatte mir eine Woche zuvor am Telefon gesagt, dass es ihn langsam anöde, nichts anderes zu machen, als Pfannkuchen zu backen, und er einfach mal fragen wollte, wie es mir so ginge. Aber das Bild, das ich von ihm hatte, war von ganz früher. Es ist schwierig, aber ich kann mich noch daran erinnern, wie Rorys Gesicht aussah, als er klein war. Aber ich weiß nicht, wie mein Bruder aussah, als er starb, und werde es auch nie wissen. Es war nicht nötig, ihn ein letztes Mal zu sehen. Das habe ich, wenn man so will, schon vor Jahren hinter mich gebracht. Ich musste mich ihm mit meinen anderen Sinnen ein letztes Mal nähern. Und so verzichtete ich auf die Totenwache, setzte mich auf die Terrasse und war mit Rory allein.

Was meine Eltern und Mykol und Erin anging, so kann man in der Tat sagen, sie erblindeten. Verloren mehr als ihren Sohn und Bruder. Wofür ich immer noch mit ihnen fühle. Sie mussten loslassen von einem Bild, das sie nie wieder sehen würden, nicht ein einziges Mal. Ein Bild von unschätzbarem Wert, das wir alle so geliebt hatten.

Sehen hat etwas Elegisches. Die Realität scheint ihre Bilder in uns zu pressen, aber diese Bilder sind lediglich Momentaufnahmen und geben die Wirklichkeit nur unvollständig wieder. Das Auge kann nur so und so viele Bilder pro Sekunde verarbeiten, nach dem Prinzip einer Kamera, mit der man eine Fotoserie schießt. Die Wirklichkeit, die wir wahrnehmen, ist eine Abfolge von Bildsequenzen. Wie diese Comics, die meine Brüder, meine Schwester und ich als Kinder immer gemalt haben. Man zeichne ein Strichmännchen, das einen Schritt macht. Auf der nächsten Seite das gleiche Strichmännchen, nur den Fuß ein Stück weiter vorne. Auf der übernächsten Seite dann abermals unser Strichmännchen, aber den Fuß wieder am Boden. Man blättere schnell durch, und das Männchen scheint sich zu bewegen. Nach diesem Mechanismus funktioniert auch das menschliche Auge. Wir glauben, wir sähen ein originalgetreues Abbild der Wirklichkeit, aber zwischen den einzelnen Sequenzen gehen uns Bilder verloren. Momente, die den Teil unseres Lebens ausmachen, den wir verpassen. Sehen heißt, manche Dinge zu verpassen. Ein gewisser Verlust ist immer zu beklagen.

Sehen braucht außerdem seine Zeit. Das Licht hat eine bestimmte Geschwindigkeit, ebenso die Signale, die von unserer Netzhaut ausgehen und über Nervenbahnen ins Gehirn transportiert werden, wo die Bilder entstehen, die wir sehen. Und zwischen denen wir uns bewegen. Aber was wir sehen, hat schon stattgefunden, wenn auch vor winzigsten Sekundenbruchteilen. Als lebten wir in einer Art Vergangenheit. Wir hecheln der Welt, die wir sehen, immer einen Schritt hinterher.

Alle erzählen mir, dass Gavin, Rorys Sohn, seinem Vater jeden Tag ähnlicher wird. Wie es sein wird, wenn Gavin einmal einundzwanzig ist – ich weiß es nicht. Im Augenblick kann ich mir noch anhand der Kindheitserinnerungen, die ich an meinen kleinen Bruder habe, ein etwaiges Bild von ihm machen. Es ist seltsam, meine Erinnerung bemühen zu müssen, um zu sehen, was sich vor mir abspielt oder wer vor mir steht. Um sehen zu können, was ich nicht sehen kann.

Im Sommer 2003, vier Jahre nach Rorys Tod, heirateten Tracy und ich. Viele Leute kennen bestimmt dieses Gefühl. Wenn man das durchgemacht hat, was wir durchgemacht haben, rückt man enger zusammen und geht gestärkt aus der Situation hervor. In jener schweren Zeit stand Tracy meiner Familie zur Seite und wurde Teil deren neuer Ordnung. Auch ich als Mensch bin dank ihr stärker geworden. Hier und da machen meine Augen unseren Plänen zwar einen Strich durch die Rechnung, aber in einem eher harmlosen Rahmen – nichts Gravierendes, was wirklich besorgniserregend wäre.

Ich werde oft gefragt, wie wir zusammenleben und wie unser Leben so aussieht, in dem sich meine Blindheit zu einem ansonsten durchschnittlichen Mittelklasseleben gesellt. Schwer zu sagen, um ehrlich zu sein. Für uns sind es in erster Linie viele kleine Dinge, die meine Blindheit ausmachen. Ich greife nach einem Glas und kann es nicht finden. Während ich mit der Hand nach dem Glas suche, unterhalte ich mich weiter mit jemandem über den Tisch hinweg. In dem Moment, in dem ich aufgebe, tippt mir Tracy leicht mit dem Glas an die Hand. Sie gibt mir die Möglichkeit, es selbst zu versuchen und dabei vielleicht zu scheitern, und sie ist zur Stelle, wenn ich ihre Hilfe brauche. Wie beiläufig und doch wohlüberlegt. Es brauchte viel Zeit und Geduld, um an diesen Punkt zu gelangen, dieses gegenseitige blinde Verständnis zu entwickeln. Das einem unbeteiligten Beobachter möglicherweise gar nicht weiter auffällt. Wir sind ein derart gut eingespieltes Team, dass die Übergänge so schnell und fließend sind wie einer dieser Momente zwischen den einzelnen Sequenzen.

Ich kann ohne Übertreibung oder Sentimentalität sagen, dass Tracy das größte Rätsel an meiner Behinderung ist. Durch das Leben mit mir verkneift sie sich manch eine Annehmlichkeit, die sie sich mit einem Partner, der sehen kann, nicht verkneifen müsste. Dies bedeutet in letzter Konsequenz, sie gibt einen Teil ihrer eigenen Identität auf. Wie kann man so etwas von einem Menschen verlangen? Und wie kann ein Mensch sich damit einverstanden erklären? Wie kann man jeden Morgen aufwachen und sich aufs Neue für ein Leben mit der Blindheit entscheiden? Ich konnte das nie. Wie kommt Tracy mit einem Körper klar, in dem selbst ich mich unwohl fühle. Es ist nicht an mir, für sie zu antworten. Ich weiß nur so viel:

Ein blinder Mensch und sein sehender Partner können eine Innigkeit in ihrer Beziehung entwickeln, die nur wenigen vergönnt ist. Stellen Sie sich vor, Sie würden die Welt nur durch die Augen und Worte von jemandem anderen sehen. Das Zustandekommen vieler unserer gemeinsamen Erlebnisse hängt davon ab, was Tracy von der sichtbaren Realität um uns herum für erzählenswert hält. Überlegen Sie sich das mal. Geben Sie Ihre Augen, das heißt einen Teil Ihres Bewusstseins, in die Hände einer anderen Person. Oder stellen Sie sich dieser Verantwortung. Meine Eindrücke unterscheiden sich nur wenig von denen, die Tracy wahrnimmt. In diesem Punkt sind wir uns recht ähnlich. Es ist ein so bedenkliches wie erfülltes Leben, als verheiratetes Wesen auf Gedeih und Verderb einem Partner ausgeliefert zu sein, der die Welt für zwei sieht. Anfangs ist diese Erfahrung merkwürdig und nur schwer zu akzeptieren. Ich lebe mit einem anderen Menschen als meinem verlängerten Arm. Ich meine dies nicht im übertragenen Sinne, als Metapher. Tracy ist mein verlängerter Arm. Wenn ich ehrlich sein soll, sieht sie die Welt an meiner Stelle so, wie ich sie sehen würde, wenn ich könnte.

Auf etwas zu verzichten, war schon immer unser Problem und dessen Lösung. Worauf Tracy verzichtet, schafft Raum für meine Blindheit und bereichert gleichzeitig unsere Beziehung.

Ein Dichter drückte es einmal mit folgenden Worten aus: Liebe ist, sagte er, aus Mitgefühl die Dissonanzen zwischen dem Herzen und der Welt zu verstehen. Und Tracy kennt meine Dissonanzen nur zu gut. Ihr Verständnis erwächst aus einem Mitgefühl, das nichts mit Mitleid oder Märtyrertum zu tun hat. Mein Problem bestand immer darin, es ihr mit gleicher Münze zurückzuzahlen. An manchen Tagen weiß ich nicht, wie.

Wie ich höre, muss Tracy an unserem Hochzeitstag ein echter Hingucker gewesen sein. Aber darauf wäre selbst ich gekommen. Sie trug ein buttercremefarbenes Brautkleid und einen Strauß schokoladenbrauner Orchideen. Ihre Familie schenkte mir zu dem Anlass einen schicken schwarzen Stock. Mit dem ich für uns beide den Weg bahnte, als Tracy und ich vor den Altar traten. Mykol war mein Trauzeuge und stand neben mir, und Gavin trug die Ringe. Nach der Trauung zündete meine Schwester vor dem Hochzeitsschmaus eine Kerze für Rory an und stellte sie auf den Tisch zwischen Gavin und meine Eltern. Ab und zu durchbrach ihr heller Schein den dunklen Schleier vor meinen Augen wie eine Lichtgestalt.

Dschungel-Spaß

Vor zwei Jahren fand ich mich auf einer kleinen Insel vor West Vancouver wieder, die mit der Fähre in ungefähr zwanzig Minuten zu erreichen ist. Die meisten der Inselbewohner sind Hippies, die Seifen und Öle verkaufen und ihr Ego auf Bäume projizieren. Tracy war mit unserem Hund und ihren eigenen Ego-Projekten in Vancouver geblieben. Ich war allein, sieht man einmal von den einunddreißig anderen Blinden ab, deren Exkursion ich mich angeschlossen hatte.

Ich stand vor meinem ersten Feriencamp für Krüppel. Im Land der Blinden ist der Einäugige mitnichten König. Sondern Seniorenbeauftragter. Ich weiß, ich weiß. Aber unterstehen Sie sich, mich einen Krüppel zu nennen. Oder das Ferienlager ein Camp für Krüppel. Aber ich sage es voller Stolz. Drei Jahre lang spielte ich schon mit dem Gedanken. Vergangenen Sommer hatte ich es lediglich mehrfach versäumt, das Büro des Veranstalters in Vancouver anzurufen. Ich konnte mich nicht überwinden, mich nach freien Plätzen zu erkundigen. Was eigentlich der Hauptgrund war, weshalb ich es dieses Mal durchziehen wollte. Okay, Schwimmen stand auf dem Programm und Kajakfahren, und wir würden für viele lustige Zusammenstöße und andere Slapstick-Szenen sorgen. Was aber wichtiger war – ich hatte ein Ziel: Ich wollte mich meiner Angst stellen, nicht etwa vor meiner eigenen Blindheit, sondern vor blinden Menschen.

Zuerst musste ich ein paar alte Camping-Utensilien reaktivieren. Ich hatte noch nicht einmal meine Badehose hervorgekramt, bevor mich alle guten Geister verließen. Kaum vor Ort, überkam mich das gleiche Gefühl wie als Kind im Pfadfinderlager. Ich wollte nach Hause. Auf der Stelle. Instinktiv. Ich bin nicht der geborene Camper, musste ich feststellen, mich zog es nach Hause.

Als ich mit sieben oder acht auf einem Pfadfinderlager für Wölflinge in Campbell Valley war, wollte ich nach Hause, weil Lucas Ballard über mir ins Bett machte. Die anderen fünf Zeltgenossen nahmen das Malheur zum Anlass, sich untereinander anzufreunden. Allerdings nicht mit mir.

Was sich nach der ersten Nacht abspielte, war aus wissenschaftlicher Sicht nichts anderes als ein anthropologisches Lehrstück par excellence. Die Entstehung neuer Kulturen basiert seit jeher auf gruppendynamischen Prozessen, wenn sich Menschen um ein gemeinsames Ziel – in diesem Fall ein gemeinschaftlich zu begehender, symbolischer Mord – scharen und darüber ihren Kameradschaftsgeist entdecken. So auch in Zelt 4. Die Geschichte der Menschheit ist voll von Beispielen dieser Art, von Gilgamesch über Jesus Christus bis zu den Kommunisten. Ein Sündenbock genügt, um ein neues Volk entstehen zu lassen.

Aber Zelt Nr. 4 traktierte nicht etwa Lucas für sein feuchtes Missgeschick – das wäre dann doch zu grausam gewesen. Stattdessen wurde ich die ganze Nacht getriezt, weil ich mit dem Platz unter Lucas' rostigen Bettfedern vorliebnehmen musste.

Am nächsten Morgen marschierten wir zu einem Hindernis-Parcours im Wald. Vier verpickelte Jungen, die in der Pfadfinder-Hierarchie höhere Ränge einnahmen, hatten sich unseren Parcours ausgedacht. Ich weiß nicht, wie ich es erklären soll, aber sie müssen wohl bei der Gestaltung der Strecke all ihren Teenager-Ängsten und ihrem sexuellen Frust freien Lauf gelassen haben. Es war kein gewöhnlicher Hindernis-

Parcours, es war ein Straf-Parcours. Reine Vergeltung, persönlich und perfide, für was auch immer die Highschool verpickelten Mittelstüflern antut, die Abzeichen verliehen bekommen, wenn sie sich auf Kartographie verstehen. Als wir unser Marschziel erreicht hatten, wies uns einer der älteren Pfadfinder an, in Reih und Glied ein paar Minuten zu warten.

«Wir haben den Kurs noch nicht abgespritzt», erklärte er und rannte zurück in den Wald, wobei er einen dicken, grünen Gartenschlauch hinter sich herzog. Ich konnte noch andere Jungen hören, die offensichtlich im Stimmbruch waren und irgendwo außer Sichtweite pubertär kicherten und johlten. Ansonsten war das Spritzen von Wasser, besser gesagt, von Wassermassen, das einzige Geräusch, das weit und breit zu hören war.

Was muss auf einem Hindernis-Parcours abgespritzt werden? Manche von uns kamen ins Grübeln. Andere verharrten in ehrfürchtiger Stille und konzentrierten sich darauf, dass sich ihr nervöser Magen nicht umdrehte und die Frühstückseier und das Porridge nicht wieder hochkamen. Was mich angeht, so stellte ich mir vor, wie die älteren Pfadfinder das Blut von den Hindernissen abspritzten, das unsere Vorgänger vor Wochenfrist hinterlassen hatten. Vor meinem geistigen Auge spielte sich das reinste Massaker ab, ich sah schmerzverzerrte Gesichter, Jungen, die sich an Ästen aufgespießt hatten, als sie auf Bäumen herumkraxelten, oder sich die Knie bis auf den Knochen aufgeschürft hatten, als sie durchs Unterholz robbten, das von Stacheldraht durchzogen war. Und dann dieses Gemetzel zum Schluss, wie ein Kriegsfilm. Ich sah einen Massenansturm vieler Dutzend Wölflinge in Richtung Ziellinie, in dessen Verlauf die Schwächlichen und die Pechvögel hinfielen oder auf ihre offenen Schnürsenkel traten und von einer Meute Streberleichen überrannt wurden, die zehn praktische Anwendungstipps für menschliches Haar kannte. Blut.

Blut war zweifellos der Grund, warum sie mit diesen Schläuchen herumhantierten.

Meine Vermutung traf den Kern der Sache nur bedingt. Während ich tatsächlich sah, wie Jungen vom Baum fielen und sich ein oder zwei Beine brachen, und auch die stürmische Stampede zum Schluss durchaus den Tatsachen entsprach, waren die Schläuche nicht für das Blut gedacht. Sondern für den Matsch. Der gesamte Hindernis-Parcours wurde ausgiebig unter Wasser gesetzt, sodass wir bis zu den Knien im Morast versanken. Wir fielen reihenweise in den Matsch und suhlten uns darin, verschluckten uns an dem Modder und bewarfen uns gegenseitig damit – mit einem Wort, wir hatten unseren Spaß. «Dschungel-Spaß» war dann auch der offizielle Name dieser kurzweiligen Veranstaltung.

Hinter der Ziellinie erwartete uns zur Belohnung ein dicker, eiskalter Wasserstrahl, für den Gary und Todd verantwortlich zeichneten, die beiden übelsten der älteren Pfadfinder, die der Lagerleitung, die wir übrigens nie zu Gesicht bekamen, zur Hand gingen. Der Zielbereich sah aus wie eine Vietnam-Demonstration. Dutzende Jungen standen an und hielten sich schützend die Hände vors Gesicht, während sie von unseren beiden angehenden Bereitschaftspolizisten abgespritzt wurden.

In jener Nacht herrschte Ruhe in Zelt Nr. 4. Obwohl wir von Anthropologie keine Ahnung hatten, ja, das Wort noch nicht einmal aussprechen konnten, war uns im tiefsten Inneren klar, dass wir hier als Kanonenfutter verheizt würden. Wir wollten so schnell wie möglich nach Hause. Dabei hatten wir gerade einmal die ersten 24 Stunden unseres Sommerlagers hinter uns gebracht. Lucas heulte oft.

Ich kann nicht behaupten, dass meine Ankunft im Ferienlager für Blinde auch nur annähernd so dramatisch oder nass verlief. Trotzdem wollte ich nach Hause, bevor der ganze Spaß losging. Wenn möglich noch früher. Dieser Gedanke war mir schon durch den Kopf geschossen, bevor ich mich überhaupt angemeldet hatte.

Um mir einen Platz unter den anderen blinden Teilnehmern zu sichern, musste ich mich im Büro des *Canadian National Institute for the Blind* in Vancouver in eine Liste eintragen. Vor geraumer Zeit hatte die Organisation ihren Sitz von einem ehemaligen Kasernengebäude in einen sterilen Kasten mit dem Charme eines Krankenhauses verlegt. Ich weiß nicht, was diese Leute den lieben langen Tag zum Wohl ihrer blinden Mitmenschen so alles treiben, und mein Tatendrang hielt sich in Grenzen, dieser Frage vor Ort nachzugehen. In der Regel sind dort viele Blinde anzutreffen – für mich Grund genug, mich fernzuhalten. Ich bin sicher, viele von ihnen sind absolut in Ordnung, aber ich kann immer noch genug sehen, um ihre Gesichter zu erkennen, ihren unsicheren Gang und auch die allgemeine Verwirrung auf den Korridoren. Selbst wenn ich dazu in der Lage wäre – so schnell könnte ich gar nicht weglaufen, um mir das Ganze zu ersparen. Ich hatte die Hoffnung, wenn ich mit meinen Pendants auf eine Insel in Klausur ginge, würde ich ihnen vielleicht etwas näherkommen und Aufschluss erhalten, warum ich ihnen gegenüber so reagierte.

Marla, die Leiterin des Camps, half mir bei den Anmeldeformalitäten, nachdem ich schließlich den Mut aufgebracht hatte, anzurufen und mich in die neuen Räumlichkeiten des CNIB zu begeben. Sie war klein und nicht blind, etwas hausbacken und zerzaust. Ihr schulterlanges graues Haar stand wirr nach allen Seiten hin ab. Sie trug auch diese weißen, klobigen Schuhe, die sonst nur Krankenschwestern tragen. Dies waren jedenfalls die Eindrücke, die ich von ihrem Äußeren gewinnen konnte, als wir zu ihr ins Büro gingen und an ihrem Schreibtisch saßen.

Was sie zu Gesicht bekam, war in allererster Linie ein nervöser, blinder Mann, dem die Schweißperlen auf der Stirn standen. Das passiert mir immer beim CNIB. Kalter Angstschweiß.

«Wir müssen nur dieses Gesundheitsformular hier ausfüllen», sagte sie. «Dann können Sie bezahlen, und schon sind Sie verbindlich zum Camp angemeldet. Okay?»

Sie ließ eine schwere Anmeldemappe mit ihrem ganzen Gewicht auf den Schreibtisch klatschen.

«Wunderbar», meinte ich.

«Das Gesundheitsformular ist recht lang. Soll ich es Ihnen vorlesen und Ihnen beim Ausfüllen helfen? Oder Sie nehmen es mit nach Hause, wenn Sie wollen. Dann kann Ihnen daheim jemand helfen, und Sie bringen es morgen wieder vorbei.»

Allein der Gedanke an einen weiteren Besuch beim CNIB löste bei mir neue Hitzewallungen aus. Wenn ich noch einmal hierherkommen müsste, würde ich wahrscheinlich an Dehydrierung sterben, bevor das Camp überhaupt seine Pforten öffnete. «Nein, lassen Sie uns das jetzt erledigen», sagte ich.

Marla trug meine Personalien ein, Name und Adresse, bevor es ans Eingemachte ging.

«Also», legte sie los und blätterte auf Seite zwei, «wir haben hier einen kleinen Fragenkatalog zur Krankheitsgeschichte, den wir durchgehen müssen. Sie müssen nur mit Ja oder Nein antworten. Okay?»

«Wunderbar.»

«Also, haben Sie noch Sehvermögen?»

«Ja.»

«Nachtsicht?»

«Nein.»

«Tunnelsicht?»

«Ein klein wenig. Auf einem Auge. Ungefähr ein Prozent.»

«Benutzen Sie einen Stock, oder haben Sie einen Hund?»

«Stock ja, Hund nein.»

«Brauchen Sie jemanden, der Sie führt?»

«Nein. Aber ich lasse mich gern von jemandem führen. Vor allem beim Autofahren.»

Marla machte eine Pause. «Ich glaube, ein paar der Fragen kann ich eben im Schnelldurchgang abhaken. Was haben wir denn da? Also, Sie sitzen nicht im Rollstuhl, sind nicht taub und weisen auch keine Verhaltensauffälligkeiten auf. Oder?»

Verhaltensauffälligkeiten? Ich wusste nicht, ob Schweißausbrüche oder lähmende Angst vor blinden Menschen unter diese Rubrik fielen, weshalb ich die Frage verneinte. «Nein, nicht dass ich wüsste.»

«Sie sind kein Pflegefall, sind auch nachts nicht auf Hilfe angewiesen … Körperpflege, Gang zur Toilette … alles okay, kein Rollstuhl …»

Je länger ihre Liste wurde, desto schwerer wurden meine Bedenken. Ich wusste, dass ich in dem Camp einen Zimmergenossen zugeteilt bekäme. Dummerweise kam ich ins Grübeln, um was für eine Gestalt es sich dabei wohl handeln könnte. Marlas Liste wirkte da nicht eben beruhigend. Ihren Fragen nach zu urteilen, hatte ich gute Aussichten, neben einem menschlichen Torso ohne Arme und Beine schlafen zu müssen, der unter einem Sauerstoffzelt an seinem Bett festgeschnallt war, während sich sein persönliches Ärzteteam nicht nur für alle Fälle in unserem Zimmer niederlassen würde, sondern auch bei unseren Kanutrips präsent wäre, um gegebenenfalls Spritzen zu verabreichen oder Salben aufzutragen.

«Haben Sie Asthma?», fragte Marla.

«Nö.»

«Irgendwelche Geschlechtskrankheiten, Schlaflosigkeit, Nahrungsmittelallergien oder Herzprobleme?»

Das Bild meines Zimmergenossen nahm weiter Gestalt an. Er würde sich nicht nur beschweren, sein persönliches Ärzteteam sei zu laut, sondern auch die Herzrhythmusstörungen und die Laktoseunverträglichkeit beklagen, die ihn nachts wach hielten.

«Nein, nichts davon.»

«Albträume?», fragte sie weiter.

«Jede Menge.»

«Waren Sie schon einmal in ärztlicher Behandlung wegen Depressionen, Gewaltphantasien, Selbstmordabsichten oder Psychosen?»

Ich schüttelte den Kopf und hoffte, meine Umgebung nicht mit Schweißperlen zu benetzen.

«Wie sieht es mit Medikamenten aus? Nehmen Sie irgendwelche Medikamente?»

«Kann ich meine geheime Hausapotheke mitbringen?»

«Der war gut», kicherte sie. Dann lehnte sie sich plötzlich über ihren Schreibtisch, als wollte sie mir ihre ganz persönlichen Arzneimittelpräferenzen beichten.

«Tut mir leid», flüsterte sie, «aber ich muss sie das fragen. Machen Sie, ich meine, sind Sie Bettnässer?»

Ich war wieder sieben Jahre alt. Lucas Ballard, der arme Kerl, wäre mein Zimmergenosse im Blindencamp. Aber was zum Teufel war passiert, dass er sich in einem derart bemitleidenswerten Zustand befand? Vielleicht hatte ihm der Hindernis-Parcours tatsächlich den Rest gegeben.

«Nein», gab ich zu Protokoll, «schon seit geraumer Zeit nicht mehr.»

Marla ging mit mir den ganzen Fragenkatalog durch, und eine halbe Stunde später meldete ich mich definitiv für das Feriencamp an.

«Da ist noch etwas», ergänzte sie. «Wären Sie damit einverstanden, diese Daten anderen Teilnehmern zugänglich zu machen?»

«Häh?»

«In der Vergangenheit wurde immer wieder der Wunsch

an uns herangetragen, im Vorfeld mehr über potenzielle Zimmergenossen zu erfahren. Wir sehen darin kein Problem, sofern die Betroffenen damit einverstanden sind.»

Aus dem Sportunterricht an der Highschool wusste ich noch, wie die Spielführer ihre Mannschaftskameraden auswählten. Jeweils einen nach dem anderen. Schließlich blieben ein paar arme Schweine übrig, die zuletzt gewählt wurden, weil sie niemand haben wollte, was die öffentliche Meinung bestärkte, dass – wie könnte es auch anders sein – Derek, Sandy und Eugene eben Loser sind. Würde Ähnliches auch hier bei einer Behindertenfreizeit auf einer Insel passieren? Drei Kandidaten sind noch übrig, und irgendein blinder Kerl, seines Zeichens die Sportskanone schlechthin, schickt sich an, seinen Zimmergenossen auszuwählen.

«Ryan hat nur das Problem mit dem Schwitzen, habe ich gelesen. Ich denke, das würde passen. Bill und Mindy sind beide Asthmatiker. Auch nicht schlecht, schätze ich. Marla, könnten Sie bitte Bills Daten noch einmal vorlesen? Ich meine, er hat Bettnässer angekreuzt, bin mir aber nicht sicher.»

Darwinismus macht auch innerhalb einer Gruppe blinder Menschen nicht halt. Aber ich hielt mich da raus. Ich wollte so früh keinen Ärger riskieren.

«Kein Problem», sagte ich. «Warum machen wir nicht einfach einen großen Aushang?»

«Der war gut.»

Am Tag, als ich zu meinem Blinden-Camp aufbrach, lud mich Tracy zum Frühstücken ein. Anschließend würde sie mich beim CNIB absetzen, wo ich den Bus nähme, den Marla für den Transfer einiger Teilnehmer zur Insel organisiert hatte. Im Frühstücksrestaurant stocherte ich mit einem Pathos in meinen Speckeiern herum wie ein Mann, der kurz vor Antritt einer Haftstrafe steht. Welche Gemeinsamkeiten könnten sich schon mit den anderen Teilnehmern ergeben außer unserer

Sehbehinderung? Taube haben im Gegensatz zu Blinden immerhin ihre eigene Kultur. Sie haben eine gemeinsame Sprache. Und damit einen gemeinsamen Nenner für eine eigene Kultur und Identität. Aber was verbindet Blinde außer der Tatsache, dass sie sich nicht viel aus einem Sonnenuntergang machen? War da noch was? Und überhaupt – müssten wir in dem Camp etwa in Bastel-Workshops unser kunsthandwerkliches Können unter Beweis stellen? Stünde der Dschungel-Spaß aus alten Pfadfindertagen auch auf dem Programm? Tracy, fürsorglich wie immer, hatte mir eine Flasche irischen Whiskey in den Koffer gepackt.

«Damit es dir leichter von den Lippen geht, wenn du am Lagerfeuer singen musst», argumentierte sie.

Als sie mich am CNIB absetzte, erwartete mich Jason, einer der vier Betreuer des Camps, an der Tür. Normalerweise, sagte er, würde das Team aus mindestens acht Betreuern bestehen, aber durch Mittelkürzungen sei man als Veranstalter gezwungen, mit vier Betreuern für alle einunddreißig Teilnehmer auszukommen. Damit dürfte Spaß garantiert sein, dachte ich, was mich etwas aufmöbelte. Wenig Aufsichtspersonal war durchaus in meinem Sinne.

Jason war wie die anderen Angestellten Anfang zwanzig, freundlich und hilfsbereit, und im Gegensatz zu seinen Kollegen von hünenhafter Gestalt. Meine Hand verlor sich in seiner, als wir uns begrüßten. Dem Ausgangspunkt seiner Stimme nach zu urteilen, als er sagte, er freue sich, mich kennenzulernen, war er bestimmt einen Kopf größer als ich.

Er führte mich in ein Foyer, wo bereits zwei weitere Teilnehmer warteten. Nachdem er mir eine Sitzgelegenheit angeboten hatte, überließ er uns unserem Schicksal und bezog wieder seinen Posten an der Tür. Jason hatte kein Wort gesagt, und mein dankbares Nicken für seine Hilfsbereitschaft war ebenfalls nonverbal. Es war still. Entweder waren die beiden anderen Camp-Teilnehmer stillschweigend übereingekommen, meine Anwesenheit zu ignorieren, oder sie hatten keine Ahnung, dass ich da war. Genial, dachte ich. Vielleicht könnte ich diese Nummer die ganze Woche lang abziehen. Ich würde einfach keinen Ton von mir geben, und niemand würde meine Anwesenheit bemerken.

Später sollte ich die beiden Leute, die mir gegenübersaßen, noch kennenlernen: Eddie und Cheryl. Eddie war Mitte zwanzig. Sein markantestes Merkmal war aus meiner Sicht der voluminöse 1970er-Jahre-Kopfhörer, den er trug. Und mit dem er durchgeknallten Metal-Sound hörte. Während unseres einwöchigen Ferien-Camps schien er diesen Kopfhörer nie abzunehmen.

Neben ihm Cheryl, eine zurückhaltende, sympathische junge Frau. Abgesehen davon, dass sie blind war, litt sie unter einer Art sprachlichem Tick oder gelegentlichem Tourette-Syndrom. In gewissen Abständen brach immer wieder ein unflätiges Wort aus ihr heraus, meist «F-f-f-f-f-ficken» oder «Sch-Sch-Sch-Scheiße». Ich wusste nicht, wie sie das genau meinte. Sie wahrscheinlich genauso wenig. Ansonsten war sie eher eine Vertreterin der leisen Töne und ihrem Gesichtsausdruck nach zu urteilen, soweit ich das beurteilen konnte, verschlossen und angespannt. Als sie mir im Foyer gegenübersaß, wirkte sie jedenfalls schmallippig und nachdenklich. Oder so was.

Rein theoretisch hätte es sein können, dass auch Eddie und Cheryl von der Anwesenheit des jeweils anderen gar nichts wussten. Wir warteten, und keiner von uns dreien sagte ein Wort, nur ich schwitzte furchtbar vor mich hin.

Dann traf Martin ein. Und mit ihm sein unablässiges Dauergequatsche. Jason führte Martin ins Foyer, aber ich konnte seine Stimme schon von weitem hören.

«Das wird ein geiles Camp, Jason. Du bist neu dabei dieses

Jahr, oder? Eine Super-Gaudi. Und die Frauen, o Mann, die Frauen sind jedes Mal das Highlight, mein Freund. Single? Na, dann aber ran an den Speck, wie man so schön sagt. Dieses Jahr habe ich ein Radio dabei, falls es auf meiner Bude romantisch werden sollte. Ich stehe auf Oldies. Nicht bei den Frauen natürlich. Musiktechnisch. Ich sammle Trucker-Songs.»

Martin war in meinem Alter und wollte im Blinden-Camp unbedingt eine Frau flachlegen. Der Legende nach hat es früher wohl öfter zwischen einzelnen Teilnehmern gefunkt, und so manch eine Affäre endete schließlich vor dem Traualtar. Ein Blinden-Camp als eine Art Mischung aus *Gilligans Insel* und *Love Boat*, nur alle Darsteller mit Blindenstock.

Jason führte Martin ins Foyer und bot ihm einen Stuhl neben Cheryl an, sodass sie von ihm und Eddie eingerahmt war. Ich saß den dreien gegenüber und hüllte mich in Schweigen. Als Eddie Martin und seinen Monolog den Gang entlangkommen hörte, begann er zu strahlen.

«Martin? Martin-o, der Meister aller Klassen? Bist du's wirklich, Mann? Der Don Martin? Marty der Martini-Shaker?»

«Und wer bist du?», fragte Martin und setzte sich auf seinen Stuhl.

«Ich bin's, Eddie! Eddie aus Kamloops!»

«Heavy-Metal-Eddie!», jauchzte Martin. «Wie geht's dir, verdammte Hacke?»

«Super geht's mir, Mann. Hab ein paar von meinen CDs dabei.»

«Ich auch», sagte Martin. «Man weiß ja nie, aber gute Musik ist nie verkehrt.»

«Divine Blade!», kreischte Eddie los. «Hey, Mann! Kennst du Divine Blade? Die rocken ab, Alter. Echt krass!»

«Bin gespannt, wer dieses Jahr noch alles kommt», sagte Martin.

«Sch-Sch-Sch-Scheiße.»

«Cheryl!»

Die beiden waren offenbar alte Freunde und hatten sich jede Menge zu erzählen. Allerdings bezweifle ich, dass Cheryl allzu begeistert war. Wie ich hatte auch sie versucht, unsichtbar zu bleiben. Ich meine, sich möglichst ruhig zu verhalten, oder wie immer man es ausdrücken möchte.

Die meisten der Camp-Teilnehmer reisten auf eigene Faust an. Weshalb ein von Jason gesteuerter Van genügte, um uns restliche sechs Leutchen mitsamt Gepäck zur Insel zu bringen. Jason bot mir den Beifahrersitz an, vielleicht weil ihm aufgefallen war, wie verschwitzt ich war, und er an die Lüftungsschlitze dachte. Oder er spürte einfach nur, dass ich wie er neu in dieser Szene war.

Auf den hinteren Sitzen saßen außer Cheryl, Eddie und Martin noch Liza und Dick, ein Ehepaar, das sich vor zwanzig Jahren im Feriencamp kennengelernt und später geheiratet hatte. Sie kamen jedes Jahr hierher.

Dick hatte noch einen kleinen Rest an Sehvermögen, vielleicht so viel wie ich, litt aber außerdem an einer Nervenschädigung, die ihn beim Gehen sichtlich behinderte und ihn stottern ließ. Früher war er einmal Hubschrauberpilot. Er war mit seiner Maschine bei der Bekämpfung von Waldbränden abgestürzt, wobei er den Absturz aufgrund einer verhängnisvollen Fehleinschätzung selbst verschuldete. Übermüdung war die Ursache für seine Fehleinschätzung, Übermüdung nach acht Tagen Dienst hintereinander mit sechzehn Stunden Flugeinsatz täglich.

Trotz all dieser Jahre als Pilot und auch der vorangegangenen als Fernfahrer – was gerade Martin mit seinem Faible für Trucker unendlich fuchste – war Dick ein ruhiger Zeitgenosse. Einer, der es erfreulich langsam angehen ließ und angenehm unaufgeregt war. Ich fand es interessant, dass er keinerlei Frust zeigte. Ein Mann, der sich früher meist mit hoher Geschwindigkeit, gewissermaßen auf der Überholspur des Lebens, fortbewegte und sich dann gezwungen sah, auf die Kriechspur zu wechseln. Überraschenderweise schienen ihm Dinge wie Eile oder schlechte Laune fremd zu sein. Liza, seine Partnerin, war freundlich, geradeheraus und aufgeweckt. Und dennoch bisweilen etwas merkwürdig.

«Ryan», sagte sie plötzlich auf der Fahrt und grapschte von hinten nach meiner Schulter. Nachdem sie fündig geworden war, traktierte sie meine Schulter wie die Ruftaste eines Fahrstuhls. «Ryan», tack, tack, tack. «Ryan», tack, tack.

«Ja, Liza?»

«Weißt du was? Du könntest eigentlich mit Dick und mir diese Woche mal unser Spiel spielen. Wir haben da dieses Spiel, das wir immer im Camp spielen. Und seitdem wir verheiratet sind, spielen wir es auch zu Hause.»

«Was für ein Spiel?», fragte ich. Ich wollte mir gar nicht erst vorstellen, was die beiden zu Hause wohl so alles spielten.

«Also, wie gesagt», begann sie mit kindlichem Eifer zu erklären, «Dick und ich haben da dieses Spiel. Wir haben Katzen, viele Katzen. Beide lieben wir Katzen. Manchmal nehmen wir Blinky mit, wenn wir auf einen Kaffee zur Fußgängerzone schlendern. Jedenfalls haben wir dieses Spiel. Die Sache ist die, stell dir einfach vor, wie sich die Leute um uns herum unterhalten und jemand zum Beispiel fragt: ‹Wer hat das Salz verschüttet?› Du kannst davon ausgehen, dass irgendjemand eine Antwort gibt und vielleicht sagt: ‹Oh, ich glaube, das war …› An dieser Stelle kommt unser Einsatz, und Dick und ich singen im Duett ‹Ihhhhhhhre Kaaaaaaatze!›.

Sie sangen tatsächlich. Im Duett.

«Macht echt Spaß», ließ sie mich wissen. «Hast du Lust, das Spiel diese Woche mal zu spielen?»

Irgendwie fühlte ich mich verpflichtet, zuzusagen, und sei es, weil ich nur Bahnhof verstand. Bevor wir das Feriencamp erreichten, musste ich auf Lizas Geheiß hin ein paar Mal kräftig üben, um den richtigen Ton zu treffen. Ich habe bis heute nicht den blassesten Schimmer, was das Spiel sollte oder warum sie es spielten. Warum wir es spielten, besser gesagt.

Als wir dann im Camp ankamen, machte ich gleich eine vielversprechende Entdeckung. Einunddreißig Teilnehmer bedeutete, dass einer allein einquartiert würde. Jason fragte mich, ob das für mich in Ordnung wäre, da sich alle anderen schon mit alten Freunden zusammengetan und Pärchen gebildet hätten. Ich gab mir Mühe, nicht allzu begeistert zu nicken. Allein zu schlafen, brachte mir die Gewissheit, dass niemand über mir ins Bett machen konnte.

Am nächsten Morgen kündigte Jason beim Frühstück an, dass wir in einer Stunde eine Feueralarm-Übung durchführen würden. Oder vielleicht in zwei Stunden. Er hatte ein gutes Händchen für das Zeitempfinden blinder Menschen. Wir haben nur einen Gang, und dessen Drehzahlbereich liegt zwischen Trödeln und Schleichen.

«Die Brandschutzübung hat versicherungsrechtliche Gründe», erklärte er, «ist aber echt kein großes Ding. Außerdem ist der Ablauf zeitlich normiert, dürfte also nicht allzu lange dauern.»

Obwohl die Räumlichkeiten im Camp sonst eher einem spartanisch ausgestatteten Studentenwohnheim glichen, gab es einen geräumigen, holzgetäfelten Speisesaal mit großen Fenstern und Blick auf unsere dreckige Meeresbucht. Irgendwo dort draußen befand sich das Hafenbecken, wo ein paar Kanus und Paddelboote vertäut waren. Ich könnte wetten, es machte die Einheimischen ziemlich nervös, wenn wir in unmittelbarer Nähe ihrer Yachten in See stachen.

Bei den gemeinsamen Mahlzeiten und während der Happy Hour saßen wir an sechs großen, runden Tischen, an denen jeweils fünf bis sechs Personen Platz fanden. Wir wurden von zwei jungen, patenten Studentinnen bedient, die wie ich lieber heute als morgen nach Hause wollten. Ich konnte ihnen keinen Vorwurf machen. Sie machten selbst gute Miene zum bösen Spiel, wenn sie einen Tisch mit diesen unverschämten, spitzfindigen Korinthenkackern zu bedienen hatten. Die Sorte, die unter einem selbstgebastelten Aristokratensyndrom leidet, wie ich immer sage. Diese Leute verwechselten unser Feriencamp mit einer privaten Hotelanlage und hielten sich selbst für eine blinde Elite, die sich genötigt sah, auf den Rest von uns herabzuschauen. Ich habe ihre Sprüche noch im Ohr.

«Hallo, Fräulein! Wo ist denn die Bedienung? Ich warte jetzt schon zehn Minuten. Fräulein! Fräulein! Können Sie die Zwiebeln aus meinem Salat entfernen? Ich sagte ausdrücklich, ohne Zwiebeln. Können Sie mir einen Eiswürfel bringen? Die Suppe ist mir zu heiß. Können Sie die Körner aus meinem Brot picken? Und wenn Sie fertig sind, können Sie meinetwegen damit Weizen anbauen, ihn mahlen und vernünftiges Brot ohne Körner backen, bevor Sie mir noch ein Zwiebel-Sandwich bringen.»

Die Aristokraten beklagten oft, dass es Blinde in jungen Jahren heutzutage viel zu leicht hätten. Siehe Eddie, Cheryl und andere, mich eingeschlossen. Sie waren der Ansicht, wir igelten uns zu Hause ein, lebten mit unseren Eltern, erhielten Geld vom Staat und wollten uns nicht in die Welt der Sehenden integrieren. Eine derartige Unbedarftheit – einfach unfassbar, lamentierte die Aristokratenfraktion. Und das angesichts der zahlreichen technologischen Möglichkeiten, die es heute gibt. «Wir mussten uns damals alleine durchschlagen und lernen, wie man …»

Es gefiel den Aristokraten zwar ganz und gar nicht, aber wir wurden in dem Camp nicht von vorne bis hinten bedient. Unseren Kaffee holten wir zum Beispiel selbst aus den großen

Thermo-Behältern aus Stahl, während unsere Studentinnen den ganzen Tag über dafür sorgten, dass der Nachschub nicht versiegte. Der Tisch, auf dem Milch und Zucker standen, glich einem Schlachtfeld: schmutzige Löffel, halbleere Süßstoff-Päckchen, Honig- und Sahnekleckse sowie Reste fester Nahrung, die ich zwar fühlen, aber nicht identifizieren konnte. Und alles verlief ineinander. Ginge heute die Welt unter und zukünftige Lebewesen entdeckten in Hunderten von Jahren zufällig diese Kaffeetheke, müssten sie dem Grad der Verwüstung nach zu urteilen auf die Hinterlassenschaft eines wilden Bergvolkes schließen. Trotz alledem bekamen wir es auf die Reihe. Unerschrocken tauchten wir mit der Hand in diese Ursuppe ein und hofften zu finden, was wir suchten.

In der Regel gab es jeden Morgen Waffeln, ausnahmsweise standen manchmal aber auch Pfannkuchen auf dem Frühstücksplan. Wovon eine große Flasche Sirup auf jedem Tisch zeugte. Jeder bediente sich selbst, in der Hoffnung, es würde schon schiefgehen. Alle Indizien deuteten darauf hin, dass mein Stuhl bereits seit 1983 klebrig war.

Am Tag der Brandschutzübung gehörten Liza und Dick beim Frühstück zu meinen Tischnachbarn. «Sag mir, wenn es reicht», meinte Liza zu ihrem Mann und bemächtigte sich der Flasche. Während sie ihren Pfannkuchen mit Sirup versüßte, starrten beide aus dem Fenster, beziehungsweise es hätte so ausgesehen, als starrten sie aus dem Fenster, hätten sie nach draußen sehen können. Als Dick glaubte, dass Liza sich genug Sirup auf den Pfannkuchen geschüttet hatte, ließ er sie das wissen, und sie beließ es dabei und stellte die Flasche wieder zurück. Keinen von beiden schien es zu interessieren, ob Dick mit seiner Einschätzung richtiglag. Sie hatten die Formen des Anstandes bei Tisch gewahrt, und das reichte. Das Ergebnis war irrelevant, auch wenn der Sirup über den Tellerrand lief und klebrige Pfützen um mein Glas herum bildete.

Die Geschichte mit dem Sirup war mir eine gute Lehre. Ausnahmsweise war ich einmal mittendrin statt nur dabei. Wie wir alle. Man fragte um Hilfe oder bot pro forma seine Hilfe an, um gleich anschließend wieder zur Tagesordnung überzugehen und sich schließlich bei seinen hilfsbereiten Kollegen zu bedanken, während man seine klebrigen Hände an der klebrigen Tischdecke abwischte. Es herrschte eine dezente Anarchie, eine dysfunktionale Höflichkeit. Es war unser Ambiente. Mit einem süßen Beigeschmack.

Diese Feinheiten ließen durchaus auf den Ablauf von Jasons Feuerlöschübung schließen. Deren Choreographie ließe selbst eine Modern-Dance-Truppe vor Neid erblassen. Die Übung würde zweifellos genauso schräg avantgardistisch anmuten wie Modern Dance.

Martin und Kevin kannten sich aus früheren Camps und waren seit einigen Jahren dick befreundet. Beide bekamen sichtlich Bammel, als Jason die anstehende Brandschutzübung ankündigte, besonders Kevin, der immer hektischer wurde und seine schrille Stimme kaum noch im Zaum halten konnte. Ich konnte ihre Unterhaltung am Tisch nebenan, an dem auch Jason frühstückte, mitverfolgen. Kevin löcherte Jason unaufhörlich.

«Du lässt uns wissen, wann die Übung stattfindet, oder? Du sagst uns das, oder?»

Es gehörte zu Kevins impulsivem Wesen, mehr Energie als nötig zu verbraten, indem er sich ständig wiederholte.

«Ja, sicher», sagte Jason zum fünften oder sechsten Mal. «Keine Sorge, ich sage euch schon Bescheid, wenn es so weit ist.»

Martin kicherte gestelzt. «Hi, hi, hi, wir wollen doch nicht, dass der Alarm einfach losgeht. Die Leute könnten sich erschrecken und Angst bekommen, hi, hi, hi. Das wollen wir doch wirklich nicht.»

«Keine Sorge», sagte Jason. «Ich werde dran denken. Jeder wird im Bilde sein, wenn es so weit ist.»

Wieder verschaffte sich Kevin Gehör. «Alarme. Ich mag keine Alarme. Das ist alles. Ich mag keine Alarme.» Er hörte sich an, als hätte er diesen Wesenszug soeben neu an sich entdeckt und ihn die Tatsache als solche überraschte.

«Ich auch nicht!», bekannte Martin und wirkte genauso überrascht.

«Ich hätte keine Ahnung, wie ich mich verhalten sollte», sagte Kevin. «Keine Ahnung, wie ich mich verhalten sollte.»

Martin grummelte zustimmend. «Er könnte ja echt sein. Wie sollen wir das wissen?»

«Das wäre das Schlimmste», pflichtete Kevin ihm bei. «Echte Alarme sind das Schlimmste.»

Die beiden Panikmacher bissen sich an dem Thema fest, während die anderen Leute am Tisch nebenan ein neues Gesprächsthema aufgriffen, wenn auch ein altbekanntes. Das Geplauder beim Frühstück drehte sich meist um die gleichen Themen. Viele der Camp-Teilnehmer verglichen mit Hingabe ihre persönlichen Krankheitsgeschichten und die dazugehörige Medikation und wetteiferten um die beste Behandlungsmethode für alle möglichen Krankheitsbilder, vom Magengeschwür über Depressionen bis hin zu einer Schilddrüsenfehlfunktion. Dann gab es den Klatsch und Tratsch. Wer im Camp ist hinter wem her, welche Betreuer sind gut, welche schlecht, wo gibt's die besten Kochkurse, wo kann man Bingo am Nachmittag spielen oder Wildwasser-Rafting lernen. Aber meist drehte sich alles um Medikamente. Während des Frühstücks war Medikamentenausgabe. Unsere vier Betreuer verteilten Pillen, was das Zeug hielt – alles auf Rezept und ärztliche Anordnung, versteht sich. Ich hatte noch nie so viele Pillen auf einem Fleck gesehen, außer vielleicht in einer Apotheke oder bei einem guten Rave. Ich meine, die vier schafften das Zeug tonnenweise heran, in Plastiktütchen, die mich an Hacky-Sacks erinnerten. Manchmal stellte sich ein mit Gel-Kapseln prallgefüllter Hacky-Sack als morgendliche Medikamentendosis einer einzigen Person heraus.

Das erklärte dann doch einiges, dachte ich mir. Nehmen wir zum Beispiel Liza und Dick. Die Sätze anderer Leute mit Hinweis auf deren Katze im Gesangsduett zu pointieren, ist wahrscheinlich ein Heidenspaß mit so viel Chemie in der Blutbahn.

Aber ich wurde mir auch einer Tatsache so richtig bewusst, die ich bis dato nie in dieser frappierenden Deutlichkeit wahrgenommen hatte. Eigentlich bin ich privilegiert, ein Glückspilz, denn ich brauche keine chemische Keule. Ich mag zwar blind sein, aber ich muss mich Gott sei Dank nicht mit irgendwelchen neurologischen, organischen Schäden oder seelischen Traumata herumplagen, ganz zu schweigen von der Unzahl der damit verbundenen Begleiterscheinungen. Wenn ich nicht aufpasse, wird aus dieser Erkenntnis auch so eine Art aristokratische Attitüde. Ich bin einfach nur blind – das Übliche eben – und habe noch einen winzigen Rest an Sehvermögen. Zwei Dinge, die ausreichen würden, um das Leben einiger meiner Tischnachbarn radikal zu ändern.

«Machen wir jetzt die Übung?», fragte Kevin.

«In fünf Minuten oder so», sagte Jason. «Alle sind noch am Essen.»

«Ich dachte nur, es wäre langsam Zeit. Ich will nämlich darauf vorbereitet sein. Weißt du, auf den Alarm.»

Es stellte sich heraus, dass Jason und seine drei Kollegen den Schlüssel für die Alarmanlage verlegt hatten. Was so viel bedeutete, dass sie den Alarm nicht ausschalten könnten, wenn sie ihn auslösten, weshalb ein Plan B hermusste. Ich schätze, Kevin stand kurz vor dem Kollaps. Schließlich wurde beschlossen, dass wir alle zurück auf unsere Zimmer gingen und warteten, bis wir Jasons Alarmruf vernähmen. Von seinem Posten einen Stock tiefer würde er «Feuer! Feuer!» rufen und damit das Startsignal für die Übung geben.

«Könntest du nicht ganz so, na ja, nicht ganz so laut schreien?», fragte Martin.

Kevin exerzierte es vor. «Vielleicht einfach nur ‹Feuer! Feuer!›. Das genügt, glaube ich. Meinst du nicht?»

Nach dem Frühstück ging jeder mit seinem Stock zurück auf sein Zimmer und schloss die Tür. Beherrschendes Gesprächsthema während des allgemeinen Rückzugs waren Fragen wie zum Beispiel, wer wen führen würde oder wie sich zwei Zimmergenossen nach erfolgreicher Evakuierung draußen auf dem Rasen wiederfänden. Kaum waren wir auf unseren Zimmern, machte sich im Haus Stille breit, die Spannung stieg. Dies war nicht nur eine simple Brandschutzübung mit versicherungsrechtlichem Hintergrund. Dies war wie das Halbfinale bei der Feuerwehr-Weltmeisterschaft.

Dann war es so weit. Wir hörten Jasons improvisiertes Alarmsignal von unten, und los ging's.

Türen gingen auf und wurden zugeschlagen, Blindenstöcke fielen auf den Boden, Schlüssel suchten nach einem Schlüsselloch, Schlösser rasteten ein. Irgendwie waren wir stillschweigend übereingekommen, unsere Zimmertüren abzuschließen. Jason brüllte vom Ende des Korridors nach oben.

«Nein, nein, nicht abschließen! Einfach herunterkommen!»

«Wenn ich mein Zimmer nicht abschließen kann, lasse ich meinen Walkman auch nicht hier», schrie Eddie zurück. Ich hörte, wie er die Tür aufmachte und zurück in sein Zimmer ging.

«Ich habe meine Jacke vergessen», sagte Cheryl. «Sch-Sch-Sch-Scheiße.» Sie folgte Eddie zurück ins Zimmer.

«Ach, stimmt eigentlich! Gute Idee, Cheryl!», zwitscherte Liza. «Es regnet.» Sie machte kehrt und ließ sich von Dick zurück zu ihrem Zimmer führen.

«Kommt einfach herunter!», rief Jason. «Das ist eine Brandschutzübung, Leute! Wir sind nicht lange draußen.»

«Ich warte auf Eddie», sagte Martin und blieb vor seiner Zimmertür stehen.

Kevin hatte sich bereits ein gutes Stück entfernt, als er kurzerhand beschloss, ebenfalls auf Eddie zu warten. Mit dem Stock bahnte er sich den Weg zurück, wobei er Martins Anweisungen folgte: «Ich bin hier drüben. Warm … wärmer …» Es wäre Martin wohl richtig heiß geworden, hätte es wirklich gebrannt.

«Hey, Jason», rief Kevin. «Ich wollte noch fragen, ob Martin und ich die Zimmergenossen tauschen können.»

«Vergiss es», sagte Jason. «Ende der Übung, aus! Alles viel zu langsam. Wir müssen die Übung nochmal machen. Dieses Mal hat jeder seine Jacke an und ist startklar, wenn ich ‹Feuer!› rufe. Alles zurück auf die Zimmer, bitte, und auf ein Neues.»

Wir gingen zurück in die Startboxen und bereiteten uns auf das nächste Wettrennen vor. Als Jason das Startsignal gab, rissen wir die Türen auf, schossen aus unseren Zimmern und machten uns aufs Neue an den Türschlössern zu schaffen.

«Nicht abschließen», brüllte Jason. «Die Türen bleiben offen! Und auf geht's, alle raus!»

Im wilden Rudel stiefelten wir den Gang entlang in Richtung Treppe. Stockschwingend stapften wir im Zickzackkurs voran, hielten an, gingen weiter und rannten uns gegenseitig über den Haufen. Und dann die Treppe. Wie ein Nadelöhr. Oder eine verstopfte Arterie. Die meisten von uns hielten sich beim Hinuntergehen am Geländer fest, was zur Folge hatte, dass sich auf jeder Seite der Treppe eine Schlange mit einem gehörigen Rückstau bildete, die nur im Schneckentempo vorankam. Einige wenige Leute wie ich, die noch über einen Rest an Sehvermögen verfügten, sausten in der weitgehend leeren

Treppenmitte nach unten. In dem ganzen Chaos hörte niemand auf Jason.

«Ihr seid hier falsch! Das ist der falsche Weg!», brüllte er.

Er und die anderen Betreuer hatten uns im Eifer des Gefechts eine Schlüsselinformation vorenthalten. Keiner von uns wusste, wo sich der nächstgelegene Ausgang befand. So peilten wir alle ausnahmslos den Speisesaal an und damit den einzigen Ausgang, den wir kannten.

«Ihr müsst umdrehen und in die andere Richtung gehen», beschwor er uns.

Ich fühlte mich beflissen, seine Worte aufzugreifen, und wandte mich an die Meute auf der Treppe: «Hey, Leute, ich glaube, Jason will, dass wir umkehren.»

Alle hielten an.

«Und dann?», fragte Dick.

«Keine Ahnung», sagte ich. «Wohin müssen wir eigentlich?»

«Der Notausgang ist am anderen Ende des Korridors!», rief Jason.

Mein Zeitgefühl ist zwar nicht unbedingt das beste, aber ich denke, wenn es wirklich gebrannt hätte, wären wir längst knusprig geröstet gewesen.

«Wo am Ende?», fragte Martin. «Ich verstehe nicht, was du meinst mit ‹am Ende›.»

Vermutlich gestikulierte Jason herum. «Ich meine in diese Richtung da, weißt du, hier am Ende des Korridors. Gleich dort drüben.»

«F-f-f-f-ficken!»

«Okay, aber wo am Ende?», fragte Kevin.

Dick präzisierte die Frage etwas: «Ist der Notausgang links oder rechts?»

Ich vermutete ihn auf der linken Seite, allerdings gingen die Meinungen in dieser Frage auseinander.

«Nein», sagte Jason. «Das ist Eddies Zimmer.»

«Ich habe die Tür abgeschlossen», sagte Eddie. «Da ist kein Durchkommen.»

Ich dachte, Jason würde gleich in die Luft gehen. Stattdessen machte er Zugeständnisse. «Hey, Leute», lenkte er ein, «was haltet ihr davon, wenn ich euch einfach zeige, wo der Notausgang ist, und ihr versprecht mir, ihn zu benutzen, wenn es brennt? Okay?»

Das schien für alle eine vernünftige Lösung zu sein. Jason führte uns also ans Ende des Korridors und machte uns mit der ominösen neuen Tür vertraut. Jeder bekam eine kurze Unterweisung, wie die Tür zu öffnen wäre für den Fall, dass wir um unser Leben rennen müssten.

Dies alles illustriert eine Eigenschaft, die ich am Blindsein beziehungsweise an Blinden schätze. Wir haben diese einzigartige Gabe, die Bürokratie ins Leere laufen zu lassen, absichtlich wie unabsichtlich. Durch unsere Behinderung sind wir durch die Bank ausgesprochen eigen und unkooperativ. Wir sind denkbar schlecht empfänglich für jegliche Art von Normierung, und Effizienz ist für uns ein Fremdwort. Ich meine, es ist schlichtweg unmöglich, die Bewegungen so vieler blinder Leute zu normieren. Abgesehen davon sollte man sich hüten, bei Blinden etwas als gegeben vorauszusetzen. Aber genau das ist doch Sinn und Zweck von Bürokratie, oder nicht? Wir mussten diese Brandschutzübung über uns ergehen lassen, damit der Versicherer davon ausgehen konnte, alle diese blinden Leutchen würden im Falle eines Falles den Fluchtweg kennen. Von wegen! Ich bezweifle, dass auch nur einer von uns in der Lage gewesen wäre, das Gebäude zweimal auf dem gleichen Weg zu verlassen. Es mag nicht beabsichtigt gewesen sein, aber es herrschte eine dezente Anarchie.

Nicht jeder Tag begann mit einem derartigen Szenario. Eigentlich war Tai-Chi in unserem Feriencamp die morgendliche Hauptbeschäftigung. Auch ich fand bald Gefallen an Tai-Chi. Nicht dass ich aktiv beteiligt gewesen wäre, Gott behüte! Aber ich fand Gefallen daran, in einer Ecke zu sitzen und meinen Kaffee zu schlürfen, während eine Handvoll Leute am anderen Ende des Speisesaals sich mächtig ins Zeug legte, eine Tai-Chi-Figur zustande zu bringen. Von meinem Platz aus konnte ich mir ansatzweise ein Bild ihrer Bemühungen zusammenschustern.

Carson, unser Novize, leitete die Veranstaltung. Er war ebenfalls Teilnehmer des Blinden-Camps und aus meiner Sicht einer der sympathischsten.

«Und jetzt machen wir eine Schwinge», meinte Carson eines Morgens, «wie ein Segelboot mit Schlagseite.»

Carson konnte wahrscheinlich irgendwann in seinem Leben einmal sehen. Jedenfalls legte seine Metaphorik diese Vermutung nahe. Mir fiel auf, dass er sich überwiegend Bilder bediente, die mit Wasser und Meer zu tun hatten. Ich fragte mich, ob er sein Augenlicht vielleicht bei einem Bootsunfall oder so verloren hatte. Unser Poseidon. Ich stellte mir vor, wie Vögel an seinen Augen herumpickten. Hitchcock lässt grüßen.

Einem Anfänger – zumal einem blinden – eine Tai-Chi-Bewegung zu erklären, ist ein schwieriges Unterfangen. In etwa die gleiche Herausforderung, wie aus einem Tintenklecks ein Wort zu bilden. Carson hatte seine Tai-Chi-Lektionen nicht ganz durchdacht. Nicht jeder seiner Jünger hatte schon einmal ein Segelboot gesehen, ganz zu schweigen von einem mit Schlagseite. Carson musste sein Handbuch zücken und startete einen weiteren Versuch.

«Oder probiert mal Folgendes», sagte er. «Winkelt den rechten Arm an und dreht das Handgelenk nach innen. Dann spreizt ihr die Finger wie ein Seestern und zieht eine Hand – die rechte – zum Körper. Dabei haltet ihr den Ellbogen so hoch ihr könnt, aber Hand und Arm immer parallel zur Brust. Jetzt das Handgelenk drehen und schwimmen, den Arm ausstrecken und durchziehen, immer durchziehen, und zurück und wieder schwimmen ...»

Ein halbes Dutzend Leute machte seltsame Verrenkungen. Man hätte meinen können, sie seien vom Baum gefallen und hätten sich Ellbogen und Schulter lädiert. Carson sagte schwimmen, was allerdings die wenigsten beherzigten. Die einen gaben die neueste Version des Ententanzes zum Besten, andere sahen aus, als würden sie Fliegenfischen, und Eddie improvisierte eine Runde Schattenboxen. Carson hatte nicht gesagt, wie schnell die Armbewegung sein müsse, was Eddie dazu verleitete, die hektische Variante zu wählen, wohl bedingt durch den Rhythmus seiner morgendlichen Dosis Van Halen. Lizas Arm schien dagegen ganz langsam einen Topf Suppe umzurühren.

Während dieses Szenarios verharrte Carsons Unterkörper in eleganter Pose, angewinkelt und doch entspannt. Ganz im Gegensatz zu seinen Schützlingen, die außer ihrem eigenen Rumgehampel nichts weiter mitbekamen. Manche standen stocksteif da, während andere ihre gewohnt verkrampfte Körperhaltung einnahmen. Eddie hatte die Beine gespreizt und war in die Knie gegangen, als würde er zu einer dieser obszönen Gesten in Leadsänger-Manier ansetzen, bevor er den Schlussakkord schmetterte.

Carson hatte es versäumt, den Leuten auch zu sagen, was sie mit ihrem Unterkörper anstellen sollten. Wie soll ein Blinder da auf den Trichter kommen? Wenn ich mir vorstelle, mir würde nur gesagt, wie ich den Oberkörper bewegen soll – der Rest von mir stünde vor einem Rätsel. Man hätte annehmen können, Carson und den anderen wären diese Zusammenhänge bekannt. Weit gefehlt.

Ich war mit der Erwartung hierhergekommen, dass ein Blinden-Camp wohl der einzige Ort auf Gottes Erdboden wäre, an dem die Gepflogenheiten dieser Welt der Sehenden über Bord geworfen werden. Ich lag falsch. Die Leute saßen am Frühstückstisch und unterhielten sich miteinander, ohne ihren Namen vorauszuschicken oder zu erkennen zu geben, wen sie ansprachen. Cheryl etwa fragte in die Runde: «Und was machst du heute Nachmittag im Bastel-Workshop?» Alle kauten seelenruhig weiter, bis jemand die obligatorische Gegenfrage stellte: «Redest du mit mir?» Alle sechs Tische im Speisesaal hörten sich an wie Dreharbeiten zu *Taxi Driver*. Redest du mit mir? Du laberst mich an?

Auf den Korridoren das gleiche Spielchen. Wenn wir im Haus mit seinem verwirrenden Schnitt unterwegs waren, sagten wir natürlich «Hallo», wenn wir hörten, dass uns jemand entgegenkam, aber nie «Hallo, ich bin Martin» oder «Hallo, ich bin Eddie». Selbst ich versäumte es, meiner Stimme einen Namen zu geben. «Wer ist da?», hallte es in schöner Regelmäßigkeit auf den Gängen und wurde gewissermaßen zum geflügelten Wort. Tag und Nacht ständig «Wer bist du?» oder «Wer ist da?». Hört man diese Fragen oft genug, beginnt man sich über die Tiefgründigkeit der Antwort Gedanken zu machen. Ich weiß nicht, wollte ich eigentlich sagen. Ich weiß nicht, wer ich bin. Wer bist du? Wer sind wir? Kann das überhaupt jemand mit Bestimmtheit sagen?

Desgleichen hätte man annehmen können, dass unser Blinden-Camp gestikfreie Zone ist, wenn auf dieser Welt überhaupt etwas in dieser Art existierte. Falsch. Wir alle, mich eingeschlossen, gestikulierten munter weiter oder deuteten auf Dinge, nur dass – man ahnt es schon – diese Gesten weitgehend ungesehen verpufften. Wir waren so an das Zusammenleben mit Sehenden gewöhnt, dass wir noch nicht einmal unter uns in der Lage waren, den anständigen Blinden zu geben.

Soweit ich das beurteilen konnte, war Carson der Einzige, der sich nicht weiter um diese Gepflogenheiten scherte.

Manchmal scherte er sich noch nicht einmal darum, den Leuten eine Antwort zu geben. Sieht man einmal von seinem morgendlichen Tai-Chi-Unterricht ab, war der Typ in erster Linie ein Phantom. Er machte einsame Strandspaziergänge oder saß einfach nur dabei und hörte zu, wenn andere sich angeregt unterhielten. Seine selbstauferlegte Zurückhaltung war ein ausgesprochen sympathischer Charakterzug. Geradezu beneidenswert. Tief im Inneren hatte er sich mit seiner Blindheit abgefunden und war mit sich und der Welt im Reinen. Er legte eine Ausgeglichenheit an den Tag, die schon gespenstisch war und von der ich nur träumen konnte. Er hatte sein Schicksal angenommen und flüchtete sich nicht in Ironie oder Zynismus, um seine Opferrolle zu zelebrieren, wozu die meisten von uns neigen. Auch ich.

Während man im wahrsten Sinne des Wortes sagen kann, dass Carson für sich blieb, versteckte er sich im Gegensatz zu mir nicht vor der Gruppe. Seine Taktik war eine andere, sie entsprang nicht dem Diktat der Angst. Schon nach wenigen Tagen gingen mir die Strategien aus, wie ich mir die Leute vom Hals halten konnte. So schaute ich mir bald eine von Eddie ab. Kopfhörer. Ich griff auf meinen Walkman zurück, wenn ich alleine gelassen werden wollte. Während der ersten paar Tage trug ich so oft Kopfhörer, dass man fast annehmen konnte, sie seien angewachsen.

Anfangs ließ ich die Musik aus. Ich dachte, ich hätte das Ei des Kolumbus gefunden, um den Leuten durch die Blume zu sagen, dass ich beschäftigt bin und nicht gestört werden möchte. Mein Fehler war allerdings, dass ich das Naheliegendste außer Acht gelassen hatte. Natürlich sah niemand meine Kopfhörer, weshalb mich ungewollte Konversationen nicht nur im Haus, sondern bis hinunter zum Strand weiterhin verfolgten.

Um den Leuten aus dem Weg zu gehen, die allzu forsch daherkamen, ging ich eines Nachmittags hinunter zum Bootsanlegeplatz, um eine Runde zu schwimmen. Es regnete, weshalb ich davon ausging, dass ich allein sein würde, jedenfalls solange ich dem eiskalten Wasser trotzen könnte und der Grusel mich nicht aus dem Wasser trieb, wenn ich mit den Zehen immer wieder mit der Meeresflora und -fauna in Berührung kam. Als ich das Ende des Holzstegs erreicht hatte, hörte ich Schritte hinter mir. Es war Carson. Ich fragte ihn, ob er auch eine Runde schwimmen käme, aber er meinte, er könne nicht schwimmen. Er wollte einfach nur zuhören. Was er dann auch tat. Wir wechselten kein einziges Wort. Carson ist ein guter Zuhörer. Ich hoffte, eines Tages könnte ich das auch von mir sagen.

Seamus war mein anderer Kumpel. Ihn lernte ich am dritten Tag kennen, und er war mir auf Anhieb sympathisch. An jenem Nachmittag schlossen sich ein paar von uns einer Exkursion mit Jason an, die als einer der alljährlichen Höhepunkte des Feriencamps gilt. Wir machten eine Wallfahrt über die Insel, um den Mammutbaum einmal zu berühren. Der Baum war wirklich riesig. Wir benötigten acht Mann, um ihn zu umstellen. Dann fassten wir ihn alle einmal an. War ein schöner Ausflug. Fühlte sich gut an, der Baum, wie ein echter Mammutbaum.

Es war praktisch ein Ding der Unmöglichkeit, Seamus aus dem Weg zu gehen. Er redete gern und viel. Und nicht nur das, er war nicht zu bremsen, wenn es darum ging, den Leuten haarklein zu verklickern, was hier und jetzt gerade passierte, auch wenn die Dinge noch so banal waren. Auf dem Weg zu diesem Baum saß er auf dem Rücksitz unseres Vans und traktierte mich mit seinen Beobachtungen und Beschreibungen.

«Hey, Ryan», sagte er. «Wie ist der Vordersitz?»

Für Seamus war dies kein Small Talk. Sondern Neugier. Als hätte er soeben mitbekommen, dass ich schon einmal klinisch tot war, und jetzt natürlich genau wissen wollte, wie sich diese Erfahrung anfühlte.

«Ist schon in Ordnung hier vorne auf dem Beifahrersitz, Seamus.»

Laut unseren Betreuern war Seamus Stammgast im Camp, ein unverbesserlicher Wiederholungstäter. Er legte jeden Monat etwas Geld zurück, was bei seiner kleinen Behindertenrente eine beachtliche Leistung war, um sich den alljährlichen Trip hierher leisten zu können. Seamus dürfte vielleicht Mitte fünfzig gewesen sein, aber aufgrund gesundheitlicher Probleme, die in Zusammenhang mit seiner Blindheit standen, war er geistig in etwa auf dem Niveau eines Sechsjährigen stehengeblieben. Soweit ich das beurteilen konnte, war er grau meliert und leicht aus der Fassung zu bringen. Das einzige Mittel gegen seine Ängste war so gängig wie probat. Reden. Viel reden.

«Ja», fuhr er fort, «das ist ein guter Sitz. Letztes Jahr saß ich vorne. Ein echt guter Vordersitz. Schön. Mein Sitz ist aber auch nicht schlecht. Ich muss neben zwei Leuten sitzen, du nur neben Jason. Hast du das Fenster aufgemacht?»

«Oh, nein.»

«Ein Fenster ist gut. Ich mag Wind. Ein guter Sitz, Ryan. Letztes Jahr saß ich vorne, weißt du.»

«Tut mir leid, Seamus. Habe ich dir deinen Platz weggenommen?»

Ein autistischer Schüler von mir ist einmal völlig ausgeflippt, als ich mir seinen Füller borgte. Da ich Seamus' Veranlagung nicht kannte, machte ich mir Gedanken, ich könnte womöglich eine natürliche Rangfolge verletzt haben. Meine Bedenken verblüfften ihn.

«Nein, das ist nicht mein Platz», sagte er, als hätte ich den ganzen Sitz in die Hand genommen und ihn ihm überreicht. «Das ist dein Platz. Das hier, das ist mein Platz, hier hinten. Du sitzt vorne, Ryan. Vorne ist dein Platz.»

Ich wusste nicht, wie ich mich mit ihm unterhalten oder

was ich sonst tun sollte. War aber auch egal. Seamus sprang in die Bresche und hielt uns mit seiner Bestandsaufnahme aller möglichen Gegenstände in unserer unmittelbaren Umgebung auf dem Laufenden. Da er unruhig wurde, wenn Gesprächsflaute herrschte, erzählte er, was sich um ihn herum abspielte, wodurch sich immer wieder ein neues Gesprächsthema ergab. Ein Aschenbecher, die Temperatur, seltsame Geräusche, worauf sich dein Name reimt, was er finden konnte. Er war ein unübertroffener Beobachter der kleineren Phänomene dieser Welt.

«Tja», setzte er wieder an, als ihm unser Schweigen auffiel, «ja, der Vordersitz ist wirklich gut. Ryan sitzt vorne, und Jason fährt. Wir fahren zusammen, und ich sitze hinten. Hey, die Klimaanlage ist an, stimmt's, Jason?»

«Ja, die ist an.»

«Ist gut, die Klimaanlage, was?»

«Funktioniert einwandfrei.»

«Ist dir kalt, Ryan?»

«Nö, nur etwas kühl.»

«Klimaanlage. Damit wir nicht schwitzen auf dem Weg zum großen Baum. Auch ich nicht. Ich, hier hinten. Ich sitze hier hinten, Ryan. Ja, wir sitzen alle im Auto und fahren zum großen Baum. Ich habe meine Sandalen an. Ryan ist auf dem Vordersitz, und Jason … hey, letztes Jahr saß ich vorne, Ryan, aber jetzt sitzt du da. Ist ein guter Sitz, was?»

So ging es weiter, bis wir den Mammutbaum erreichten und ihn schließlich anfassten.

Seamus nervte die meisten Camp-Teilnehmer. Ich jedoch machte eine interessante Entdeckung, nachdem ich den Ausführungen aus seiner Welt eine Viertelstunde lang gefolgt war. Sosehr er auch anfangs nervte – plötzlich hatte sein Monolog etwas, wie soll ich sagen, geradezu Spirituelles. Seine lückenlose Bestandsaufnahme jedes Augenblicks versetzte mich in einen leicht tranceähnlichen Zustand. Irgendwie fühlte ich mich wie in den guten alten Zeiten, als ich mich entspannt zurücklehnen und in aller Ruhe umschauen konnte. Seamus erledigte das für uns alle. Seamus schaute sich mit Worten um.

Manche aus der Aristokratenfraktion hatten kein Verständnis für ihn. Sie glaubten, dass ein Großteil seiner diffusen Wortgeplänkel nichts anderes war als eine Show, um Aufmerksamkeit zu erwecken. Und kein Krankheitsbild. Die Aristokraten waren unser Pendant dieser rechtslastigen Zeitgenossen, die fürchten, dass jemand nicht wirklich behindert ist, zumindest nicht schlimm behindert, sondern nur das System zum eigenen Vorteil missbraucht. Kommt manchmal vor. Auch mir wurde schon von Leuten, die sehen können, vorgeworfen, ich sei nicht blind genug, um die Vergünstigungen in Anspruch zu nehmen, die mir meine Blindheit verschafft. Welche Vergünstigungen, frage ich mich.

Aber epische Monologe zu halten wie Seamus und eine derartige Hilfsbedürftigkeit an den Tag zu legen wie er, ist ein hartes Stück Arbeit. Wenn dies alles nur eine arglistige Täuschung war – Hut ab! Meine Fresse, wenn ich mir vorstelle, ich müsste diese Show abziehen, dann müssten die Vergünstigungen schon gewaltig sein, um den Aufwand zu rechtfertigen. Wenn ein Betreuer mir hilft, mein Zimmer aufzuschließen, kann ja wohl niemand ernsthaft auf die Idee kommen, ich würde aus meiner Behinderung Profit schlagen. Oder ich hätte das große Los gezogen, weil ich auf dem Weg zum Mammutbaum immer schön «rechter Fuß, linker Fuß, rechter Fuß» heruntergebetet hatte. Ich werde die Menschen nie verstehen, die Behinderten vorwerfen, sie würden aus ihrer Behinderung Kapital schlagen.

Was mir an Seamus sogar noch besser gefiel, besser als seine Geschichten, war die Tatsache, dass er keinerlei Hemmungen oder Berührungsängste kannte. Egal, wie viel oder welche Art von Hilfe er brauchte, egal, wie viele Stoßseufzer die Aristokraten zum Himmel schickten, er fragte nach Hilfe, war dreist und schämte sich nicht im Geringsten. Uns war es an seiner Stelle peinlich, zumindest einigen von uns, manchmal, aber nicht ihm. Das brachte die Aristokratenfraktion auf die Palme.

Ich glaube, ihnen missfiel der Gedanke, dass man sie als Blinde mit Seamus in einen Topf werfen könnte. Er würde sie schlecht aussehen lassen, und sie würden sich selbst als peinlich empfinden. Er hielt ihnen den Spiegel vor, wie sie eines Tages vielleicht auf Menschen wirkten, die sehen können. Mag sein, dass auch ich früher dieses Selbstverständnis hatte, diese Befürchtung, zumindest ansatzweise. Mag sein, dass dies Teil meiner Ängste anderen blinden Menschen gegenüber war. Ich wollte mich nicht über andere definieren lassen.

Seamus' Zimmer lag auf der anderen Seite des Gangs, gegenüber von meinem. War sein Zimmergenosse nicht bei ihm – es war wohl ausgleichende Gerechtigkeit, dass Martin der Auserwählte war –, verlor Seamus leicht die Orientierung auf den labyrinthartigen Gängen des Gebäudes. Die Hälfte der Zeit versuchte er, mit seinem Schlüssel meine Tür aufzuschließen. Weil ich mich gerne zurückzog und oft auf meinem Zimmer war, wies ich ihm dann den Weg. Sonst hätte er mein Türschloss eine halbe Ewigkeit mit seinem Schlüssel traktiert. Was beängstigenderweise manchmal auch der Fall war.

«Seamus, dein Zimmer ist gegenüber.»

«Martin? Bist du das? Mein Schlüssel passt nicht.»

«Nein, Seamus. Ich bin's, Ryan.»

«Hey, Ryan! Alles klar? Hast du heute eine Kerze gebastelt? Was machst du in meinem Zimmer?»

«Das hier ist mein Zimmer, Seamus. Deins ist gegenüber.»

«Mein Schlüssel passt nicht. Vielleicht ist es der falsche. Hast du meinen Schlüssel?»

«Dein Schlüssel passt nicht, weil das hier mein Zimmer ist.»

«Ah, verstehe. Das ist dein Zimmer.» Seamus Verwirrung war jetzt vollkommen. Irgendetwas auf dieser Welt setzte die Gesetze der Physik außer Kraft.

«Ich habe nichts dagegen, dass du jetzt in meinem Zimmer bist, aber wo sind meine Sachen? Hat Jason meine Sachen umgeräumt?»

Seamus zu helfen, war manchmal mit einer Notlüge am einfachsten.

«Genau, Seamus, Jason hat deine Sachen umgeräumt, ins Zimmer gegenüber. Und Martins Sachen auch.»

«Aber ich habe keinen Schlüssel für das Zimmer gegenüber.»

«Jason meinte, dein alter Schlüssel würde passen. Versuch's doch einfach mal.»

Ich hörte, wie er die Zimmertür gegenüber aufschloss. Martin hatte sein Radio angelassen, das laute Musik spielte. Er hatte einen Oldie-Sender eingestellt, für die Frauen im Feriencamp, die auf diese Art von Mucke stehen. Als Seamus die Tür öffnete, war allerorten Johnny Cash zu hören.

«Es hat funktioniert, Ryan! Also, ich gehe jetzt in mein neues Zimmer. Erst mal schauen, ob auch alle meine Sachen da sind. Ich gehe jetzt in das Zimmer und mache die Tür zu und schaue, ob alle meine Sachen da sind. Okay?»

«Darauf kannst du einen lassen, Seamus», rief ich durch die Tür zurück.

«Also, los geht's. Erst mal die Tür hinter mir zumachen. Also dann …»

Eines Morgens stand Seamus noch weit vor Sonnenaufgang plötzlich auf der Matte. Ich wachte von den Geräuschen auf, die er mit seinem Schlüssel in meinem Schloss fabrizierte, und leierte unser übliches Programm herunter.

«Nein, Seamus. Das hier ist mein Zimmer, Ryans Zimmer, deins ist gegenüber.»

«Wer ifft da?»

Seamus hörte sich aufgebracht an. Irgendwie anders.

«Ryan. Ich bin's, Ryan, Seamus. Dein Zimmer ist …»

«Ryan? Ich kann meine Chähne nicht finden. Ich kann fie nicht finden.»

«Deine Zähne?»

«Meine Chähne.»

«Soll ich dir helfen?»

«Ja.»

Ich stieg aus dem Bett und öffnete die Tür. Vor mir stand Seamus im Schlafanzug mit seinem Stock. Ohne Zähne. Ich konnte zwar nicht sehen, dass ihm die Zähne fehlten, aber ich konnte es hören.

Wir gingen zum Gemeinschaftsbad, dem letzten Ort, an dem er sein Gebiss noch im Mund hatte, soweit er sich erinnerte, und begannen zu suchen. Weil es noch so früh am Tag war, beschloss ich, Jason nicht zu wecken. Vielleicht lag das Gebiss ja an exponierter Stelle. Zwei blinde Typen fingen an, nach ein Paar Zähnen zu suchen. Wir tasteten alles nach ihnen ab. Überall.

Jetzt, wo Seamus einen Helfer hatte, schienen ihn seine Zähne nicht mehr allzu sehr zu interessieren, und seine Panik verflüchtigte sich. Ich tastete Regale und Ablageflächen ab, während Seamus mit den Händen quasi den Boden aufwischte. Während unserer Suchaktion war er leutselig wie eh und je.

«Hafft du einen elektrichen Raffierer?», fragte er.

«Nö. Nur einen ganz normalen.»

«Ich darf keinen haven. Raffierft du dich liever naff?»

«Ja.»

Ich darf keinen haven, aber ich have einen chuper elektrichen Raffierer. Und ein Raffierwaffer, daf heift Brud. Ich mag Brud. Willft du mal riechen?»

«Vielleicht wenn wir dein Gebiss gefunden haben.»

«Okay. Hey, follen wir mal Raffierer tauchen, und ich nehm deinen und du meinen? Magft du elektriche Raffierer?»

Wir suchten weiter, bis wir jeden Quadratzentimeter des Gemeinschaftsbads abgeklappert hatten. Von Seamus' Verdruss war nicht mehr viel zu spüren, als interessierte ihn nichts weniger, ob er jemals seine Zähne wiederfinden würde. Solange er jemanden bei sich hatte, war alles erste Sahne. Die Situation war ihm weder peinlich, noch fühlte er sich bemüßigt, sich zu entschuldigen. Es wäre ihm nie in den Sinn gekommen, etwas peinlich zu finden oder sich für etwas zu entschuldigen, das mit seiner Blindheit zu tun hat. Ganz im Gegenteil, wenn es ihm gelegentlich wirklich schlechtging und er nicht mehr weiterwusste, suchte er sich Gesellschaft, und schon war alles in bester Ordnung. Das gefiel mir sehr an ihm.

Auf dem Weg zurück zu seinem Zimmer, das wir als Nächstes absuchen wollten, stieß Seamus mit seinem Stock einen Becher um. Er hatte sein Gebiss über Nacht in Wasser gelegt und ließ den Becher vor seinem Zimmer auf dem Gang stehen. Passte alles irgendwie.

Sowohl Carson als auch Seamus waren erfreulich unambitioniert. Sie zerbrachen sich nicht den Kopf darüber, wie sie von ihren sehenden Mitmenschen wohl gesehen würden, geschweige denn, dass sie Anstalten machten, wie ihre sehenden Mitmenschen sein zu wollen. Ganz im Gegenteil zu der Aristokratenfraktion. Diese Sorge um das eigene Image bereitet uns eine Menge Schwierigkeiten, auch ich bin zugegebenermaßen davor nicht gefeit. Wenn ich vor jemandem, der sehen kann, gegen eine Wand laufe, ist mir das peinlich. Passierte mir dies vor den Leuten hier in unserem Camp, wäre das auch nicht viel besser, auch wenn alle blind sind. Seamus und Carson fand ich vor allen Dingen deshalb so sympathisch, weil es mir nichts ausmachen würde, wenn mir dieses Missgeschick vor ihnen passierte. Sie verkörperten genau die Sorte blinder Menschen, zu der ich eines Tages einmal gehören möchte. Diese Hoffnung nahm ich mit nach Hause, als ich das Feriencamp vorzeitig verließ und wir uns verabschiedeten.

Ich hatte sicher keine üble Zeit in dem Camp, aber mir reichte es. Ich hatte gedacht, es würde mich viel Schlimmeres erwarten und ich käme viel mehr ins Schwitzen, aber ich sage immer, ich bin mit der Aufgabe gewachsen. Ich habe ein paar bewundernswerte Menschen kennengelernt und konnte einiges von ihnen lernen. Es ging mir nie um irgendwelche Freizeitaktivitäten. Schwimmen war okay, und wer hätte nicht seinen Spaß gehabt auf einer nachmittäglichen Exkursion zu diesem Baum, den wir berührten. Einem wirklich großen Baum. Es wurden auch niemandem dumme Streiche gespielt wie früher auf diesen Pfadfinderlagern, aber ich hatte einfach genug. Ich werde wohl ewig vorzeitig aus Ferienlagern abreisen. Daran wird sich auch mit zunehmendem Alter oder fortschreitender Blindheit nichts ändern. Eine Erkenntnis, die mich überraschte.

Ich hatte genug vom Blindsein, zumindest hier im Camp. Mit einer Gruppe blinder Menschen zusammenzuleben, war anstrengend. Unsere Aktivitäten und Unterhaltungen liefen meist darauf hinaus, unser aller Blindheit zu relativieren, ja, förmlich zu zelebrieren. Das war meine Sache nicht. Es rieb mich auf, umsorgt zu werden. Ich war es nicht gewöhnt, blindengerecht behandelt zu werden. Ich musste einen Schnitt machen. Das Lustige an der Sache war, dass mich zu Hause in Vancouver nichts anderes als eine Welt erwartete, in der die Sehenden den Ton angeben. Und das war gut so. In der Stadt nimmt niemand weiter Notiz von meiner Blindheit, was mir hilft, sie ebenfalls zu ignorieren.

Ich war unter der Prämisse in dieses Feriencamp gekommen, mich mit meiner Angst vor blinden Menschen zu konfrontieren, und ich denke, mein Aufenthalt war recht aufschlussreich in dieser Hinsicht. Meine Hoffnung, diese Angst zu überwinden, stützte sich vor allem auf eine Erkenntnis: es gibt keine Blinden in dem Sinne, so merkwürdig dies auch klingen mag. Seit jeher war es eine Horrorvorstellung für mich, ich würde, könnte oder müsste eine blinde Person darstellen, als könnte ich mich als Mensch auf diesen einen Aspekt reduzieren, derart grau und nichtssagend. Aber so etwas gibt es nicht.

Nehmen wir beispielsweise das Symbol für Behindertentoiletten, dieses Männchen mit dem weißen Stock im Rollstuhl. Das Symbol bedeutet, dass die Toilette nicht für Männer oder Frauen ist, sondern für Behinderte. Die Erkenntnis, dass dieses kleine Männchen im Rollstuhl gleichzeitig alle und niemanden meint, ist beruhigend. Dieses Symbol repräsentiert nicht mich. Auch nicht Seamus oder Cheryl oder die Aristokratenfraktion oder Eddie. Stephen Hawking, meine Ex-Freundin Jane, alle Kinder dieser Welt mit ADHD-Syndrom und Terry Fox benutzen im Zweifelsfall genau diese Toilette. Wir ziehen da drin eine dicke Party ab. Aber ein paar von uns haben mehr Gemeinsamkeiten als vielleicht Carson und meine Brüder oder Tracy und Liza. Ich sage immer, die Tauben haben ihre Sprache, was ein Gemeinschaftsgefühl und Identität schafft. Dies könnte uns fälschlicherweise zu der Annahme verleiten, dass auch Menschen mit anderen Behinderungen – wie zum Beispiel Blinde – ebenfalls ihre eigene Identität und Kultur haben. Behinderte haben in der Regel wahrscheinlich überhaupt nichts dergleichen.

Wir alle auf unserer einsamen Insel konnten nicht sehen. Dies hatten wir gemeinsam. Und doch unterschieden wir uns in unserer Blindheit so grundlegend voneinander und lebten in derart verschiedenen Welten, dass ich mich fragen muss, wie manipulierbar eine Gemeinschaft eigentlich ist. Manche von uns brauchten diese Art von Manipulation. Seamus zum Beispiel. Er brauchte die Insel und deren Hilfestellung. Wenn er könnte, würde er dort bleiben. Aber meine Bedürfnisse waren andere. Sind andere. Ich musste nach Hause. Letztendlich muss ich immer nach Hause. Meine Angst ist durchaus reell. Was ist, wenn ich mich eines Tages in einem anderen blinden Menschen wiedererkenne? Wie bekäme ich dann meine Identität zurück? Dieser Gedanke brachte mich für gewöhnlich ins Schwitzen. Wie käme ich nach Hause?

In diesem Fall war es kein Problem, dem Camp zu entfliehen. Ich rief einfach Tracy an. Sie nahm die Fähre zur Insel und holte mich zwei Tage vor der Zeit ab. Als ich mich von Seamus verabschiedete, schien ihn dies zu verwirren.

«Aber das Camp ist doch gar nicht zu Ende, Ryan. Es dauert noch zwei Tage.»

«Ich weiß, aber ich muss nach Hause. Ich habe ein paar Dinge zu erledigen.»

«Aber es sind doch noch zwei Tage», insistierte er.

«Weißt du was, Seamus? Du kannst meine letzten zwei Tage haben. Ich schenke sie dir.»

Er konnte nicht glauben, dass ich so einfältig war. «Du kannst mir deine zwei Tage nicht schenken, du Doofi. Ich bin doch sowieso schon hier.»

«Okay, was hältst du dann davon, wenn du meinen Sitz im Van nimmst? Den Vordersitz. Ich schenke ihn dir.»

Die Idee schien ihm zu gefallen, er war einverstanden. «Letztes Jahr saß ich auf dem Vordersitz», rief er mir in Erinnerung. «Ein guter Sitz, was?»

«Und ob», sagte ich. «Es gibt keinen besseren.»

Was mir zu Ohren kommt

Ich gehe öfter zum Santa-Barbara-Feinkostladen in Vancouvers Hauptgeschäftsstraße, die im Herzen von Little Italy liegt. Das Geschäft hat eine lange Kühltheke aus Stahl, vor dessen Auslage mit Wurst- und Käsesorten aller Art sich die Leute drängen. Der Laden ist bekannt, weshalb man eine Nummer ziehen und sich anstellen muss, bis man an die Reihe kommt. Meist helfen mir dabei andere Stammkunden, wenn sie sehen, wie ich die Theke nach dem Nummernspender abtaste. Überhaupt nehmen mich die Leute eher wahr, wenn ich suchend nach etwas taste, was für mich wiederum ein probates Mittel ist, wenn ich Hilfe brauche. Ich könnte auch fragen, aber manchmal sind Menschen für mich genauso schwer zu lokalisieren wie der Nummernspender.

Abgesehen von der marmorierten Pancetta beeindruckt mich hier am meisten die brutale Konsequenz des rasanten Geschäftsablaufs. Wenn Sie endlich an der Reihe sind, ruft eine Verkäuferin Ihre Nummer einmal, zweimal, höchstens jedoch dreimal auf, und das mit atemberaubender Geschwindigkeit. Sind Sie zufällig irgendwo am anderen Ende des Gangs und begutachten gerade Auberginen, tja, dann haben Sie Pech gehabt, mein Freund, und können sich eine neue Nummer ziehen.

Wir Stammkunden wissen das, weshalb wir immer auf der Hut sind und Gewehr bei Fuß stehen. Selbst wenn noch drei oder fünf Nummern vor mir sind, kann ich mir nicht erlauben, meiner Sache sicher zu sein. Stammkunden wie ich sind leicht zu erkennen, weil wir geduldig anstehen und der Zahlenarithmetik vor uns aufmerksam, ja, beinahe ehrfürchtig folgen. Jeden Sonntag reihen wir uns hier mit einer stoischen Ruhe und einer Demut in die Warteschlange ein, dass man meinen könnte, wir warteten auf das leibhaftige Sakrament. Ein grandioses Schauspiel. Niemand will seinen Einsatz verpassen.

Der Pawlow-Effekt ist unverkennbar und macht leicht süchtig. Mein Adrenalinspiegel steigt immer, wenn meine Nummer aufgerufen wird. Längst habe ich mir angewöhnt, mehrmals laut «Hier!» zu schreien und mit meinem Nummernzettel über den Köpfen der umstehenden Leute herumzuwedeln. Leute, über deren Gesichter ein Lächeln huscht, wenn jemand seinen Einsatz verpasst. Wenn ich mich dann mit «Hier!» gemeldet habe und zur Theke schreite, überkommt mich Stolz und das Gefühl, privilegiert zu sein. Hier stehe ich und bin an der Reihe. Die anderen stehen dort und sind es nicht. Wünsche und Bestellungen anderer müssen warten. Vorerst. So fühlt sich das an, wenn man zur Theke gerufen wird. Man hebt sich von der Masse ab. Grenzt sich von anderen ab.

Selbst wenn ich es bis nach vorne zu meiner Verkäuferin geschafft habe, kann ich mir meiner Sache noch nicht sicher sein. Stattdessen folgt der nächste kritische Moment, den ich zu überstehen habe, wenn ich der Verkäuferin den Zettel gebe und sie ihn mit einem «Hallo» oder «Der ist für mich» auf den Stapel mit den anderen Nummern legt. Oder mit einer Bemerkung wie «Sekunde, bin gleich wieder da» mit meiner Nummer in der Hand weggeht. An dieser Stelle beginnt nicht nur ihr Job, sondern auch meiner, allerdings unter erschwerten, blindenspezifischen Bedingungen.

Diese knappen Bemerkungen müssen reichen, um mich mit ihrer Stimme vertraut zu machen. Schließlich muss ich sie von den anderen vier oder fünf Verkäuferinnen hinter der Theke unterscheiden können. Wenn sie zurückkommt, würde sie fragen: «Was hätten Sie gerne?» Erkenne ich dann ihre Stimme nicht, entgeht mir möglicherweise die Tatsache, dass ich gemeint bin. Das passiert mir häufig und führt zu beträchtlichen Irritationen auf beiden Seiten. Oft starre ich meine Verkäuferin im Feinkostladen ausdruckslos an, weil mir nicht bewusst ist, dass ich es bin, mit dem sie redet, während sie sich wahrscheinlich fragt, ob ich auf einem LSD-Trip hängengeblieben oder vielleicht taub bin.

Es ist schwierig, meiner Verkäuferin in der Hektik des Geschäftslebens den Unterschied zwischen ihr und einem Blinden zu erklären. In der Regel tue ich so, als würde ich mich an der Nase oder an der Schläfe kratzen – natürlich mit der Hand, in der ich meinen weißen Stock halte, damit dieser über die Kühltheke lugt und sie sehen kann, dass ich sie nicht sehen kann. Was allerdings immer noch keine Gewähr dafür ist, dass ihre Frage «Was kann ich für Sie tun?» selbstredend an mich gerichtet ist. Vielleicht sieht sie meinen Stock und fragt etwas verbindlicher: «Was darf ich Ihnen einpacken?» Aber angesichts der zahlreichen Kundschaft, die mit den gleichen Gelüsten nach Chorizo ansteht wie ich, erhöht dies meine Chancen nur geringfügig, ihre Stimme wiederzuerkennen.

Was mich an dem Problem gleichermaßen fasziniert wie erschreckt, ist die Tatsache, dass ich als Person dabei völlig außen vor bleibe, ausgeklammert von den Sprachregelungen anderer Leute. Und nur unter ganz bestimmten Voraussetzungen auf der Bildfläche erscheine. Eine simple Höflichkeitsanrede per Sie genügt da jedenfalls nicht. Ich reagiere auf «Kann ich Ihnen helfen, Ryan?», aber nicht auf «Kann ich Ihnen helfen?».

Das Pronomen «Ihnen» setzt voraus, dass ich mich in der Sprache wiederfinde. Dass ich erkenne, dass ich gemeint bin, dass ich den Satz auf mich beziehe, als handle es sich um einen Heiratsantrag. Aber das kann oder will ich nicht.

Zu oft habe ich schon auf Fragen geantwortet, die für Leute

bestimmt waren, die neben mir standen. Was das angeht, besteht mein Fehler darin, dass ich Wünsche und Äußerungen anderer Leute auf mich beziehe. Da ich ihren Gesichtsausdruck nicht sehen kann, weiß ich nicht, wer Ross und Reiter ist, mir entgeht der entscheidende Fingerzeig, ob ein Pronomen wie «Sie» oder «Ihnen» an mich und nur an mich gerichtet ist. Es hat schon etwas Narzisstisches, ein «Sie» oder «Ihnen» in der Öffentlichkeit automatisch auf mich zu projizieren, ist es doch nichts anderes als das Eingeständnis, dass ich nicht weiß, wer ich im Verhältnis zu anderen bin. «Wer bist du eigentlich?», frage ich mich dann. Nur das unmissverständliche und vertraute «Ryan» gibt mir meine Identität zurück und definiert meine Beziehung zu anderen Leuten. Aus deren Sicht natürlich ein hoffnungslos übertriebenes Bedürfnis nach Differenzierung.

Jemanden mit «du» oder «Sie» anzusprechen, ruft auch eine merkwürdige Form von Arroganz auf den Plan. Arroganz bedeutet, «etwas auf sich beziehen». Wenn ich an der Kreuzung von Main Street und Broadway über die Straße gehe und jemand fragt: «Hallo, wohin gehst du?», muss ich entscheiden, ob ich das Pronomen auf mich beziehe. Fällt meine Entscheidung negativ aus, und der Passant wartet auf meine Antwort, entsteht leicht der Eindruck, er sei unerwünscht und seine Frage aufdringlich und unangebracht. Was möglicherweise überhaupt nicht der Fall ist. Wenn ich andererseits erst einmal abwarte und höre, wie jemand anders eine Antwort gibt, aus der ich schließen kann, dass es sich um die Unterhaltung zweier Freunde handelt, die sich soeben zufällig über den Weg gelaufen sind, dann liege ich mit meiner Entscheidung richtig, den anderen sprachlich das Feld zu überlassen.

Genau diese Zwickmühle ist es, die der Arroganz im Hinblick auf die Wörter «du» oder «Sie» immer wieder Vorschub leistet. Ich laufe Gefahr, von den Menschen völlig falsch eingeschätzt zu werden. Um dies nicht zu riskieren, muss ich abtauchen, bis mich die Nennung meines Namens zweifelsfrei identifiziert. Das Ganze hat durchaus einen biblischen Hintergrund. Adam ist mit seinen Tieren damals genauso verfahren. Gott soll ihm angeblich gesagt haben, alle diese Kreaturen werden für dich arbeiten, Adam, also gib zuerst jeder einen Namen. Macht ja schließlich auch Sinn. Wie sollten sie sonst wissen, wer gemeint ist?

Richtig merkwürdig wird es allerdings, wenn die Anrede «Sie» oder «Ihnen» als «er» oder «ihn» daherkommt, wie dies in meinem neuen Leben nicht selten der Fall ist. Obwohl ich mir vornehme, in der Öffentlichkeit selbstbewusster aufzutreten und mich einer präziseren Sprache zu bedienen, umgehen manche Leute das Problem einfach, indem sie mich links liegen lassen. Oft sprechen sie dann Tracy an, auch wenn eigentlich ich gemeint bin. «Soll ich ihm eine Karte bringen?» oder «Bestellen Sie für ihn?» sind nur zwei Beispiele, wie ich mitunter auf ein bloßes Anhängsel reduziert werde. Da möchte man am liebsten im Boden versinken.

Was ich dann auch gemacht habe, wenn man so will. Tracy und ich sind 130 Meter tief unter Tage gegangen, als wir dem Krakauer Salzbergwerk einen Besuch abstatteten. Wir befanden uns damals auf unserer Hochzeitsreise, die uns nach Polen in eine Salzmine führte. Ich wollte irgendwohin, wo es dunkel war. Dies würde unsere Flitterwochen für uns beide gleichermaßen zu einem unvergesslichen Erlebnis machen. Tracy war wie immer für alles zu haben.

Zuerst warteten wir geduldig im Hauptgebäude des Bergwerks, bis unsere Reisegruppe schließlich an der Reihe war und auf der original Holzwendeltreppe den Abstieg in das Schachtsystem in Angriff nehmen konnte. Es war der Hammer! Der Wartebereich roch altbacken und verströmte den Charme eines staatlichen Regierungsgebäudes, weshalb ich mir nicht von ungefähr wie in unserer Passbehörde zu Hause vorkam. Ich hörte ein Ticken, als Tracy mich auf die Schulter tippte.

«Hey», flüsterte sie, «da ist noch ein Blinder mit seiner Frau.»

«Siehst du?», sagte ich. «Ich habe dir doch gleich gesagt, das hier ist unser Ding. Sind sie in unserem Alter?»

«Nein, älter. Fünfzig, sechzig vielleicht. Ich weiß nicht. Die Frau kann sehen.»

«Und was ist, wenn wir das sind?», sagte ich. «Ich habe keine Lust auf ein Stelldichein mit meiner eigenen Zukunft. Vorerst jedenfalls nicht.»

Als die Glocke ertönte und sich alle für die anstehende Exkursion unter Tage in Reih und Glied aufstellen mussten, bugsierte Tracy uns ganz in die Nähe dieses anderen blinden Mannes. Dessen Frau war ihrem Tonfall nach zu urteilen überglücklich, dass sie uns entdeckt hatte. Vor allem Tracy.

«Wir sollten zusammenbleiben», sagte die Frau. «Ich würde mich freuen.»

Tracy hörte das Gleiche heraus wie ich. Die Frau meinte sich und Tracy, als sie sagte, «wir» sollten zusammenbleiben. Ihr blinder Mann hatte offensichtlich ohnehin nichts zu melden, und was mich betrifft, so wurde ich mit keinem Wort erwähnt.

Zu viert näherten wir uns dem Eingang zum Treppenschacht der Mine.

«Wollen Sie ihn zuerst hinunterführen?», fragte die Frau.

«Wen, mich?», sagte ich leicht gereizt. «Ich kann …» Tracy zwickte mich in den Arm, und ich hielt den Mund. Es war jetzt wirklich nicht der geeignete Zeitpunkt, um einen Streit vom Zaun zu brechen.

Bis jetzt war noch kein Ton aus dem Mund des blinden Mannes zu hören gewesen. Vielleicht hätte auch ich irgendwann einmal in ferner Zukunft meine Lektion gelernt und würde mich nur zu Wort melden, wenn ich angesprochen würde. Aber wenn ich schon wie er werden würde, dann hoffte ich zumindest, dass Tracy nicht wie sie würde. Ich bemühte mich um den richtigen Ton und beantwortete die Frage der Frau höchstpersönlich.

«Nein, ich komme schon zurecht», entgegnete ich. «Gehen Sie ruhig vor und führen Sie Ihren Mann. Wir kommen dann hinterher.»

Als Tracy und ich den Treppenschacht betraten, spürte ich, wie ich mit jeder Stufe mehr Angst bekam. Auch Tracys klaustrophobische Gefühle blieben mir nicht verborgen. Allerdings machte sie auch keinen Hehl daraus.

«Wie viele Stufen waren das hier nochmal?» Sie blieb wie angewurzelt auf der ersten Stufe stehen, bis ich antwortete.

«Ein paar hundert.» Genau genommen waren es siebenhundert, aber ich dachte, «ein paar» würde sich besser anhören.

Schon nach wenigen Stufen wurde es in dem Treppenschacht derart dunkel, dass ich bald meinen gewohnten verschwommenen Fleck nicht mehr sah, noch nicht einmal im Licht der sporadisch auftauchenden Lampen an der Wand. Es war mir egal. Treppen verlaufen nach einem bestimmten Muster und sind einfach zu bewältigen. Man weiß, was auf einen zukommt, anders als in Nachtlokalen oder in Südkorea. Tracy führte meine Hand an das Holzgeländer, und ich folgte einfach dessen Verlauf nach unten. Ein Kinderspiel, eins, zwei, links, rechts. Einfach. Außer für den blinden Kerl vor uns.

Später beschrieb mir Tracy die Szene, so konnte ich mir besser ausmalen, was ich gehört hatte.

Beim Hinabsteigen konnte ich den blinden Mann vor uns ein paar Stufen weiter unten hören. Er schlug mit seinem Stock gegen alles, was ihm entgegenkam. Fest, viel zu fest. Sich mit einem Blindenstock fortzubewegen, sieht in der Tat anders aus. Er machte den Eindruck, als würde er alles kurz und klein schlagen. Die Art und Weise, wie er sich mit seinem Stock bewegte, entbehrte laut Tracy jeglicher Technik oder dergleichen. Sein Stil glich eher dem eines Dirigenten, der seinen langen weißen Taktstock von oben nach unten und von rechts nach links schwingt, wobei er jedes Mal stehen blieb, bis er sich mit mehreren Schlägen vergewissert hatte, dass die nächste Stufe frei war. Das hielt natürlich den ganzen Laden auf, bald bewegten wir uns nur noch im Schneckentempo fort. Für Leute mit klaustrophobischen Neigungen sind derart erschwerte Bedingungen Gift. Man konnte den Mann nicht passieren, jedenfalls nicht ohne ihn zur Seite oder in die Tiefe zu stoßen. Alle mussten warten.

Allerdings war dies nicht allein seine Schuld. Tracy meinte, seine Frau ging zwei oder drei Stufen vor ihm rückwärts die Treppe hinunter, hielt ihn an seiner freien Hand und beschrieb alles akribisch, worauf er gerade eindrosch.

«Gut so, John, nächste Stufe, gut. Genau, das ist das Geländer, und hier die Wand. Freie Bahn, John. Und nächste Stufe. Gut so. Noch zwei, dann der Absatz. Und Stufe. Gut. Das ist eine Lampe.» Währenddessen zuckte sein Stock unkontrolliert durch die Dunkelheit, klack, klack, klack. Wir hätten Leib und Leben riskiert, wenn wir versucht hätten, an ihm vorbeizukommen. Der Typ war bewaffnet. Tracys Klaustrophobie verschlimmerte sich im Sekundentakt.

Die Geräusche, die der Mann mit seinem Stock fabrizierte, ließen den Schacht irgendwie noch enger erscheinen. Klack, klack, klack war alles, was wir hörten. Uns blieb nicht viel übrig als zu warten, was Tracy im guten Glauben zu dem Fehler verleitete, jenseits des Geländers nach unten zu schauen. Für sie war es hell genug, um erkennen zu können, dass ein Ende des Schachts nicht in Sicht war. Was dazu führte, dass sich zu ihrer Klaustrophobie noch eine massive Höhenangst gesellte.

«Ich glaube, ich flippe aus», sagte sie. Sie hielt sich die Hände vors Gesicht. «Ich muss hier raus. Und zwar auf der Stelle.»

Wer hätte gedacht, dass man unter Tage Höhenangst bekommen konnte? Inzwischen befanden sich so viele Leute hinter uns auf der Treppe, dass uns der Rückweg versperrt war. Umzukehren war längst kein Thema mehr.

«Sieht nicht so aus, als könnten wir umkehren», sagte ich. «Zu viele Leute, oder?»

Tracy antwortete mir nicht. «Entschuldigen Sie», rief sie der Frau des blinden Mannes zu. «Ich glaube, es wäre einfacher, wenn Sie ihn allein gehen ließen. Dann kämen wir vielleicht auch etwas schneller voran. Wissen Sie, ich spreche da aus eigener Erfahrung.»

Klack, klack, klack …

«Es ist dunkel», sagte die Frau. «Und im Dunkeln kann er überhaupt nichts sehen. Tut mir leid, dass wir so langsam sind, aber er braucht jemanden, der ihn führt.» Sie sprach mit Tracy wie mit einem neugierigen, naiven Dummerchen und nicht wie mit einer von Höhenangst getriebenen Naturgewalt.

«Ich kann im Dunkeln auch nichts sehen», sagte ich, «aber mit einer Hand am Geländer kann man leicht allein gehen.»

Klack, klack, klirr.

«Eine Lampe, John. Stufe, gut.»

Tracy ließ nicht locker. «Vielleicht wäre das mit dem Geländer für John einen Versuch wert. Hören Sie, ich fühle mich nicht besonders gut.» Nach meiner Schätzung würde sich Johns Frau gleich noch viel schlechter fühlen, wenn Tracy nicht sofort einen Zahn zulegen könnte. «Mein Mann ist auch blind und kommt auf Treppen wesentlich besser ohne fremde Hilfe zurecht.»

«Mag ja sein», meinte Johns Frau, «aber ich denke, so ist es das Beste für ihn.»

Tracy wandte sich zu mir und flüsterte mir ins Ohr: «Was

soll das, von wegen er kann das nicht und ich muss ihm helfen? Mache ich mit dir doch auch nicht, oder?»

«Gott bewahre! Als sei der Typ gar nicht da. Hey!», rief ich dem blinden Mann zu. «Haben Sie Retinitis pigmentosa?»

Das Klacken hörte schlagartig auf. «Ja!», strahlte John.

«Ich auch!»

Johns neuerlicher Halt brachte jeglichen Bewegungsfluss völlig zum Erliegen. Ich konnte das Gemurmel der Leute hinter uns hören. Vermutlich dachten alle, da haben sich zwei gefunden. Zwei blinde Typen, die sich gegenseitig ihre Heldentaten erzählen.

«Sie sollten versuchen, sich am Geländer festzuhalten», sagte ich. «Halten Sie Ihren Stock parallel zu den Stufen. Im gleichen Winkel. Sie werden sehen, Ihr Stock schlägt dann automatisch an, wenn sie eine Stufe hinuntergehen. Treppen verlaufen immer nach dem gleichen Muster – darauf können Sie sich bedenkenlos verlassen.»

«Diese hier auch?», fragte er.

«Ja», entgegnete Tracy und vervollständigte die Lektion. «Halten Sie sich mit der Hand einfach am Geländer fest, wenn Sie den nächsten Treppenabsatz erreicht haben.»

Tracy sagte mir, dass der Mann schließlich seine Frau losließ und normal die Treppe hinunterzusteigen begann, mit einer Hand am Geländer, wie ich es damals gelernt hatte. Vielleicht hatte er nie ein vernünftiges Mobilitätstraining besucht oder war erst vor kurzem zu seinem Stock gekommen. Abgesehen davon – hat man sich einmal zu sehr an fremde Hilfe gewöhnt, ist es schwer, darauf zu verzichten. Selbst wenn die Alternative ein Geländer ist, an dem man sich leicht festhalten kann. Seine Frau wollte ihm helfen und hatte ihm in ihren Bemühungen das einzig probate Hilfsmittel vorenthalten, indem sie seine freie Hand in Beschlag nahm. Ab sofort war kein einziges Klacken mehr zu hören.

Als wir unten ankamen, stellte sich heraus, dass die bessere Hälfte unseres blinden Freundes unterwegs wohl zu der Auffassung gelangt war, in Zukunft auf unsere Gesellschaft zu verzichten. Mit ihrem Gatten am Arm machte sie sich aus dem Staub und gesellte sich zu anderen Besuchern. Manche Leute vertragen fremden Rat nicht, auch wenn er noch so gut gemeint ist. Vielleicht war sie auch angefressen, weil sie befürchtete, sie würde in unseren Augen in der Bedeutungslosigkeit verschwinden, wenn sie ihre Führungsrolle bei ihrem John einbüßen würde.

Unsere Besuchergruppe stiefelte durch mehrere Dutzend Minenstollen, in denen es viele skulpturenähnliche Gebilde zu bestaunen gab, die aus dem Salzstein entstanden waren. Die Luft schmeckte nach Salz. Plötzlich tauchte die bessere Hälfte unseres blinden Freundes neben Tracy auf und flötete ihr Versöhnliches ins Ohr.

«Gefällt es ihm?»

«Wem?», fragte Tracy. Ich stand neben ihr.

«Ihrem Mann, Sie Dummerchen. Gefällt es ihm?»

«Weiß ich nicht», flüsterte Tracy zurück. «Aber fragen Sie ihn doch selbst. Tun Sie sich keinen Zwang an.»

Sie fragte mich nicht. Tracy und ich konnten endlich ungestört unsere Flitterwochen fortsetzen und die Bergwerkstour genießen.

In der Frühgeschichte der Mine hatten zwei Brüder eine echte Untergrund-Kathedrale aus dem Stein gemeißelt. Sie brachen tonnenschwere Brocken des grünlichen Gesteins aus der Erde und hinterließen der Nachwelt einen Altar, Kronleuchter, hohe, kunstvoll verzierte Decken, Skulpturen, polierte Böden und eine Treppe nach unten – alles aus Salz. Ich habe nie wieder etwas Vergleichbares gehört, gerochen, berührt oder geschmeckt.

Einmal mehr löste ich mich langsam wie Salzstein in nichts

auf. Als wir die Kapelle besichtigten, trat unser Touristenführer an Tracy heran.

«Möchte er die Skulpturen einmal anfassen?», fragte er.

Tracy nahm das Angebot auf mein Geheiß hin an. An seiner Diktion gab es für mich nichts auszusetzen. Im Gegensatz zur Gattin unseres blinden Freundes konnte unser Führer beim besten Willen nicht wissen, was er mit diesem «er» bei mir anrichten konnte.

Man kommt sich bewusst ausgegrenzt vor, wenn man ständig zu «ihm» wird. Ein einfaches Pronomen genügt, um mich von der Bildfläche verschwinden zu lassen.

Mein Problem ist nichts Neues unter Tage. Schon Eurydike schlug sich in der griechischen Mythologie mit ihrer Urform herum. Als Orpheus sie aus der Unterwelt holte, musste er die von Hades gestellte Bedingung erfüllen, beim Aufstieg in die Oberwelt voranzugehen und sich nicht nach ihr umzudrehen oder sie anzusprechen, bis sie das Tageslicht erreicht hatten. So weit, so gut.

Als Orpheus die Oberwelt erreichte, voller Stolz, dass er seine Geliebte zurückgewonnen hatte, und sich am Höhleneingang umdrehte, um ihr eine Liebeserklärung zu machen, hatte Eurydike noch nicht den ganzen Weg zurückgelegt und verschwand auf der Stelle wieder in der Unterwelt. In Hilda Doolittles berühmtem Gedicht beginnt Eurydikes Vergeltung für ihr Verschwinden mit den anklagenden Worten «Wegen deiner Arroganz». Was ich durchaus nachvollziehen kann. Eurydike war sauer. Aber wer hat dafür geradezustehen? Du? Ich? Er?

Kurz nachdem wir aus unseren Flitterwochen zurückgekommen waren, stellte ich fest, dass ich auf eine andere Art gewissermaßen von der Bildfläche verschwand. Geraume Zeit schon hatte ich mich immer mehr zurückgezogen und mich zunehmend auf meine Ohren verlassen. Aber ich bin sicher, dass meine Erblindung eine neue Qualität erreicht hatte, als draußen auf der Straße vor unserem Haus mehrere Autos zusammenstießen. Und ich zum ersten Mal in meinem Leben nicht zum Fenster ging, um zu schauen, was passiert war.

Der Unfall ereignete sich direkt unter unserem Fenster, aber ich dachte keine Sekunde daran, nach dem Rechten zu sehen. Reifen quietschten, und was folgte, war ein dumpfer Aufprall. Hey, dachte ich, ein Autounfall. Und machte weiter das Bett. Durch meine neue Art, die Welt wahrzunehmen, wusste ich längst, was passiert war. Ich hatte genug gehört, um mir einen Reim auf die Geschehnisse machen zu können. Ohne es zu merken, hatte ich kein Bedürfnis mehr, nach draußen zu schauen.

Einhergehend mit der wachsenden Bedeutung meiner Ohren und dem Niedergang meiner Augen machte sich physisch wie psychisch ein merkwürdiger Stillstand breit, der auf das Gefühl zurückzuführen war, dass ich auf der Stelle trete und nicht imstande bin, den für mich bestimmten Geräuschen gerecht zu werden, also nach ihnen zu schauen. Es kommt mir vor, als würde ich meine Zeit damit verbringen, mit der Hand am Ohr dazusitzen und auf Signale von der Außenwelt zu warten. Ich drehe mich kaum noch nach Geräuschen um oder gehe zum Fenster. Höre ich ein seltsames Geräusch im Geschirrspüler, sage ich Tracy Bescheid und rühre mich nicht von der Stelle. Ich mache mir nicht die Mühe, der Sache selbst auf den Grund zu gehen. Neugier und Wissensdurst sind mir inzwischen abhandengekommen. Wen wundert's? Fest steht, dass meine Augen mir nicht offenbaren werden, was es mit diesem Geräusch auf sich hat, also bleibe ich einfach, wo ich bin.

Geräusche sind eine unvollständige Sinneswahrnehmung, wenn man nicht die Möglichkeit hat, ihre Quelle mit den Augen zu visualisieren. Die Welt versucht, Kontakt mit uns aufzunehmen, spricht aber nur diese hoffnungslose Einladung zur Kommunikation aus, auf einer Ebene, die nicht die unsere ist. Da ich keinerlei Ambitionen mehr in dieser Richtung habe, bleibt mir oft nichts anderes übrig, als wie gelähmt dazusitzen und meine Ohren zu spitzen.

Sehen oder sich umschauen zu können, bedeutet für uns, agil zu sein und diese Welt in ihrer ganzen Vielfältigkeit bis ins letzte Detail bewusst wahrnehmen und mit anderen teilen zu können. Unsere Augen verleihen uns Umtriebigkeit und erschließen uns neue Welten jenseits dessen, was wir ertasten können. Unsere Augen sind es, die uns über den Tellerrand hinausschauen lassen.

Der fundamentale Unterschied zwischen Sehen und Hören ist inzwischen zu meiner Krux geworden. Meine Welt ist geprägt von der Langeweile und Gleichgültigkeit, die ein Leben in einem Körper mit sich bringt, der nur hören kann. Als ich heute Morgen am offenen Wohnzimmerfenster saß und meinen Kaffee trank, hörte ich irgendwo in der Nachbarschaft einen Hund bellen. Hier und da wurde ein Auto angelassen. Die zusätzliche Lärmbelästigung durch das Motorengeheul nervt mich jedes Mal, bis der Wagen schließlich auf Touren ist und davonfährt. Aber der Hund bellte weiter, ohne dass es mich gestört hätte. Sein einsames Bellen war für mich gewissermaßen natürlicher Bestandteil meiner morgendlichen Idylle. Aus meinem Sessel hörte es sich nicht nach einem Fall von Tierquälerei an, dem ich hätte nachgehen können, meine Neugier hielt sich also in Grenzen. Das Bellen war einfach nur im Hintergrund da.

Allerdings war Tracy neugierig geworden und ging zum Fenster, um hinauszuschauen. Wir wohnten im dritten Stock, von wo aus sie die Straße gut einsehen konnte.

«Ich habe diesen Hund da draußen schon gestern Morgen gesehen, als ich zur Arbeit ging, und gestern Abend, als ich die Vorhänge zuzog. Er ist klatschnass. Lassen die doch diesen armen, ausgehungerten Labrador jetzt schon mindestens einen Tag und eine Nacht lang auf der Straße herumstreunen. Arschlöcher.»

«Wer?», fragte ich. «Wo?» Ich stellte mir einen schwarzen Labrador irgendwo in der Nachbarschaft vor.

«Vor dem Haus da drüben auf der anderen Straßenseite, wo diese ganzen Skater wohnen.»

Tracy blieb ein paar Minuten am Fenster stehen und beobachtete den Hund. Er bellte weiter, während ich meinen Kaffee austrank und überlegte, ob ich das Bad als Erster in Beschlag nehmen sollte. Ich war zu dem Schluss gekommen, unter die Dusche zu springen, Tracy jedoch war immer noch draußen auf der Straße, auf dem Hof von irgendwelchen Leuten.

«Der arme Hund», seufzte sie, «er sieht so unglücklich aus. Es hat die ganze Nacht geregnet. Und er hat noch nicht mal was zu fressen.»

Sie blieb weiter am Fenster stehen und schloss aus dem Bild, das sich ihr bot, dass es sich hier wahrscheinlich um einen Fall von Tierquälerei handelte. Zweifellos hatte sie recht.

«Mein» Fenster und «ihr» Fenster sind sehr verschieden. Tracy und ich sind zwei eigenständige Personen und haben einen unterschiedlichen Bezug zu unserer Umwelt. Ihre Augen erlauben es ihr, einen Streifzug durch unsere Nachbarschaft zu machen. Sie kann diesen Hund beobachten, ihre Schlüsse ziehen und sich in die Geschichte hineinversetzen, die sich dort drüben abspielt. Wenn man sehen kann, fördert dies das Vorstellungsvermögen. Tracy hörte in der Ferne einen Hund bellen, was ihre Neugier hervorrief. Visuell. Sie ging der Sache nach, beobachtete die Szenerie aufmerksam, reimte sich eine Geschichte zusammen, in der sie insgeheim vielleicht sogar selbst mitwirkte, und kam dann wieder nach Hause. Und das alles, ohne die Wohnung zu verlassen.

Dagegen scheint «mein» Fenster nur dazu da zu sein, Geräusche hereinzulassen, nicht aber mich hinaus. Was mir und meinem Vorstellungsvermögen auch nicht gerade auf die Sprünge hilft, es sei denn, ich zwinge mich, den Geräuschen auf den Grund zu gehen, die ich gehört habe. Meine Ohren liefern mir vage akustische Hinweise aus einer harten Welt. Ich höre einen Hund bellen. Ein Hund, der bellt. Irgendwo da draußen. Ende der Geschichte. Ich könnte versuchen, die Geschichte weiterzuspinnen, aber die Geräusche verraten wenig. Dem Reich der Fabel wären Tür und Tor geöffnet. Ich weiß nicht, welche Farbe der Hund hat, wo er hingehört, ob er geschniegelt oder struppig ist. Den Geräuschen nach zu urteilen, die mir zu Ohren gekommen sind, ist der Hund nicht neben einem heruntergekommenen Haus mit kaputten Fensterscheiben an einer Wäscheleine angebunden. Ich kann den Hund auch nicht von verschiedenen Seiten betrachten, um mich davon zu überzeugen, wie ausgemergelt er ist. Nicht mit meinen Ohren. Und weil ich mit meinen Ohren nicht weit komme, geht mir auch jegliche Neugier ab. Entweder jemand beschreibt mir die Einzelheiten, oder ich muss über die Straße gehen und alles abtasten, was mir zwischen die Finger kommt. Und dabei wahrscheinlich noch gebissen werden. Von meinem Fenster aus komme ich der Sache jedenfalls nicht auf die Spur. Meine Neugier ist auf der Strecke geblieben, hier in mir.

Eines Tages unterhielt ich mich beim Mittagessen mit meiner Freundin Karina über die Strapazen des Studentenlebens. Man könnte sagen, wir jammerten über die kleineren Ärgernisse und Missgeschicke, die nicht ausbleiben, wenn man viel liest.

«Das Gute an Hörbüchern ist», erklärte ich, «dass ich nicht mehr so oft in dieser verkrümmten Haltung dasitze – weißt du, wie damals in der Schule, wenn man so über der Bank hing. Heute liege ich einfach im Bett und setze den Kopfhörer auf. Ein echter Luxus. Das einzige Problem ist, wach zu bleiben.»

Karina lächelte, denke ich. «Zumindest tun dir die Augen nicht mehr weh vom vielen Lesen.»

«Doch. Meine Augen sind noch immer auf Lesen programmiert. Vielleicht übertreibe ich es auch, und die Schmerzen kommen daher, ich weiß es nicht. Eine Stunde Martin Amis verursacht bei mir jedenfalls immer noch diesen dumpfen Augenschmerz. Ich mag seine Romane, am Buch kann es nicht liegen. Außerdem ist es nicht der gleiche Schmerz, den ich beim Lesen kanadischer Romane bekomme. Englische Romane lesen sich, wie soll ich sagen, irgendwie anders. Es kommt mir vor, als könnte ich meinen Körper nicht davon überzeugen, dass ich ein Buch höre statt lese.»

Diese Frage ist auch seit jeher ein Streitpunkt zwischen Tracy und mir. Sie fragt mich, was ich mache, und ich sage, ich lese. Das, meint sie, stimmt nicht, du hörst. Aber Karina kennt diese Geschichten längst, weshalb ich nicht weiter darauf herumreiten wollte.

«Wenn ich mehrere Stunden gelesen habe, tut mir immer die Augenmuskulatur weh», sagte sie. «Egal, was ich lese. Wahrscheinlich macht es die Nähe zum Text. Diese Überfrachtung mit Wörtern, die dir vorm Gesicht herumschwirren. Ich lese für mein Leben gern, aber es gibt Grenzen.»

Karina wusste, wovon sie sprach. Sie schlug sich gerade mit ihrer Dissertation herum. Irgendein komplexes Thema über die Geschichte afro-kanadischer Siedlungen in der kanadischen Prärie und deren Darstellung in der Literatur. Zur Vorbereitung auf die Prüfung in ihren beiden Schwerpunktfächern las sie im Schnitt zwölf Stunden täglich, jeden Tag. Ich habe es nie bereut, meine Promotion abgebrochen zu haben. Gelegentlich erinnert mich Karina zumindest an einen meiner damaligen Beweggründe – meine Schmerzgrenze war einfach zu niedrig. In etwa so niedrig wie meine Toleranzschwelle für akademisch verquaste Literatur. Wahrscheinlich wäre ich sang- und klanglos untergegangen.

«Es gibt Zeiten», fuhr sie fort, «in denen ich tagelang meine Wohnung nicht verlasse. Ich lese stundenlang ohne Unterbrechung und wünsche mir nichts sehnlicher, als auf einem Feld zu stehen und in alle Richtungen zu schauen, so weit mein Auge reicht. Ich möchte einfach nur in die Ferne schweifen, ohne Ziel. Das wäre Balsam für meine Augen.»

«Warum schließt du nicht einfach die Augen, wenn du dich entspannen willst?», fragte ich. «Wo soll da der Unterschied sein?»

«Wenn ich die Augen schließe, habe ich wieder dieses Problem mit der Nähe, wie beim Lesen. Alles ist schwarz und überfrachtet und schwirrt dir wieder vorm Gesicht herum. Das nervt. Eine schnurgerade Landstraße hinunterzuschauen, wirkt entspannend auf mich und meine Augenmuskulatur. Einfach nur den Blick schweifen lassen.»

«Wie eine Art Blindheit für Leute, die sehen können?»

«Genau», sagte sie und lachte.

Im Grunde genommen passierte mit meinen Ohren das Gleiche wie mit Karinas Augen, weshalb ich ihre Empfindungen durchaus nachvollziehen konnte. In dem Restaurant, wo wir uns verabredet hatten, herrschte eine fürchterliche Akustik. Große Fenster und ein glattpolierter Betonboden sorgten für einen Verstärker-Effekt, was den Geräuschpegel beträchtlich erhöhte. Und obendrein ging wie in so vielen angesagten Restaurants auch hier die Geräuschkulisse in einer Mischung aus Schlagzeugsoli und tiefen Bassklängen regelrecht unter. Es geht das Gerücht, dass in lauten Kneipen oder Restaurants die Privatsphäre noch am ehesten gewahrt bleibt. Aus der Tatsache, dass man sich am eigenen Tisch kaum versteht, folgt die logische Konsequenz, dass man von anderen auch nicht belauscht werden kann.

Aber für mich hat ein hoher Geräuschpegel den gegenteiligen Effekt. Er beraubt mich jeglicher Intimität und treibt einen Keil zwischen mich und mein Gegenüber. Alles so schön laut hier, ich weiß gar nicht, wo ich zuerst hinhören soll. Zwischen meinem Gesprächspartner und mir entsteht Distanz. Wenn Lärm überhaupt einen Effekt hat, dann diesen. Ausgesprochen ärgerlich. Ich spreche darauf an, als würde jemand permanent mit den Händen vor meinem Gesicht herumfuchteln. Der Blick über eine idyllische Landstraße kommt meiner Vorstellung von Stille am nächsten. Stille ist mein Sichtfeld, ein koordinatenfreier Raum, in dem meine Ohren jedes noch so belanglose Geräusch orten, um die Distanz zwischen der Welt da draußen und mir hier drinnen zu erfassen. Als Blinder ist man immer gefangen in seinem eigenen Körper, von seinen sensorischen Einschränkungen an die Kette gelegt.

Aus diesem Grund fühle ich mich häufig, als steckte ich in meinem Körper fest, hier in meinem Büro, mit offenen Ohren und einer offenen Bürotür. Es kommt mir vor, als sei ich erstarrt, gewogen und für gut befunden und in Position gebracht worden. Unfähig, den Kopf nach einem Autounfall zu drehen. Weil ich nichts und niemanden sehen kann, bilde ich mir gewissermaßen ein, für andere ebenso unsichtbar zu sein. «Er» ist von der Bildfläche verschwunden. Und irgendwo ganz tief in sich verborgen.

Idealismus

Gleich hinter Starbucks und McDonald's lenkte Tracy unseren Honda Civic vom Broadway Richtung Süden und bog auf die Knight Street ab. Dort reihte sich auf zwei, zum Teil sogar drei Spuren Kolonne an Kolonne furchteinflößender Sattelschlepper, die alles, was das westliche Kanada an Zivilisationsgütern zu bieten hat, durch die Lande transportierten: galvanisiertes Terrassenmobiliar, kunstledernes Reisegepäck, Limonadensirup, Druckerpatronen und, und, und. Alles, was das Herz begehrt, quälte sich in LKWs die Knight Street von Vancouver entlang.

Wir fuhren mit offenen Fenstern, und das Radio lief. Die riesigen Werbeschriftzüge der LKWs boten Tracys Augen eine Vielzahl teurer Ablenkungen. Der eine warb mit Heimwerkerbedarf und allem, was wir für unsere Renovierungsarbeiten benötigen könnten. Ein anderer bot an, uns Lebensmittel aus biologischem Anbau direkt vor die Haustür zu liefern. Ein weiterer LKW versprach uns hinter blauen Abgaswolken eine bessere Umwelt. Diese Monster klemmten unseren Kleinwagen ein und zwangen ihn in festem Griff die Straße entlang. Obwohl ich neben Tracy auf dem Beifahrersitz saß, war es so laut, dass wir schreien mussten. Von wohlduftender Sommerluft, wie wir sie einige Blocks zuvor noch genossen hatten, konnte keine Rede mehr sein. Es stank. Mir brannte eine Frage unter den Nägeln.

«Meinst du, ich komm jetzt ganz groß heraus? Schließlich bin ich bald vornehmer Eigentümer.»

Ich ließ meinen Arm aus dem Fenster hängen, so wie mein Vater es immer machte, wenn er mit einer Hand steuerte. Ich sehe ihn noch genau vor mir, wie er mit einer Zigarette im Mundwinkel ganz entspannt dahinfuhr. Vor kurzem hat er das Rauchen allerdings aufgegeben. Aufgrund meiner fortschreitenden Blindheit habe ich keine Fahrerlaubnis, vom Rauchen trennt mich jedoch nur ein winziger Hauch Willenskraft. Ich ließ meinen Arm dennoch lässig aus dem Fenster hängen und versuchte, meinem Bild des erwachsenen Autofahrers zu entsprechen.

«Na, wie sehe ich aus? Sehe ich aus wie ein Mann, der in Kürze in Wohlstand leben wird?»

Tracy schaute nicht zu mir herüber. Sie begutachtete sich im Rückspiegel und zupfte ihren Pony zurecht. Das nehme ich zumindest an.

«Vornehmer Eigentümer? Du und vornehm ist schon ein Widerspruch in sich, aber im Moment bist du lediglich dabei, ein Sofa zu kaufen, Kumpel. Ich glaube nicht, dass du durch den Besitz eines Sofas zum vornehmen Eigentümer wirst.»

Ich zog meinen Arm zurück ins Auto und suchte nach der Stationstaste des Radios.

«Couch», korrigierte ich sie, «wir kaufen eine Couch, kein Sofa.»

Ich konzentrierte mich auf die verschwommene Anzeige des Radios, die mich böse anstarrte. Sie erinnerte mich an Star Wars. Ich drückte der Radiofratze das rechte Auge ein und wartete darauf, dass der Tuner einen der Situation angemessenen Song fand. Ein Neue-Couch-Song zur Einführung in die Welt des großartigen Besitztums käme jetzt gut.

Der Tuner fand den lokalen Uni-Sender. Eine drei- oder vierköpfige Band stammelte sich durch ein Interview über den besonderen Sound ihrer Gruppe. Einer von ihnen beschrieb ihre Musik als Mischung aus Calypso, Punk und Techno-Bluegrass. «Ja, ja», pflichtete der Moderator ihm bei, ganz Espresso-Coolness und Enthusiasmus. «Das kann man sofort heraushören.» Ich für meinen Teil konnte das nicht.

«Wieso nicht Sofa?», fragte mich Tracy und suchte einen anderen Sender. «Sofa oder Couch, wo ist da der Unterschied?»

Joni Mitchells unvergleichlich fiepsige Stimme trällerte: «They paved paradise, they put up a parking lot.» Jedes Mal, wenn ich als Kind diesen Song im Autoradio unseres Familienkombis hörte, bildete ich mir ein, Mitchell würde singen: «They paid paradise to put up a parking lot.» Ich fragte mich damals ständig, wer denn nun Paradise war und warum er Parkplätze baute und wer ihn dafür bezahlte. Ich konnte mich nie so recht für diesen Song begeistern. Ich zog eine Grimasse ob Tracys Frage und Mitchells Fistelstimme.

«Wir kaufen kein Sofa», betonte ich. «Sofas sind amerikanisch. Mein Gott, wie ich diesen Song hasse.»

«Und eine Couch ist kanadisch? Was ist mit Chesterfields?»

«Die sind englisch. Als Kanadier stehen wir wahrscheinlich den Chesterfields näher als den Sofas, aber ich glaube nicht, dass wir bei Ikea etwas finden werden, das auch nur entfernt einem Chesterfield ähnelt. Das ist viel zu protzig. Schwedischer Minimalismus kennt keine Dekadenz.»

Ich spielte weiter am Tuner herum und quälte mich durch vier Sendungen der Art «Hörer machen mit», bis ich schließlich auf UKW umschaltete.

«Wir werden eine Couch kaufen», fügte ich hinzu. «Das ist so etwas wie ein Chesterfield mit gesundem Menschenverstand.»

Wir fuhren weiter Richtung Süden und befanden uns jetzt kurz vor der Knight-Street-Brücke. Ich hatte noch immer nicht die passende musikalische Untermalung gefunden. Erneut drückte ich auf die Scan-Taste und landete diesmal bei einem lokalen Sender. Emo-Metal, auweia. Wenn man es lange genug aushält, merkt man, dass diese Sender nur vier oder fünf Möchtegern-Rocksongs pro Tag abspielen. Aber die Auswahl war begrenzt, und so hörte ich ein paar masochistische Augenblicke lang zu.

Als Emo-Metal oder «Emotional Metal» wird der zuckersüße, aus nur zwei Akkorden bestehende Einlauf vermarktet, den man sich derzeit verpasst, wenn man trendig ist oder sein möchte. Es ist ein eindeutig kommerzielles Genre. Da ich aber hin und wieder gerne Tracys Kenntnisse unserer Popkultur auf den Prüfstand stelle, beschloss ich, uns ein bisschen Emo anzutun. Eine dieser typischen Angst-Bands, so eine mit einem Ein-Wort-Namen, schmetterte irgendeinen Müll darüber heraus, dass sie bereit war zu sterben, weil niemand sie verstünde. Oder so ähnlich. So recht verstehen konnte ich den Text nicht. Aber zum Quiz.

«Pass auf, mein Schatz, welcher der vielen Emo-Metal-Bands lauschen wir gerade? Im Geiste moderner Bildungswissenschaft biete ich dir Multiple Choice an. Also, stammt dieses Meisterwerk von a: Creed, b: Staind, c: Moist oder, schwierig, schwierig, d: von keiner der genannten Bands?»

Tracy überlegte. Sie legte den Kopf zurück, fast sah es so aus, als ob sie auf der Suche nach einer Lösung Witterung aufnahm. So wie ich Tracy kenne, verzog sie das Gesicht, als ob uns ein fürchterlicher Gestank umwaberte.

«Keine Ahnung. Hm, könnte Moist sein.» Sie quetschte das Wort wie einen Klacks Zahnpasta zwischen ihren Zähnen hervor. «Moy-yist. Was für ein schreckliches Wort.»

«Ist das deine endgültige Antwort?»

Sie schwieg, meinte dann aber: «Jo, tut mir leid.» Wahrscheinlich nickte sie.

«Oh, das tut mir wirklich schrecklich leid für dich. Moist ist falsch. Moist macht noch nicht einmal Emo-Metal.»

Sie schlug nach mir. «Natürlich machen die Emo!» Klatsch. Ich kam mir vor wie ein Fernsehgerät mit schlechtem Empfang. «Moist ist wohl eine Emo-Metal-Band.» Klatsch, klatsch.

«Nein, in der einschlägigen Literatur heißt es, dass Moist eine Artrock-Band mit ‹Gothic›-Touch ist. Hauptsächlich wohl wegen ihrer kryptischen und stupiden Texte über das Makabre der menschlichen Natur. Das hier ist Staind, Schatz, Stay-nd. Zugegeben, christlicher Rock, aber zu Fleisch geworden und als Emo-Metal zu uns auf die Erde gekommen. Hör mal genau hin mit deinen zarten kleinen Öhrchen. Emo-Metal unterscheidet sich dadurch von Bands wie Moist, dass der reine Gesang – also ohne die Musik – sich wie New Country anhört. Wenn du das allerdings einem Emo-Metal-Freak erzählst, rastet der aus. Garth Brooks ist so ein New-Country-Typ. Der könnte Emo-Metal prima singen, macht es eigentlich auch mehr oder weniger.»

Verschwommen sah ich, wie Tracy auf eine andere Taste drückte und so einen klassischen Rocksender mit zwei DJs erwischte, die sich Toilettenwitze erzählten und verschämt zugaben, dass sie Dope rauchten. George Thorogood spielte seine Version von John Lee Hookers *One Bourbon, One Scotch and One Beer*. Die beiden sich am Hintern kratzenden DJs fielen grölend mit ihrer eigenen Version ein: «Ein Kubaner, ein Schotte, ein Schwu-uler …»

Wir drückten gemeinsam auf die Aus-Taste.

Inzwischen waren wir auf der Knight-Street-Brücke und fuhren über den Fraser Boulevard Richtung Vororte, hinüber nach Richmond. Tracy schaute kurz in den Seitenspiegel und wechselte auf die rechte Spur, um am Ende der Brücke von der Schnellstraße abzufahren. Wir waren jetzt unter dem mittleren Brückenbogen, und ich schaute hinunter auf das flache braune Wasser.

Auf meinen erblindenden Netzhäuten verschwamm alles

und schwappte hin und her wie das Flusswasser bzw. das, was ich dort unten als Flusswasser zu erkennen meinte. Wellen aus Licht und Schatten verwischten jedes Detail zu einer schlammigen braunen Masse. Der Fluss lag da wie eine braune Papiertüte. An den Rändern der leeren Tüte erkannte ich eine Masse unförmiger welliger Blöcke. Lagerhallen wahrscheinlich, für Bürohäuser waren diese Gebäude nicht hoch genug.

Vielleicht auch ein paar Einkaufszentren. Aus dieser Entfernung war es für mich schwierig, überhaupt etwas zu unterscheiden. Wie das eben so war.

«Ich wünschte, das könntest du sehen», stichelte Tracy. «Wusste ich es doch, da ist das Schild.» Sie deutete nach vorn. «Und du dachtest, ich würde es nie finden. Und genau da ist es, du Dummerchen, in Gelb und Blau, wie es sich gehört. Entspann dich, gleich sind wir da.»

Ich muss zugeben, dass Tracy unheimliche hellseherische Fähigkeiten besitzt, wenn es darum geht, irgendwo hinzufahren. Ich habe noch nie gesehen, dass sie eine Straßenkarte konsultiert. Dabei hatte ich ihr bereits mehrfach welche aufgedrängt. Einmal habe ich ihr an einer Tankstelle in der Nähe von Sooke auf Vancouver Island sogar extra eine Karte gekauft, sozusagen als Wink mit dem Zaunpfahl.

«Bitte sehr, ein Bio-O-Saft, Chips, und – schau mal – ich habe uns eine Straßenkarte besorgt!»

Sie heuchelte Dankbarkeit und stopfte die schöne neue Straßenkarte ins Handschuhfach. Als wir von der Tankstelle wegfuhren, versicherte mir Tracy, dass unser Hotel ganz in der Nähe sei. Und wenn Tracy sagt, etwas ist ganz in der Nähe, dann heißt das, dass wir höchstens eine halbe Stunde in eine unbestimmte Richtung fahren und dann den besten Parkplatz direkt vor unserem Ziel erwischen. Unheimlich. Nicht ein einziges Mal falsch abgebogen, vom Start bis zum Ziel. Als ich anfing, ständig etwas zu rammen, musste ich wohl oder übel das Autofahren aufgeben. Ich kann es aber noch immer nicht verknusen, dass nicht ich es bin, der die Kontrolle über das Lenkrad hat.

Als mich Tracy an besagtem Morgen fragte, ob wir nicht zu IKEA fahren wollten, um eine Couch zu kaufen, hätte ich es eigentlich besser wissen müssen. Aber ich fragte dennoch, ob sie denn wüsste, wo genau das nächste IKEA-Möbelhaus war.

«In Richmond. Irgendwo in Richmond.»

Sie stand in unserem winzigen Badezimmer und hatte ihre Kosmetiktasche in der Hand. Zu fragen, ob wir eine Couch kaufen sollten, während sie ihr Make-up auflegte, hieß, dass sie bereits beschlossen hatte, dass wir heute zu IKEA fahren würden. Ihre Frage war lediglich eine höfliche Umschreibung für «Zieh deine Schuhe an und los». Es ist schon schwindelerregend, wie viele unterschiedliche Bedeutungen man aus einem einzigen Satz heraushören kann.

Ich blieb an die Tür zum Badezimmer gelehnt stehen und schaute zu, wie sie ihre Lippen nachzog, ohne jedoch etwas zu erkennen. Für mich waren ihre Lippen, Augen, Nase, Haare, ihr Kinn, ihr ganzes Gesicht lediglich eine wildgekräuselte Fläche, wie ein Teich, in den jemand einen Stein geschnippt hatte.

«IKEA ist also irgendwo in Richmond?», spottete ich. «Wir hüpfen ins Auto und fahren irgendwohin in Richmond, um eine Couch zu kaufen?»

Ihre Kosmetiktasche schnappte zu. «Ganz genau.»

Jetzt hatte sie das Möbelhaus also gefunden, hatte es bereits von der Brücke aus entdeckt, und wenige Minuten später parkten wir drei Schritte vom Eingang entfernt, direkt neben den Behindertenparkplätzen. Wie macht sie das bloß?

Bleiben Sie einmal gleich hinter den Eingangstüren von IKEA stehen und schließen Sie Ihre Augen. Egal, in welchem

IKEA Sie sind, es riecht überall gleich. Dieser Geruch transportiert eine Menge Informationen und Marketing. Aber das Überangebot an Möbeln und Kleinkram nimmt uns visuell derart in Anspruch, dass den meisten Leuten dieser Geruch gar nicht auffällt. Das Merkwürdige daran ist, dass dieser Geruch tatsächlich immer und überall gleich ist. Ganz egal, in welchem IKEA oder wo in einem bestimmten IKEA-Markt Sie sich aufhalten. Es riecht immer gleich nach einem billigen Cocktail aus Vinyl, Kiefer, Plastik, Sperrholz und Baumwolle. Deutlich wahrnehmbar und immer gleich.

Tracy und ich gingen durch die automatischen Eingangstüren. Der Geruch heftete sich an uns, folgte uns und umgab uns wie eine regelrechte Biosphäre. Er bedeutete meiner Nase: «He, entspann dich, bei IKEA kann man nicht falsch abbiegen. Hier läuft alles nach Plan. Nichts ist zu auffällig oder unauffällig, um fehl am Platz zu wirken, nicht zusammenzupassen oder kritisiert zu werden. Alles, was du dir wünschst, kannst du in diesem Potpourri harmonierender Gerüche finden, unauffällig geführt, immer dem warmbeleuchteten Parcours folgend, von dem niemand abweichen kann. Design ist überflüssig, Entwicklung oder Variation unerwünscht. IKEA ist das totale geschlossene System der Behaglichkeit. Riech es, durchwühle es, entspanne dich!»

Hinter den Eingangstüren tauchten wir ein in eine Höhle aus Geräuschen. Ich hörte Kauflustige flanieren, Streitgespräche, das Klappern von Abfalleimern, Absätze klackerten auf Laminat, Geräusche in unmittelbarer Nähe und aus weiter Ferne, alle auf einmal, irrelevant und nicht unterscheidbar, egal, wie sehr ich versuchte, mich auf Einzelheiten zu konzentrieren, bei IKEA für mich ein Ding der Unmöglichkeit.

Meine räumliche Wahrnehmung funktionierte nicht mehr. Blinde messen Raum anhand der Zeit, in der sie diesen Raum durchqueren. IKEA und große Einkaufszentren sind daher ein einziges Chaos für mich, denn hier funktioniert das nicht. Wir gehen vorwärts, seitwärts, bleiben stehen, gehen weiter. Wir kehren wieder um, um Preise und Farben zu vergleichen. Die verschiedenen Designs gaukeln meinen Augen vor, dass sich nach jeder Biegung ein neuer Raum auftut. Wir durchqueren nicht einen Raum, sondern viele, und mehr und mehr Räume kommen hinzu, jeder ohne Hinweis, was danach kommt. Keine Schilder oder Wegweiser zum Ausgang oder Eingang, es gibt nur den einen Auftrag: kaufen. Oder in meinem Fall: mich verlaufen.

Ich fasste Tracy am Ellbogen, und wir schoben uns am Bällebad der Kinderbetreuung vorbei die Treppe hinauf, auf der Suche nach dem Bereich mit den Couchen.

Geruch, Lärm und die Menschenmenge überforderten mich bereits. Als wir die Büromöbel erreichten, war ich schon in miesepetriger Stimmung. Oder besser gesagt aggressiv.

«Das ist also Zivilisation», höhnte ich.

«Sie haben einen Stadtteil überdacht, Wände herausgerissen und als Einkaufswelt einen offenen safariparkähnlichen Parcours geschaffen.»

«Sieht so aus», antwortete Tracy. Sie war mit ihren Gedanken woanders und schaute sich suchend um.

«Was meinst du, warum wollen die wohl, dass wir hier drinnen verdursten? Vielleicht verdienen die ihre Kohle mit der Eisbude am Ende der Strecke? Die Luft hier drin ist knochentrocken.»

Ich verteilte noch ein paar abfällige Seitenhiebe und ging sogar so weit, mich detailliert über meine Langeweile auszulassen, bis Tracy mir klarmachte, dass jetzt Schluss sei.

«Pass mal auf, wenn du nur mitgekommen bist, um zu meckern, lass meinen Ellbogen los und sieh zu, wie du alleine klarkommst. Dir mag es zwar keinen Spaß bringen, aber wir brauchen nun mal ein Sofa.»

«Ich mach doch nur Spaß.»

«Klar, aber das machst du immer. Wir brauchen ein Sofa, aber …»

«Couch», unterbrach ich.

«Meinetwegen. Wir brauchen eine, aber jedes Mal, wenn wir einen Laden betreten, fängst du sofort an rumzumeckern. Meinst du, das macht mir Spaß?»

«Na, mir jedenfalls auch nicht», erwiderte ich. «Ich seh hier ja nichts. Ich verbringe meinen Tag damit, stundenlang durch die Gegend gezerrt zu werden, als ob ich meine Meinung zu einer Couch abgeben könnte. Für mich sieht doch sowieso jede gleich aus. Ich sehe alles verschwommen.»

Tracy war genervt und riss sich von mir los.

«Warum kannst du mir nicht ein einziges Mal dieses Vergnügen gönnen? Mir macht es Spaß. Hin und wieder gehe ich gerne shoppen. Wenn es immer nur um dich geht, dann bleib zu Hause und lass mich das allein genießen. Mir macht es Spaß, unser Zuhause schön einzurichten. Ist das denn so schlimm?»

Ich hatte keine Lust zu streiten, außerdem versperrten wir gerade den Gang.

«Okay», sagte ich. «Ich behalte meine Langeweile für mich. Tut mir leid, dass ich die IKEA-Atmosphäre nicht genießen kann.»

Natürlich tat es mir nicht leid, das wusste auch Tracy. Aber so konnten wir wenigstens weiter Richtung Couch-Abteilung und würden hoffentlich irgendwann wieder nach Hause fahren.

Tracy bot mir ihren Ellbogen wieder an und ging schneller. Wie ein aggressiver Autofahrer lenkte sie mich um einige Pärchen, die gerade einen Boxenstopp einlegten, um sich Schlafzimmereinrichtungen anzusehen. Ich kniff die Augen zusammen, sah aber nur verzerrte Eintönigkeit. Aus irgendeinem

Grund schwand meine schlechte Laune jedoch zusehends. Wir hüpften von Ausstellungsstück zu Ausstellungsstück wie vorhin von einem Radiosender zum nächsten. Mein Widerstand schmolz mit jedem Bilderrahmen und Schnickschnack, den ich ausmachen konnte. Langsam begann ich mich zu akklimatisieren.

Wie andere Leute sicherlich auch, frage ich mich häufig, ob ich in so einem IKEA-Möbelhaus leben könnte. Schließlich gibt es dort alles, was man zum Leben so braucht. Ich nahm diesen Gedankengang wieder auf und ließ meiner Phantasie freien Lauf. So konnte ich wenigstens auf amüsante Weise der Eintönigkeit von Geruch und Geräuschkulisse entkommen.

Vielleicht könnte ich mich als lebende Schaufensterpuppe in der Möbelausstellung verdingen. Ich würde hier leben und interessierten Kunden vorführen, wie ein Leben mit den verschiedenen Möbeln und Ausstellungsstücken aussehen könnte.

«Beachten Sie bitte den friedlichen Gesichtsausdruck unseres Models, wie er in dem honiggebeizten extragroßen Kiefernbett inklusive Kopfteil, Bettzeug und Bezügen im aktuellen Herbstdessin schläft. Was meinen Sie, wie viel er für diese entspannende Erfahrung gezahlt hat? 800 Dollar?»

Ich würde mich unter den Decken rekeln, auf ein Stichwort hin gähnen und das Wort an mein Publikum richten: «Guten Morgen! Ich schlafe wie ein Murmeltier, weil mich dieses Bett komplett mit Bettzeug und Bezügen nur 499 Dollar gekostet hat.»

Meine Arbeit als lebende Schaufensterpuppe würde für den öden, aber erschwinglichen IKEA-Stil werben und interessierten Regierungsbehörden und gemeinnützigen Vereinen als Modell für ein unabhängiges Leben mit Behinderung dienen. IKEA würde weltweit Menschen mit Behinderungen als lebende Schaufensterpuppen einstellen und eine Art Ausbildungsstätte für körperlich behinderte Jugendliche werden. Studenten würden bei IKEA Strategien für ein unabhängiges Leben mit Behinderung studieren und selbst einige Zeit im Praktikum bei IKEA wohnen. Modul eins: Leben in der Küche. Modul zwei: Ergonomie des Schlafzimmers und so weiter. Im Gegenzug würde IKEA von seinem warmherzigen, sozialen Image profitieren.

Ich war schwer beschäftigt mit meiner Idee, als Tracy plötzlich von der Hauptdurchgangsstraße abbog und uns in eine Oase aus Sesseln, Stühlen und Couchen lenkte. Mit einer kurzen Armbewegung bedeutete sie mir, ihren Ellbogen loszulassen. Sie verschwand zwischen den Couchen und begann, einzelne Objekte näher zu betrachten, zu verwerfen oder in die engere Wahl zu ziehen. Ich holte meinen weißen Stock hervor und ließ mich durch die Gänge treiben wie ein freies Radikal, das den Fluss der anderen Kunden im IKEA-Blutstrom behinderte. Tracy rief mich zu sich herüber, und ich folgte ihrer Stimme bis zu einer riesigen braunen Masse inmitten einer Unzahl anderer brauner Ungetüme.

«Was hältst du von diesem?»

Ich starrte die braune Masse einen mir angemessen scheinenden Moment lang an, umrundete die Couch und tat so, als würde ich sie genauestens untersuchen, kratzte mich schließlich am Kinn und brummte: «Hmh.» Hätte der braune Haufen Räder gehabt, hätte ich stilecht dagegengetreten.

«Ich weiß nicht», erwiderte ich, als würde ich eine Unmenge Entscheidungskriterien gegeneinander abwägen. Ich befühlte die Polsterung. Sie fühlte sich wie Polsterung an und mehr oder weniger couchähnlich. Ich setzte mich. Kein Geräusch, kein Nachgeben der Sitzkissen, nichts Überraschendes.

«Nun», dozierte ich mit fester Stimme, «man kann bequem darauf sitzen, und es ist relativ lang, ich würde sagen, es handelt sich um eine Couch.»

«Sehr witzig, aber was hältst du von der Farbe?»

Tracy weiß, dass ich noch ein gewisses Maß an farblichem Sehvermögen besitze, aber ich bin mir manchmal nicht sicher, ob sie mich nur aus Pflichtbewusstsein fragt oder ob sie tatsächlich an meiner Meinung interessiert ist. Es ist durchaus schon vorgekommen, dass ich in Lila und Grün losgezogen bin, in der Annahme, meine Kleidung wäre blau und grau. Bei der Farbe dieser Couch gab es jedoch kein Vertun.

«Braun?», fragte ich. «Was kann man schon von Braun halten?»

«Ich finde diese Farbe total schön!», sagte Tracy.

«Braun? Was ist denn an Braun schön?»

«Hey, Schatz, diese Couch ist nicht braun, sondern kamelfarben.»

Ich zog die Grimasse, die ich normalerweise für Emo-Metal reserviert habe.

«Kamel? Ich hasse Beige.»

Tracy zog mich von der Couch und zerrte mich zu einer anderen. «Dies», erklärte sie, «ist beige, und das dort drüben ist kamelfarben. Das ist ein großer Unterschied.»

Ich schaute die beiden braunen Dinger an.

«Ach so. Na gut, und was ist mit der dort drüben?» Ich zeigte auf eine andere Couch. «Oder ist das die, auf der ich gerade gesessen habe?»

«Das sieht mehr nach haferfarben aus. Oder vielleicht sandfarben.»

«Sand? Ist das naturweiß?» Ich versuchte, mich an mein Lieblings-T-Shirt aus der neunten Klasse zu erinnern. Ein riesiges, schlechtsitzendes Männer-Unterhemd, das meine Mutter als naturweiß bezeichnete, während es für mich ganz einfach weiß war. In meinem Gedächtnis sah es noch immer weiß aus. Weiß war und blieb für mich weiß.

«Eine Art Naturweiß», antwortete Tracy, «ähnlich wie

Creme, aber mit weniger Gelb. Schau mal, lass uns die dort drüben mal angucken.»

Ich setzte mich auf eine braune Couch und betrachtete all die anderen braunen Couchen. «Sag mir, wenn du ein paar in die engere Wahl gezogen hast. Ich glaube, ich bin in diesem Stadium keine große Hilfe.» Sie überließ mich meinen Gedanken, die in vielerlei Hinsicht angenehmer und bequemer waren als die Couchen. Schließlich hatten meine Gedanken Strukturen, Umrisse, Farben und Intensität oder wenigstens einen Mangel an Intensität. Ich konnte sie unterscheiden und genießen. Bei den Couchen war dies nicht der Fall.

Mein schwindendes Sehvermögen hatte mir eine Welt aus Umrissen und Strukturen beschert, nichts konnte ich deutlich erkennen. Hier sah ich nun Couchen, konnte sie aber durch nichts voneinander unterscheiden. Ich hasste Einkaufsbummel, und ich hasste es, wie eintönig meine visuelle Welt geworden war.

Ein alter Mann mit einem blauen IKEA-Hemd sank schwerfällig neben mir auf die Couch. Vielleicht war das Hemd auch grün. Keine Ahnung. Er reckte sich und streckte entspannt die Beine von sich. Offensichtlich hatte er Pause. Auf Brusthöhe sah ich ein Namensschild angepinnt. Mit meinem letzten bisschen Sehkraft setzte ich Buchstabe für Buchstabe seinen Namen zusammen. Wie ein Zweitklässler las ich jeden Buchstaben einzeln und versuchte dann, sie zu verbinden.

«Verzeihung», fragte ich ihn, «steht da wirklich Platon?»

Er verschränkte die Arme und grunzte bejahend.

«*Der* Platon? Wie in *Der Staat*?»

«Sie haben das Buch gelesen?», fragte er überrascht. «Mensch, das sagt einiges über Sie aus.»

«Arbeiten Sie hier?»

«Ja. Kann ich Ihnen helfen?»

Ich war mir nicht sicher, welche Art Hilfe er mir anbot. Ein paar schlüssige Argumente, warum er die Dichter aus seinem Staat geworfen hatte, wären schon mal ein guter Anfang, aber um Hilfe beim Aussuchen einer Couch zu bitten, war in der jetzigen Situation wahrscheinlich eher angebracht.

«Darf ich Sie etwas fragen?»

Er verschränkte seine Hände mit ihren langen knochigen Fingern hinter seinem ergrauten Schopf.

Unsinn – wen versuche ich denn jetzt zu beeindrucken? Ich habe natürlich keine Ahnung, was er tat. Ich hörte nur, wie er sich neben mir bewegte.

«Sicher, solange es nicht um eine Beratung geht. Ich bin kein Berater. Ich habe gesehen, dass Sie und Ihre Frau oder Freundin am Diskutieren waren. Dabei kann ich nicht helfen.»

«Hä?»

«Wissen Sie, das hier ist das Revier der Berater. Jetzt ist keine Saison ... Sie haben wohl keine Ahnung, worüber ich rede?» Ich schüttelte den Kopf. «In der Vorweihnachtszeit stellt das Management immer eine ganze Truppe Eheberater ein, die die Ehepaare hier im Möbelhaus unterstützend beraten. Viele Kunden sind nämlich mit großen Kaufentscheidungen überfordert und geraten in Stress. Ich bin für den Service zuständig. Die da oben waren der Meinung, ich sei aufgrund meiner sogenannten Sozialkompetenz der ideale Mann, um das Team für die Selbstbedienungs-Getränkestände zu leiten.

Zum Kotzen. Lieber würde ich Dosenöffner in die Regale einsortieren. Aber das bleibt unter uns und verlässt diese Couchabteilung nicht, okay? Aber egal, wie kann ich Ihnen denn helfen?»

Da er offensichtlich Pause hatte, entschied ich mich, ihn nicht mit Couchen zu belästigen. Da Platon mir aber nun schon sein Ohr geliehen hatte, wollte ich im Gespräch bleiben. Das war eindeutig besser, als bei Freud auf der Couch zu liegen.

«Sagen Sie, arbeiten Sie gerne hier?»

«Es ist ganz okay. Die Bezahlung könnte besser sein, aber die Kollegen sind nett. Aufgrund meiner Erfahrungen hier beginne ich langsam, manche Ideen neu zu überdenken.»

Tracy rief mich vom Ende des Ganges. Sie wollte wissen, ob wir gleich einen passenden Sessel dazukaufen sollten. Ich antwortete, dass ich sofort kommen würde. Platon hatte Notizblock und Stift aus der Hemdtasche gezogen. Ich hörte einen Stift auf Papier kratzen.

«Wie kann IKEA um Himmels willen Anstoß geben, Ideen neu zu überdenken?»

«Nun», setzte er an und blätterte einige Seiten zurück. Er las ein paar Zeilen, schaute auf und zupfte nervös an seinem Bart. «Nun, etwas ist schiefgelaufen. Ich war immer überzeugt, dass dies ein Ort ist, an dem der Staat zumindest auf niedrigem Niveau hätte gegründet werden sollen. Mir gefiel der Gedanke, dass wir ein kleines Stückchen alltägliche Infrastruktur als eine Art Utopia verkaufen, aber jetzt bin ich da nicht mehr so sicher.»

Ich kniff die Augen zusammen und versuchte, irgendwo im Raum Utopia zu entdecken.

«Tut mir leid, aber das sehe ich nicht», erklärte ich ihm.

Platon zeigte auf meinen weißen Stock. «Können Sie überhaupt noch etwas sehen?»

«Nur Umrisse und ein wenig Licht und Farbe. Ansonsten nichts als wellige Schatten.»

«Dann verstehen Sie bestimmt, was ich meine», erwiderte er. «Sie müssen sich das so vorstellen. Hier dürfte eigentlich keine Konkurrenz herrschen. Sie können sich hier nicht falsch entscheiden, denn im Grunde ist alles gleich. Ich wünschte, die Leute könnten das sehen.»

Ich schaute wieder über das Meer brauner Couchen. «Sie verkaufen hier also eine Variation von allem, mit lediglich minimalen Unterschieden. Meinten Sie das?»

«So in etwa», stimmte er zu. «Hier wird den Leuten auf harmlose Weise Auswahl und Individualität vorgegaukelt. Was wir hier verkaufen, nenne ich Ikealismus. Wir verkaufen nicht individuelle Sessel oder Lampen, sondern das Massenprodukt Sessel und das Massenprodukt Lampe.»

«So wie die Cabbage-Patch-Puppen.»

Platon hatte keine Ahnung von der Popkultur der 1980er Jahre.

«Das waren Puppen aus Stoff und Plastik», klärte ich ihn auf. «Niedliche Puppen mit detailgenau gestalteten Köpfen. Grundlage war ein mehr oder weniger erkennbares universales Cabbage-Patch-Gesicht, jedes Puppengesicht war jedoch auf eine winzige computergenerierte Weise anders und damit einmalig. Jede Puppe hatte einen individuellen Namen, und die Cabbage-Patch-Puppen waren dementsprechend teuer. Wenn ich mich richtig erinnere, haben sich Eltern in den Kaufhäusern teilweise um bestimmte Puppen regelrecht geprügelt.»

«Hatten sie Namen?», fragte Platon.

«Sogar Geburtsurkunden. Meine kleine Schwester hatte auch eine, die hieß Roger Igor.

Jedenfalls hatte sie Roger eine Weile. Meine Brüder schmissen ihn eines Tages auf den Grill und filmten die Szene. Meine Schwester fand es heraus, als sie das Video fand!»

Platon murmelte etwas, und wieder kratzte ein Stift über Papier.

«Ist Ihnen bewusst», sagte er, während er weiterschrieb, «dass Sie das Skript für einen Diskurs liefern? Sie legen nicht nur Platon Worte in den Mund, sondern liefern gleichzeitig eine Analogie für Cabbage-Patch-Puppen.»

«Worauf wollen Sie hinaus?»

Er nahm zwei Kissen von einem Stuhl und hielt sie hoch. Das eine war rot, das andere blau. Denke ich jedenfalls. Form und Material waren identisch, aber ein Kissen war größer als das andere.

«Damals sagte ich», erklärte er, «Kunsthandwerk und Künstler müssten die Republik verlassen, weil sie allesamt logen. Mit ihrem Kunstgewerbe, ihren Gedichten und Skulpturen fertigten sie nichts anderes als kunstvolle Imitationen, Kopien einer idealen Form. Imitationen und Kopien sind Lügen, und Lügen taugen nichts.»

«Selbst ein Tisch ist eine Lüge?», fragte ich.

«Er ist eine Kopie des idealen Tisches und damit eine Lüge.»

Ich stellte mir ein Utopia vor, eine Welt, in der alle Menschen auf Felsen saßen und mit den Fingern aßen. Die Wiederauferstehung meiner Pfadfinder-Tage mit all ihrem utopischen Horror.

«Heute streben die Menschen nach Individualität», fuhr Platon fort, «sie streben nach Unterschiedlichkeit und Einzigartigkeit. Dies ist eine von vielen Quellen für Ungleichheit. Ungebremster Individualismus. *Ich* und mein *Ego* als das Maß aller Dinge. Damit aber alle Menschen gleich sind, müssen zunächst alle Dinge – unsere materiellen Verhältnisse – gleich sein. IKEA vertritt eine unverfälschte Auffassung dieser Idee. Dennoch haben wir versagt, sind unserem Anspruch nicht gerecht geworden, die Dinge gleich zu machen, obwohl es hier wirklich nur wenig oder gar keine Einzigartigkeit gibt, um die man sich streiten könnte.»

Ich stimmte ihm zu. Ich sah nichts als braune Couchen. Warum sich jemand für die eine oder die andere entscheiden sollte, entzog sich meinem Vorstellungsvermögen.

«Ich möchte Sie nicht mit meinem Gerede langweilen», versicherte Platon, «meine Schlussfolgerung ist kurz und knapp. Es liegt in der Ironie der Dinge, dass wir den Individualismus nicht wegfabrizieren können. Er wird selbst dort gesehen, wo er gar nicht existiert. Ich habe mich also geirrt. Was soll ich sagen? Ich gebe zu, ich habe Fehler gemacht. Kunsthandwerk und Handwerker stellen keine Imitationen her, lügen demnach also nicht. Nicht die Dinge an sich begründen Individualität, sondern die Sichtweise der Menschen, ihr Wunsch, etwas Einzigartiges zu sehen, egal, worin.»

Tracy rief mich erneut, und plötzlich überkam mich ganz klar und hell dieses tiefe und starke Gefühl der Zuneigung für sie. Ich wollte mich bei ihr entschuldigen, sie in der Einöde der Couchen ausfindig machen und gemeinsam mit ihr eine Couch nur für uns aussuchen. Ich hatte mich wie ein Volltrottel verhalten, wie der selbstgefällige Blinde, der über den Dingen steht. Weder Zynismus noch Selbstgerechtigkeit waren der richtige Weg. Bei Tracy konnte ich mich schließlich angenehm frei von meiner Individualität und Erblindung, meinem subtilen und meinem offensichtlichen Anderssein fühlen. Unbelastet. Um wie viel schöner war es mit ihr!

Ich spürte es schon damals und weiß es noch heute, dass ich mich mit ihr zusammen freuen muss, egal, ob über sandfarbene, beige oder braune Couchen, egal, was wir wo finden, und unabhängig davon, welche Form und Farbe es hat, ob es sich um eine Couch, ein Gedicht oder um eine Stadt handelt. Nicht zu sehen, was Tracy sich wünschte, war mein schlimmstes Vergehen gegen meine Republik, selbst wenn ich gar nichts sehen konnte. Es ist meine Pflicht, sehen zu wollen, was die Welt zu bieten hat, für sie und mit ihr, auch wenn ich diese Welt nicht sehen kann. Unserer Unterschiedlichkeit zuliebe.

Als ich sie neben einer braunen Couch-Masse fand, bat ich sie, mir diese Couch zu beschreiben. Während das Bild vor meinem inneren Auge entstand, verschwamm IKEA um uns herum mit all seinen Couchen und dem eigenartigen Geruch, und nur noch ich und Tracys Stimme existierten. Ich begehrte jedes einzelne Wort, das sie an mich richtete.

Das Gesicht verlieren

Wladimir: «Wann war das?»
Pozzo: «Ich weiß nicht. Blinde haben keinen Zeitsinn.»
Samuel Beckett, Warten auf Godot

Ich habe mein Gesicht seit fünf Jahren nicht mehr gesehen.

Damals war es, als erwachte ich plötzlich in einer neuen Zeitordnung, so wie nach einer merkwürdigen Wendung in einem dieser schlechten Fernsehfilme. Sie wissen schon, welche Filme ich meine. Wo so ein armer Depp von einem Rettungswagen überfahren wird, ins Koma fällt, erst nach zehn Jahren wieder erwacht und dann sein Gesicht im Spiegel nicht wiedererkennt. Ich hatte plötzlich eine andere Wahrnehmung von der Zeit und meiner eigenen Identität. Seitdem wache ich jeden Morgen auf wie Peter Pan. Ich lächle in den Spiegel, aber die Person, die zurückstarrt, bleibt ewig jung und ist in Wirklichkeit gar nicht da, sondern nur die Idee eines Menschen. Die Welt altert, und ich bin nicht Zeuge. Auch die Zeichen der Zeit auf meinem Gesicht sehe ich nicht.

Für mich ist die Gewissheit merkwürdig, dass ich lebe, älter werde, aber am Ende mein Gesicht nicht sehen werde. Die meisten von uns fürchten sich davor. Wir finden den Gedanken schrecklich, dass uns eines Morgens unser altes Ich aus dem Spiegel entgegenschaut. Ich dagegen weiß nicht, wie ich damit umgehen soll, dass ich nie mein altes Ich sehen werde. Ich habe mich niemals altern gesehen und werde es auch niemals können.

Auch die Gesichter meiner Mitmenschen kann ich schon seit Jahren nicht mehr erkennen. Einige der Mitarbeiter oder Studierenden, die erst seit kurzem an dem College sind, an dem ich unterrichte, oder mir unbekannte Menschen in den Cafés haben gar keine Gesichter für mich. Sie sind auf die Karikaturen und Porträts reduziert, die meiner Vorstellungskraft entspringen. Andere Menschen aus meiner sehenden Vergangenheit, wie meine Eltern, meine Geschwister und Tracy, haben vor meinem inneren Auge zwar noch ihre Gesichter, aber sie schweben merkwürdig losgelöst von Zeit und Raum um mein eigenes Gesicht.

Was ich nie erwartet habe, nie erwarten konnte, ist die Tatsache, dass mein Gesicht für meine Mitmenschen ebenfalls verlorengehen würde. Da ich keine Gesichter mehr sehe, auch nicht mein eigenes, habe ich wohl irgendwie meine Mimik aufgegeben. Ich kommuniziere nicht mehr über meinen Gesichtsausdruck mit meiner Umwelt, obwohl ich doch weiß, dass meine Mitmenschen mir ins Gesicht schauen und eine Reaktion erwarten. Man könnte sagen, ich habe den Kontakt zu meinem Gesicht, ja, sogar die Kontrolle über mein Gesicht verloren. Nimmt man die Mimik seiner Gesprächspartner nicht mehr wahr, dann vergisst man anscheinend seine eigene.

Wenn ich ruhig und zufrieden dasitze, Musik höre oder meinen Gedanken nachhänge, fragt mich Tracy jedes Mal, ob alles in Ordnung ist. Dabei bin ich mit der Musik oder meinen Gedanken beschäftigt oder genieße gerade das Durcheinander und den Lärm an den Nebentischen des Restaurants, in dem wir gerade essen. Aber offensichtlich sehe ich dabei stinksauer aus. Meine Studenten sagen, ich wirke ernst und mürrisch, manche behaupten sogar, ich sähe ständig so aus, als ob ich böse wäre. Das ist aber gar nicht so. Ich habe ganz einfach mein Gesicht vergessen. Ich bin nicht uninteressiert und schotte mich auch nicht von meiner Umwelt ab. Mein Gesicht existiert einfach nicht für mich.

Irgendwo in meinem Elternhaus in einer Holztruhe voller Erinnerungsstücke gibt es ein in Leinen gebundenes Fotoalbum. Darin steckt ein Foto von mir als Junge, als Junge, der sehen kann. Mein Vater hat es aufgenommen, als ich zehn Jahre alt war. Wenn ich dieses Foto in die Hand nehme und ganz dicht vor das immer kleiner werdende Fragment funktionierender Netzhaut in meinem rechten Auge halte, kann ich ein wenig Rasen erkennen, einen Fuß – eigentlich nur die Zehen –, oben links in der Ecke etwas Rotes, in der Mitte des Fotos ein Knie, einen Ball, und darüber, etwa zweieinhalb Zentimeter höher, ungefähr ein Viertel meines jungen Gesichts: das linke Auge, die Nase und ein wenig von der Stirn. All diese Bildausschnitte sind nicht größer als Centstücke. Wenn ich jetzt auf dieses Wort «Cent» schaue, das ich gerade geschrieben habe, kann ich lediglich die Hälfte des «n» klar erkennen. Mein Tunnelblick ist bereits stark eingeschränkt. Ich stehe kurz vor der totalen Erblindung.

Beim Betrachten dieses Fotos sammle ich sozusagen Löcher von Deutlichkeit. Es wirkt so, als hätte jemand mit einem Locher kleine Bildteile ausgestanzt, die ich mit etwas Zeit und Geduld in meinem Kopf wieder zusammensetze, um daraus dann die Szene in unserem Garten zu rekonstruieren.

Das Bild zeigt eine Szene, an die ich mich erinnere, und ich erinnere mich daran, diese Szene zu sehen. Ein spitzbübischer Zehnjähriger im Garten. Ich habe eine Erinnerung an diese Szene und ein Foto davon. Beides beginnt aber zu verblassen. Meine Augen und mein inneres Auge versagen gemeinsam.

Sie sehen wahrscheinlich einen zehnjährigen Jungen mit Babyspeck, in roten Shorts, ohne T-Shirt und Schuhe, der in die Kamera grinst und kurz davor ist, den schlammverkrusteten Softball, den er in der rechten Hand hält, zu schlagen.

Der Aufnahmewinkel zeigt Ihnen, dass das Foto von oben geschossen wurde. Das Holzgeländer am unteren Bildrand, dass es wahrscheinlich von einer Veranda aus aufgenommen wurde. Mein Bruder Rory, fünf Jahre alt, barfuß, in grünen Shorts und weißem T-Shirt, läuft davon, entweder vor der Kamera oder vor mir, kurz bevor ich den Ball schlage. Hätte ich gut gezielt und den Ball tatsächlich so geschlagen, wäre er direkt in die Kameralinse geflogen.

Diese Einzelheiten erkenne ich zwar nicht sofort, aber ich erinnere mich daran. Mein Erinnerungsvermögen ändert sich allerdings. Es zieht sich ebenfalls zusammen und schrumpft zu einem Tunnel.

Etwas zu beschreiben, ist harte Arbeit. Vielleicht haben Sie jetzt andeutungsweise eine Vorstellung davon bekommen, wie viel Geduld es erfordert, ein Bild aus einzelnen Fragmenten zusammenzusetzen. Dabei habe ich dieses Foto lediglich skizzenhaft beschrieben. Ich habe weder Strukturen noch Gesichtsausdrücke, das Licht- und Schattenspiel oder den Garten beschrieben. Würde ich Ihnen das Foto vorlegen, hätten Sie alle Informationen auf einmal. Aber Sie hätten nicht verstanden, worum es mir geht.

Für mich, mit meinem einen Prozent funktionierender Netzhaut, ist Sehen eigentlich mehr ein Erzählen als ein Sehen. Meine Welt besteht aus vielen kleinen fragmentarischen Beschreibungen, die ich, wenn alles gutgeht, zu einem klaren und deutlichen Ganzen zusammensetze. Eher wie ein Buch. Wenn Sie meine Beschreibung eines Bildes lesen, sehen Sie es so, wie ich es beschreibe: stückchenweise.

Gedulden Sie sich noch einen kleinen Moment. Ich gebe zu, dass dieses Foto von mir nicht bedeutungsvoll genug ist, um einen angemessenen Schlusspunkt unter meine Memoiren, meine Pathographie, zu setzen. Zu Beginn meiner Erkrankung hatte dieses Foto auch keinerlei symbolischen Charakter. Es steht in keinem Zusammenhang mit dem Tag, an dem ich meine Diagnose erfuhr, oder dem Bild, das ich in dem Moment sah, als ich die sich ausbreitenden Löcher in meinem Sichtfeld bemerkte. Aber dieses Bild habe ich stets vor meinem inneren Auge, und es weckt immer wieder dieses schelmische Gefühl in mir, das ich damals als kleiner Junge hatte, als ich mich fragte, ob ich den Ball nun in die Kamera meines Vaters schlagen sollte oder lieber nicht. Dieses Gefühl spüre ich noch immer klar und deutlich, obwohl das Foto und die Erinnerung völlig verschwommen sind.

Dies ist ein ebenso passender Zeitpunkt wie jeder andere, um festzustellen, dass Erblindung ein Vorgang ist, kein Zustand. Meine Blindheit hat keinen definierten Schlusspunkt, ich bin ein erblindender Mann, der Vorgang ist nicht abgeschlossen und wird es vielleicht niemals sein.

Zur Zeit, als das Foto aufgenommen wurde, 1983, konnte ich eine Menge sehen. Meine Augen waren gesund, und ich habe noch immer eine vage Erinnerung daran, wie es war, in einem Körper zu leben, der sehen konnte. Ich sah den Schnurrbart meines Vaters unter der Kamera hervorlugen, seine starken Unterarme, seine Brust. Ich erinnere mich, wie mühelos peripheres Sehen damals für mich war, dass ich das Gewicht meines Vaters wahrnahm, wie er es auf den linken Fuß verlagerte, der in braunen Sandalen steckte. Der Verandaboden war braun gestrichen, weiße Fensterläden vor jedem Fenster. Ein mit einer Plane abgedeckter Grill unter einem der Fenster. Das Licht- und Schattenspiel am Ende des Gartens. Ohne die Augen zu bewegen, konnte ich die Rasenkante unter der Veranda erkennen, die öligen, braunen Eisenbahnschwellen zwischen dem üppig grünen Rasen und der Veranda. Über dieser Szene thronte mein Vater und rief: «Sagt mal alle *Cheese.*» Stück für Stück rekonstruiere ich dieses Bild, das ich damals in einem winzigen Moment in mich aufnehmen konnte.

Wenn ich heute Erinnerungen an die Vergangenheit heraufbeschwöre, passieren merkwürdige Dinge. Ich kann mich an Szenen meines Lebens, die ich mit meinen gesunden Augen sah, nur noch konfettiartig und voller Löcher erinnern. So wie die Krankheit meine Netzhaut und meine Zukunft angreift, frisst sie sich auch durch die Erinnerungen meiner sehenden Vergangenheit. Mit zehn Jahren sah ich meinen Vater mit seiner Kamera. Heute erinnere ich mich an diesen Tag und meinen Vater, als wäre ich damals schon dieser fast vollständig erblindete Mann gewesen.

Ich glaube, ich träume bereits mit Tunnelblick und erinnere mich mit Tunnelblick. Fragt sich, wie ich mich erinnern werde, welche Erinnerung an das Sehen ich haben werde, wenn auch mein Tunnelblick verschwunden ist. Der Tag ist nicht mehr fern.

Alles, was ich gegen das Vergessen tun kann, ist, weiterhin alles niederzuschreiben. Wie sonst kann ich dieses Bild, dieses Leben, dieses Gesicht festhalten? Ich sehe einen Jungen mit Softball, kurz vor dem Abschlag. Das Bild ist wie eine ironische Botschaft aus der Vergangenheit. Es wirkt, als ob mein junges Ich meinem alten Ich zuruft: «Hey, Kumpel, lass mich dir helfen.» Ich wünschte, der Ball würde auf meine Linse zufliegen, oder was immer von ihr übrig ist. Ich hoffe, dass mich eines Tages in naher Zukunft ein anderer zehn Jahre alter Junge beschäftigen wird. Vielleicht wird es aber auch ein Mädchen. Tracy und ich wären in jedem Fall überwältigt vor Glück. Weil ich aber hier über meinen Vater geschrieben habe, der dieses Foto von seinem Sohn schoss, lassen wir es der Einfachheit halber einen Jungen werden. Ich habe so ein Bild im Kopf. Denke ich.

Wenn der richtige Zeitpunkt gekommen ist, werde ich ihm dieses Foto von mir mit dem Softball zeigen. Vielleicht kann er etwas von seinem jungen Gesicht in meinem jungen Gesicht wiederfinden. In unserer Familie wird nur Tracy mit unserem Sohn Baseball spielen, und nur Tracy wird die Fotos schießen. Aber ich werde ihm von all den Dingen, die ich gesehen, und auch von den Dingen, die ich niemals gesehen habe, erzählen.

Eines Tages wird mein Sohn mir dann die unvermeidliche Frage stellen: «Seit wann bist du blind, Papa?»

Ich werde versuchen, mich zu erinnern, an all die Dinge, die ich in meinem Leben gesehen habe, und ab wann genau ich keine Bilder mehr empfangen konnte. Aber ich fürchte, ich kenne die Antwort schon heute. Sie wird lauten: «Ich bin blind gewesen, so lange ich denken kann.»

Danksagung

Folgenden Freunden, Verwandten, Lesern, Verlegern, Autoren und Fremden bin ich für ihre Hilfe bei der Entstehung dieses Buches dankbar:

Lane Bergeson und dem *Utne Reader*; George Bowering; Mark Cochrane; Wayde Compton; Brad Cran; Michael Davidson; Jennifer, Perry und Jack Gray; Joanne Hoedemaker; John Hull; Bobby Ixnay; Gillian Jerome; Reg Johanson; Georgina Kleege; Erin Knighton, dem Koma-Girl; Mykol Knighton, der meine Hose flickte; Rory Knighton, den ich vermisse; meinen Eltern, Miles und Kathie, die nie verzagen; Jim Knipfel, der mich motivierte, mein Leben zu leben; Jason Le Heup; Ashok Matur, für den Testlauf am Emily Carr Institute of Art and Design; Don McKellar, der die erste, unverzeihlich lange Fassung lesen musste; Stan Perski, für unsere metaphysische Fahrgemeinschaft; Paul Pigat, für die wunderbaren Gitarrenriffs zwischendurch; Helen und Tony Rawa; Eden Robbins; Gary Ross und dem *Saturday Night Magazine*; Oliver Sacks und seinen Thesen; José Saramago und seinem abgründigen Horrorszenario; Slickity Jim's Chat and Chew für Speis und Trank; Scott Smith; George Stanley; Anne Stone; Sharon Thesen und der *Capilano Review*; Will Trump, meinem ersten Blinden-Lehrmeister; Michael Turner; Peter Van Garderen; Karina Vernon; Alana Wilcox und den Leuten von Coach House Books; meinen Kollegen am Capilano College, die mich aus unerfindlichen Gründen mit offenem Hosenladen einstellten; den Leuten im Blinden-Camp, für ihre Geduld und Nachsicht mit mir; und jenem Typen in der Kneipe, der mir sagte, ich müsse dafür geradestehen, wenn ich ihn anremple. Abgemacht.

Besonders bei Brian Fawcett von Dooneyscafe.com stehe ich tief in der Schuld. Sein Zuspruch und seine Neugier machten dieses Buch erst möglich und halfen mir bei der Suche nach meinem neuen Selbstverständnis.

Zu ganz besonderem Dank bin ich meiner Agentin Denise Bukowski verpflichtet, die immer eine engagierte Fürsprecherin meiner schriftstellerischen Ambitionen und nicht nur an meiner persönlichen Geschichte interessiert war. Dank auch an das ganze Team von The Bukowski Agency.

Meinen Verlegerinnen Lisa Kaufmann von PublicAffairs und Diane Turbide von Penguin gebühren ebenfalls mein Dank und Respekt, weil sie es waren, die letztlich die Kaninchen aus meinem Hut gezaubert haben.

Einem Menschen bin ich unendlich dankbar: Tracy Rada. Für ihre Liebe, ihre Geduld, ihre Freundschaft, ihre Kraft, ihren Humor und ihre unvergleichliche Art, die Dinge beim Namen zu nennen.

© Eden Robbins